DESTINOS

• • • • • • • • • • • • • • • •

Workbook/Study Guide II

DESTINOS

· · · · · · · · · · · · · · · ·

Workbook/Study Guide II
LECCIONES 27-52

A Telecourse Designed by

Bill VanPatten
University of Illinois at Urbana-Champaign

Martha Alford Marks

Richard V. Teschner
University of Texas, El Paso

Thalia Dorwick
Coordinator of Print Material for The McGraw-Hill Companies, Inc.

Alex Binkowski
Author of ¡A leer! Sections

This Workbook/Study Guide may be used with
Destinos: An Introduction to Spanish or *Destinos: Alternate Edition*

The McGraw-Hill Companies, Inc.

*New York   St. Louis   San Francisco   Auckland   Bogotá   Caracas
Lisbon   London   Madrid   Mexico City   Milan   Montreal   New Delhi
San Juan   Singapore   Sydney   Tokyo   Toronto*

McGraw-Hill

A Division of The McGraw·Hill Companies

This is an book.

Workbook/Study Guide II to accompany *Destinos*

Copyright © 1997 by the WGBH Educational Foundation and the Corporation for Public Broadcasting. All rights reserved. Printed in the United States of America. Except as permitted under the United States Copyright Act of 1976, no part of this publication may be reproduced or distributed in any form or by any means, or stored in a data base or retrieval system, without the prior written permission of the publisher.

This book is printed on recycled paper containing a minimum of 50% total recycled fiber with 10% postconsumer de-inked fiber.

1 2 3 4 5 6 7 8 9 0   MAL   MAL   9 0 0 9 8 7

ISBN 0-07-067260-1

The editors were Thalia Dorwick, Scott Tinetti, and Caroline Jumper.
The production supervisor was Louis Swaim.
The cover designer was Lorna Lo.
The text designer was Juan Vargas.
The compositor was Fog Press.
Malloy Lithographing, Inc., was the printer and binder.

Grateful acknowledgment is made for use of the following:

Photographs: Courtesy Olivia Tappan and Creative Television Associates (Boston).

Realia: **Page 79** *Los Monos de El Espectador*, Bogotá.

Readings: **Pages 23 and 39–40** *Hombre de mundo;* **61** *El País;* **71–72** *Harper's Bazaar;* **103** *El Tiempo;* **112** *Hombre de mundo;* **138** *Más;* **146–147** *Hombre de mundo;* **155–156** *Geomundo;* **173** *Hombre de mundo.*

http://www.mcollege.com

HIGHLIGHTS OF THE VOCABULARY AND GRAMMAR TOPICS IN THE TEXTBOOK AND WORKBOOK

Note: Grammar topics are grouped by unit, not by the order of their introduction. Not all topics are included here.

	Vocabulario	*Gramática*
Lecciones 1–2 Textbook pages 2–25	cognates; family members	**ser**; articles and gender; possession

Un viaje a Sevilla (España) — Textbook page 27

Lecciones 3–6 Textbook pages 28–68	numbers (0–21); academic subjects; animals; days of the week; telling time	**hay**; **estar**; **ir**; present tense (regular verbs); subject pronouns; personal **a**; interrogatives; adjective agreement

Un viaje a Madrid (España) — Textbook page 69

Lecciones 7–11 Textbook pages 70–118	clothing; numbers (21–99); interrogatives; months; seasons; colors; descriptive adjectives	**saber**; **conocer**; present tense (irregular verbs, stem-changing verbs); reflexive pronouns; more on possession and adjectives; demonstratives; **ser** and **estar**

Un viaje a la Argentina — Textbook page 119

Lecciones 12–18 Textbook pages 120–188	numbers (100–1000); food groups; writing and written materials	preterite tense; object pronouns; more on using adjectives; verbs used reflexively and nonreflexively; **gustar** and verbs like it

Un viaje a Puerto Rico — Textbook page 189

Lecciones 19–26 Textbook pages 190–260	directions; more family members; weather; changes in states and conditions; parts of a house; domestic appliances; more descriptive adjectives	present and past progressive; imperfect; using imperfect and preterite together; **por** and **para**; affirmative and negative words; **tener** idioms; comparisons; **estar** + adjectives

Vocabulario   *Gramática*

Un viaje a México: El pueblo, la capital   Textbook page 263

Lecciones 27–36
Textbook
pages 264–365

parts of the body; medical situations; places in a city; stores; geographical features; professions; social life; giving advice

future; superlatives; present subjunctive and uses (noun and adjective clauses; adverbial conjunctions of time); commands; present perfect (indicative and subjunctive)

Un viaje a México: La capital   Textbook page 367

Lecciones 37–52
Textbook
pages 368–491

money; business; renting and buying; tourist needs; travel; restaurants; hotel; sports; relationships; pastimes

past subjunctive; conditional; *if*-clause sentences; subjunctive with certain conjunctions

Contents

To the Student

Welcome to *Destinos!* If you are reading this preface, you have already decided to study beginning Spanish. You probably know by now that an important portion of the instruction in the course will take place while you watch a series of fifty-two half-hour television shows. As you watch the shows, you will follow an unforgettable journey that has been designed to make learning Spanish enjoyable for you. We all like to follow the plot of a drama or television mystery show, and we eagerly await the next episode of a continuing story to find out what will happen. That sense of pleasurable suspense can be a powerful factor in helping you learn Spanish more easily. In addition, the *Destinos* series will allow you to experience, through the powerful medium of television, some of the many places in which Spanish is spoken (including the United States).

The Goals of *Destinos*

As you take this journey, keep one thing in mind at all times. The *Destinos* materials have been designed to make learning Spanish enjoyable, but they were also created to make it really possible for you to learn something about Spanish and how to use it. How many times have people told you that you get out of a course what you put into it? That adage is especially true with regard to language learning and to *Destinos*. What you will get out of the materials is directly related to, among other things, how much time you put into using them.

In addition to watching the series, if you use the Textbook along with the Workbook/Study Guides, and if you have access to and regularly use the audiocassette program, you can expect to accomplish a great deal with *Destinos*.

- By the end of the series, you should be able to understand most Spanish spoken at slower than normal pace and some Spanish spoken at normal pace. You will also have developed skills and coping strategies for filling in gaps when your comprehension of Spanish is not perfect. After all, you don't understand absolutely every word of what people say to you in English, and it isn't reasonable to expect that of yourself in Spanish.
- In terms of speaking, you should be able to ask and answer questions on a variety of everyday topics, describe people and places, talk about things that are happening in your life, and have some ability to talk about things that happened in the past. In the context of learning a second language, that is actually quite a lot to achieve.
- You will be able to interact with Spanish speakers in important ways: making phone calls, greeting and departing, and so on.
- You will be able to read Spanish materials that were written for you, a second language learner. And you will gain some experience reading materials written for the native-speaking reader. You will not understand every word of those materials, but you may be surprised by how much you *can* understand.
- The writing skills that you develop will, in many cases, be the same as the speaking skills, that is, the ability to describe and narrate in the present, and to some extent in the past, and so on.
- Finally, by the end of the series you will have seen and heard a great deal about the culture and history of places around the world where Spanish is spoken, and you will have many visual memories of those places. We hope that you will come to think of the Spanish-speaking world as a place that you would like to visit someday.

Using the Textbook and the Workbook/Study Guides

The Textbook and Workbook/Study Guides that accompany the *Destinos* series are designed so that you can work though them on your own. Of course, they can also be used in a classroom setting, but if you are studying Spanish independently or as a telecourse student you will be able to work with the materials on your own. The Workbook/Study Guides are also designed for use with either *Destinos: An Introduction to Spanish* or *Destinos: Alternate Edition,* depending on which version of the textbook you are using.

Just as there are fifty-two shows in the *Destinos* series, so there are fifty-two lessons in the Textbook and the Workbook/Study Guides. You will always start in the Textbook lesson with a special section that will prepare you to watch the show. Having watched the show, you will finish the rest of that lesson in the Textbook, then you will continue on with the corresponding lesson in the Workbook/Study Guide.

All lessons of the Textbook and the Workbook/Study Guides (with the exception of the review lessons) follow approximately the same format: You will very quickly become familiar with how the lessons are structured. The best news, however, is that you will always work through the materials sequentially, and you will be alerted to listen to the audiocassette tape when you see a cassette symbol in the margin. For all these reasons, you will find the lessons easy to follow.

However, just to be on the safe side, Lessons 1 and 27 in the Workbook/Study Guides are preceded by a separate "Study Guide" that outlines the steps necessary to work through each of the fifty-two lessons. Those pages are shaded light gray, and they have a distinctive band in one margin to make them easy for you to spot. After Lesson 1, the Study Guide materials are integrated into the Workbook lessons; you will find them at the end of each lesson. You will quickly see that all you need to do is to work through the materials sequentially.

The lessons of the Textbook and the Workbook/Study Guides are divided into repeating sections that appear in most lessons. Each time a section appears for the first time, its purpose will be explained to you in the textual materials. However, so that you have an overview of the materials before you start using them, here is a brief description of the major sections.

TEXTBOOK LESSON FORMATS

- Textbook lessons begin with a section called **Preparación** (*Preparation*). This section will help you get ready to view the upcoming show by previewing information and conversations from that show as well as reviewing important information from previous shows.
- In **¿Tienes buena memoria?** (*Do You Have a Good Memory?*) sections, you can "test" yourself about what you remember from the episode. If you can answer most of the questions in the activities in this section, you will have understood enough of the show . . . even though you may not have understood every word.
- In **Vocabulario del tema** (*Thematic Vocabulary*) sections, you will practice vocabulary useful for talking about everyday topics. You will practice vocabulary first by using it in the context of the television series, then by using it to talk about yourself and others.
- In **Conversaciones** (*Conversations*) sections, which appear in most but not all chapters, you will practice everyday conversational skills: answering the phone, saying thank you, and so on.
- The **Un poco de gramática** (*A Bit of Grammar*) sections are "previews" of grammar that you will learn more about in the Workbook/Study Guide.
- A **Nota cultural** (*Cultural Note*) ends each lesson. In it you will learn interesting information about some aspect of Hispanic culture relevant to the current episode. Furthermore, there are additional **Notas culturales** in other parts of the lessons as well.
- At the end of every lesson there is a reference **Vocabulario** (*Vocabulary*), a list of words that are important for that lesson.

At the back of the Textbook you can find the following reference materials:

- an answer section for you to check your answers to many Textbook activities (Appendix 1)
- charts featuring the Spanish verb system (Appendix 2)
- a complete Spanish-English end vocabulary that you can use with the Textbook and with the Workbook/Study Guides
- a brief reference index of the major characters in the series
- an index of the content of the Textbook.

WORKBOOK/STUDY GUIDES LESSON FORMATS

- Most Workbook/Study Guide lessons begin with **Más allá del episodio** (*Beyond the Episode*) sections, which contain either a reading or a listening passage (sometimes both) that give you more information about the characters and events in the series. These sections explore motivations, important events that shaped a character's personality, and other background information that takes you beyond what you see and hear on the screen.
- The sequentially numbered sections in **Gramática** (*Grammar*) expand on the grammar point that was previewed in the Textbook lesson. Then a series of activities gives you the chance to work with the grammar. In most cases you will not actually produce the grammar item at first. You will generally see and hear the grammar in a context (usually about the characters), then use it to talk about yourself or people you know. In addition to expanding on the grammar point from the Textbook lesson, most Workbook/Study Guide lessons also present one or two secondary grammar items.
- If you are using *Destinos: Alternate Edition* as your Textbook, then you will become increasingly familiar with the numbers that accompany the main title sections of each chapter. For example, the *last* numbered section in **Lección 7** of the Textbook is **5- Un poco de gramática.** Thus, the *first* section of **Lección 7** in the Workbook/Study Guide is **6- Más allá del episodio.**

Some lessons contain **Notas culturales**, as needed, and many lessons end with a **Vocabulario** list of additional vocabulary that you should review in addition to that in the corresponding Textbook lesson.

At the back of the Workbook/Study Guides you can find the following reference materials:

- an answer section for you to check your answers to many Workbook/Study Guide activities (Appendix 1)
- answers to all Self-Tests found in the Workbook/Study Guide (Appendix 2)
- charts featuring the Spanish verb system (Appendix 3)
- an index of the content of each Workbook/Study Guide, integrated with that of the Textbook.

DIFFERENCES BETWEEN WORKBOOK/STUDY GUIDE I AND II

The following sections appear only in Workbook/Study Guide I, which corresponds to Lessons 1–26:

- Cognate study sections called **¡Aumenta tu vocabulario!** (*Expand your Vocabulary*) that will help you learn to recognize and use words that are similar but not identical in Spanish and in English.
- **Pronunciación** (*Pronunciation*) sections that will introduce you to the ways in which Spanish is pronounced throughout the world, as well as give you practice in hearing and producing the sounds of Spanish.

The following sections appear only in Workbook/Study Guide II, which corresponds to Lessons 27–52:

- **¡A leer!** (*Let's Read!*) sections with guided activities that will help you read materials excerpted from authentic sources, that is, magazines and newspapers published in the Spanish-speaking world for native speakers of Spanish.
- **Repaso** (*Review*) sections that will give you the chance to work with past tenses to describe and narrate events, an important goal in most beginning Spanish language courses.

REVIEW LESSONS

In the Textbook and the Workbook/Study Guides, review lessons follow a simpler and shorter format. The Textbook will help you prepare to watch the review episode and test your memory of it, as well as sum up what you remember about the shows included in the review. In the Workbook/Study Guides you will put together, in review fashion, the grammar and vocabulary you have learned in preceding lessons. Each review lesson in the Workbook/Study Guides begins with a **Resumen de gramática** (*Grammar Summary*) section that reviews the main grammar points of the preceding lessons and refers you back to specific grammar section numbers for further review. Most review lessons in the Workbook/Study Guides also contain a guided writing activity called **Para escribir** (*Writing*).

SOME ADDITIONAL HINTS ABOUT USING THE MATERIALS

Worksheet Activities   In many sections of the Workbook/Study Guide, specific activities have been selected to be torn out and turned in to your instructor if he or she wishes you to do so. Those activities have the word *Worksheet* in parentheses at the end of the direction lines. The reference is to a section at the back of the Workbook/Study Guide that has a Worksheet page for each lesson. You will need to flip to the back of the Workbook/Study Guide to find these sections. They have been placed there to allow you to tear them out and still keep the other sections of the Workbook/Study Guide intact for future study or reference.

In most other cases you will have room to do a particular activity directly on the Workbook/Study Guide page. If you need more space, use additional paper. The assignments in the writing sections (**Para escribir**) should always be done on a separate sheet of paper.

Self-Tests   For all lessons except the review lessons, a brief Self-Test is provided with the Worksheet page. These quizzes give you a chance to evaluate what you have learned about the story of *Destinos* and about vocabulary and grammar presented in the lesson. It is a good idea to take the Self-Test after you finish each lesson. (Answers to Self-Tests are in Appendix 2.)

Answers   As you work through the materials in the Textbook and the Workbook/Study Guide, you will find that answers are generally provided either on tape or in Appendix 1. Sometimes, however, answers are provided in both places so that you can check your answers in print if you have trouble catching something on the tape, or so that you can be doubly certain of the answers.

Some activities, however, do not have right or wrong answers. For example, you may be asked to give your opinion about a character or venture a guess about someone's past or future. Don't worry about whether you are answering those kinds of questions correctly or incorrectly. As long as you are answering with a real opinion and using the best Spanish that you know how, you are doing just fine!

Following Directions   In general, as long as you follow the directions for each activity, you will be doing exactly what you need to do in a beginning Spanish language course. If you follow the guided steps (**Pasos**) you will stay on target and should have no problems, even when a listening passage or an authentic reading seems challenging, or a composition topic seems daunting. Of course, as in any other learning situation, you should always consult with your instructor if you are uncertain about how to proceed or just want more information or guidance.

Accent Marks   Finally, there is a minor difference between the Spanish you will see on-screen in the TV shows and that in your Textbook and Workbook/Study Guides. Accent marks (´) are used on capital letters in the textual materials but not on-screen. The use of accents on capital letters is optional in Spanish. Some Spanish speakers use them when they write; others do not. Accents are used on capitals in your texts to help you learn when to use them, but the capabilities of the system used to produce the on-screen graphics did not permit their use in the series. Because Spanish is spoken in so many parts of the world, there are bound to be vocabulary, rules, and usage variations such as this.

* * * * * *

And now it's time to begin the series. If you have not yet seen the first show, turn to page 1 of your Textbook, look at the unit opener, scan through the Study Guide for **Lección 1**, then do the **Preparación** section in that lesson. Then, after you have finished, watch the first show. Here is how the story begins.

> An old man has retired to his hacienda outside a small town close to Mexico City. With the wealth he has accumulated since leaving Spain at the end of its bloody Civil War, he is restoring the hacienda to its original sixteenth-century splendor. But his health has begun to fail, and now he hopes to live out the remainder of his years peacefully, in the tranquillity of the Mexican countryside.
>
> Then a letter arrives—a letter in which a woman from Spain makes claims about the old man's past . . . .

Study Guide

Follow these simple steps as you work your way through the lessons in the materials that accompany *Destinos*: the Textbook and the Workbook.

• •

STEP 1 USING THE TEXTBOOK

BEFORE VIEWING . . .

Be sure to complete the preview section (called **Preparación**) before viewing the corresponding video segment. Check off the preview section here after you have completed it.

_____ **Preparación**

. . . AFTER VIEWING

The rest of the materials in each lesson of the Textbook and the Workbook will help you better understand the video episode you have just seen and take you beyond it, giving you additional information about places and characters in the series. The Textbook will also help you to develop skill in using the Spanish language. For example, in **Lección 27** you will learn

• another way to talk about the future in Spanish

You will also learn information that will help you understand the background of Raquel's investigation and prepare you for future video episodes.

Be sure to work through all parts of the lesson. When you see a cassette symbol in the margin, listen to the tape for the corresponding lesson. Answers or hints for many activities are given in Appendix 1. Be sure to check your answers for each activity before going on to the next one.

You should also scan the words in the **Vocabulario** lists to be sure that you understand the meaning of most of them.

STEP 2 USING THE WORKBOOK

Whereas the materials in the Textbook all had to do with the video episode, the materials in the Workbook will help you expand your knowledge of the Spanish language in general, as well as give you opportunities for self-expression in Spanish. For example, in **Lección 27** you will learn

- the future-tense forms of regular verbs, as well as one useful irregular verb, in Spanish

In the **Repaso** sections, which begin in **Lección 27**, you will practice narrating in the past with the preterite and the imperfect.

Remember to listen to the tape when you see the cassette symbol and to check your answers in Appendix 1. You should also scan the words in the **Vocabulario** lists to be sure that you understand the meaning of most of them.

STEP 3 TAKING THE SELF-TEST

Now that you have completed the materials for each lesson of the Textbook and Workbook, take the corresponding Self-Test. Remember to listen to the tape when you see the cassette symbol and to check your answers.

STEP 4 WRAPPING THINGS UP

Now that you have worked through Steps 1–3 for each lesson, you will have accomplished various things. For example, after working through the materials in **Lección 27**, you will have

- learned another way to talk about your actions and those of others in the future
- reviewed the major events of the first twenty-six video episodes of *Destinos*, while continuing to improve your listening skills with the video episode and the cassette and discovered that you can now understand a great deal more of scenes that you saw earlier in the series

After you have followed these steps in working your way through each lesson, you will be ready to continue on with the following lesson in the Textbook.

LECCIÓN 27 : EL RESCATE

GRAMÁTICA

75. ¿QUÉ PASARÁ CON ROBERTO?: THE FUTURE TENSE

You have already learned to refer to the future by using the present-tense forms of **ir + a +** *infinitive*: **¿Qué va a pasar con Roberto?** That structure is the one most frequently used to express the future in Spanish. However, the future can also be expressed with simple (one-word) forms.

Forms

The simple future tense is formed by adding just one set of identical endings to most *infinitives*. (This is different from other verb forms you have learned so far, in which endings were added to the verb *stem*.) The endings are identical regardless of whether the infinitive is **-ar**, **-er**, or **-ir**.

Here are some examples of the future forms of regular verbs, along with the future forms of **hacer**, which are derived using the irregular stem **har-**.

-ar: buscar		-er: correr	
buscaré	buscaremos	correré	correremos
buscarás	buscaréis	correrás	correréis
buscará	buscarán	correrá	correrán

-ir: subir		hacer: har-	
subiré	subiremos	haré	haremos
subirás	subiréis	harás	haréis
subirá	subirán	hará	harán

Note that five of the six forms have an accent on the final vowel.

The future of **hay** (**haber**) is **habrá**.

Uses

Más tarde, Raquel **llamará** otra vez al hotel.	*Raquel will call the hotel again later.*
¿Qué **harán** Raquel y Ángela para tener noticias de Roberto?	*What will Raquel and Ángela do to find out news of Roberto?*

As noted earlier, the **ir** + **a** + *infinitive* structure occurs more frequently than the simple (one-word) future in everyday language usage.

Actividad A.   ¿Y los otros miembros de la familia Castillo?

En el libro de texto, ya hablaste de lo que crees que pasará con don Fernando, Roberto, Raquel y Arturo. Pero en la segunda mitad (*half*) de *Destinos*, también vas a llegar a conocer mejor a los otros miembros de la familia Castillo, sobre todo a los cuatro hermanos: Mercedes, Ramón, Juan y Carlos. En la cinta, vas a escuchar una serie de afirmaciones sobre los otros miembros de la familia. Indica la consecuencia más lógica para cada una.

1. a. _____ Juan se enojará con ella.
    b. _____ Juan irá a ver a su padre al hospital.

2. a. _____ Llamarán a un especialista cardíaco.
    b. _____ Hablarán con Carlos de esos problemas.

3. a. _____ Carlos estará desesperado.
    b. _____ Sus hijos estarán muy enfermos.

4. a. _____ Carlos regresará a Miami.
    b. _____ Los hermanos lo pensarán.

5. a. _____ Todos la escucharán con atención.
    b. _____ Raquel pasará la noche en La Gavia.

Actividad B.   ¿Quién lo dirá?

En los próximos episodios de *Destinos*, es posible que alguien diga lo siguiente. Identifica al personaje (o a los personajes) que habla(n).

a. Ángela
b. Raquel
c. Ángela y Raquel
d. Arturo

e. los doctores de don Fernando
f. Mercedes y Pedro
g. el Padre Rodrigo
h. los obreros del rescate (*rescue workers*)

1. _3_ Mañana trataré de comunicarme con Arturo otra vez.
2. _____ No sé qué haré si no lo encuentran vivo.
3. _____ Si don Pedro no me llama mañana, lo llamaré otra vez.
4. _____ Creemos que será necesario consultar con un especialista.
5. _____ Hablaré con los obreros del rescate para ver si hay noticias.
6. _____ Trataremos de llegar al sitio de la excavación mañana.
7. _____ Señorita, haremos lo que podamos para rescatar a su hermano.
8. _____ Tal vez Raquel nos llamará mañana. ¿Dónde estarán ella y la nieta de don Fernando?

Actividad C. ¡Adiós!

A veces es difícil decir adiós, ¿no? Completa esta carta de una persona que se despide de una amiga que se va. Usa el tiempo futuro de los verbos e incluye pronombres donde sea necesario.

Querida amiga:

Pronto tú (irse) _____[1] a otra ciudad. Yo (quedarse) _____[2] aquí solo, y te

(extrañar) _____[3] mucho. Sé que los dos (seguir) _____[4] con nuestras vidas

pero (estar) _____[5] separados por la distancia. Yo (hacer) _____[6] un viaje

para visitarte lo más pronto posible.[a] Me imagino que tú también (volver) _____[7] aquí

alguna vez. Sin duda[b] nos (ver) _____[8] dentro de poco. ¿Me (escribir) _____[9]

tú con frecuencia? Espero que sí. Yo (vivir) _____[10] pensando en los días que pasamos

juntos.

Besos de tu amigo,

...

[a]lo... *as soon as possible*   [b]Sin... *Doubtless*

Actividad D. ¿Qué harás?

¿Siempre quieren los padres que sus hijos saquen notas más altas? Escribe respuestas a estas preguntas de los padres de un estudiante. Usa el tiempo futuro en las respuestas. (Worksheet)

1. ¿Cómo piensas sacar notas más altas? (primero hablar con mis profesores)
2. ¿Qué les vas a preguntar? (preguntarles qué debo hacer)
3. ¿Qué más vas a hacer? (estudiar más los sábados y domingos)
4. ¿Vas a dormir siempre hasta mediodía los sábados y domingos? (no / levantarme a las siete)
5. ¿Quién te puede ayudar? (ayudarme mis amigos)
6. ¿Dónde vas a pasar los fines de semana? (pasarlos en casa con los libros)
7. ¿Cómo vas a practicar el español? (mi amigo y yo / ir juntos al laboratorio de lenguas)
8. ¿Prometes hacer todo lo posible por sacar buenas notas? (sí / dedicarme por completo a los estudios)
9. ¿Y las fiestas? (para mí, ya no haber fiestas)
10. ¿Y qué vas a hacer ahora? (¡pasar mi último día de libertad en la fiesta de un vecino!)

Actividad E. ¿Y tú?

¿Qué pasará en tu vida en el futuro? Indica las oraciones que crees que representan posibilidades. Luego, haz por lo menos una oración más diciendo algo verdadero sobre tu futuro. (Worksheet)

En cinco años

1. _____ viviré en otra ciudad (otro estado).
2. _____ me casaré. (O: Me divorciaré y me casaré otra vez.)

3. _____ hablaré español perfectamente.
4. _____ recordaré con nostalgia mis años universitarios.
5. _____ haré un viaje a Latinoamérica.
6. _____ trabajaré en una enorme compañía multinacional.
7. _____ todavía seré estudiante.

get along w/ — 8. _____ me _llevaré_ mejor con mi novio/a, esposo/a, mis padres/hijos.
9. _____ seré más conservador(a)
10. _____

Actividad F.   En el año 2200

¿Cómo seremos y cómo será el mundo en el año 2200? Haz por lo menos cuatro oraciones sobre el mundo del futuro. Por ejemplo, ¿cómo será la comida? (Worksheet)

Toda la comida será sintética.
Comeremos comida sintética.

Frases útiles: desechable (*disposable*), la economía, la energía (solar/atómica), la guerra/la paz, la luna, los planetas, la población, el *robot*, el sistema solar

• •

5

REPASO

Note: Narrating in the past is an important ability to develop in any language. In this and in subsequent lessons up to and including **Lección 36**, there will be **Repaso** sections with activities in which you will practice using the preterite and imperfect to describe past events. In addition, Raquel will continue to use these tenses in her review segments; listening to her story reviews will help you develop your ability to narrate in the past.

Remember that there is a summary of the forms and uses of the preterite and the imperfect in **Lecciones 25** and **26** of Workbook I. Refer back to it as many times as you need to.

Actividad A.   La investigación de Raquel: Primera parte

Indica la frase que completa cada oración según lo que recuerdas de la historia de *Destinos*.

¿Dónde comenzó esta historia? ¿Con quién comenzó?

1. Hace tiempo, un señor, Fernando Castillo Saavedra,
   a. _____ le escribió una carta a una mujer española
   b. _____ recibió una carta de una mujer española

2. En la carta Teresa Suárez le hablaba del pasado, un pasado que don Fernando
   a. _____ quería olvidar
   b. _____ no pudo recordar

3. La familia Castillo contrató a Raquel como investigadora del caso. ¿Quién era la Sra. Suárez? ¿Sería (*Could it be*) posible
   a. _____ lo que decía ella en la carta?
   b. _____ lo que ella quería de don Fernando?

4. La investigación de Raquel la llevó primero a España, a la ciudad de Sevilla. Mientras buscaba a Teresa Suárez, Raquel
   a. _____ les escribió a los otros miembros de la familia
   b. _____ conoció a uno de sus hijos y a su familia

5. Ellos le dijeron que la Sra. Suárez ya no vivía en Sevilla, que
   a. _____ vivía en Madrid, la capital de España
   b. _____ se mudó a la Argentina hace años

6. En Madrid, la Sra. Suárez recibió a Raquel en su casa y
   a. _____ le contó todo lo que sabía de Rosario
   b. _____ no le quiso decir nada sobre Rosario

7. Con la nueva información sobre Rosario, Raquel
   a. _____ iba a regresar a México
   b. _____ se fue a Buenos Aires

8. Pero Rosario ya no vivía donde Teresa Suárez creía... y la búsqueda de Rosario
   a. _____ llevó a Raquel a esta casa. ¿A quién conoció aquí?
   b. _____ terminó definitivamente aquí. No había nadie en casa.

9. Con la ayuda de Arturo, Raquel
   a. _____ llegó a conocer a Ángel Castillo, hijo de don Fernando y Rosario
   b. _____ investigó el paradero de Ángel Castillo, hijo de don Fernando y Rosario

10. Por la carta que tenía un marinero, Raquel
    a. _____ supo que Ángel vivía en Puerto Rico
    b. _____ supo que Ángel murió hace tiempo

Ahora Raquel tenía que hacer otro viaje.

 Ahora escucha la cinta para verificar tus respuestas.

Actividad B. La investigación de Raquel: Segunda parte

A continuación hay una descripción de la búsqueda de Raquel en Puerto Rico. Puedes escucharla en la cinta, si quieres. Al leer la descripción, subraya los verbos que están en el pretérito y pon un círculo en los verbos en el imperfecto. Luego piensa en los usos del pretérito y el imperfecto. ¿Entiendes el uso de los dos tiempos en esta descripción?

Raquel llegó a San Juan con grandes esperanzas. Le prometió a Arturo que encontraría a Ángel. Y también quería terminar pronto la investigación para don Fernando. Pero cuando llegó a la casa de Ángel, no contestó nadie. Fue en el cementerio del Viejo San Juan donde Raquel conoció a Ángela. Raquel le explicó a Ángela por qué sacaba una foto de la tumba de su padre y por qué estaba en Puerto Rico. En la casa de Ángela, Raquel supo que Ángela tenía un hermano, Roberto.

Entonces, la investigación de Raquel ha revelado que aunque Rosario y su hijo Ángel habían muerto, don Fernando tenía dos nietos que no conocía. Pero Roberto no vive en San Juan. Es estudiante de arqueología y ahora está en México trabajando en una excavación.

Now that you have worked through the Textbook and the Workbook, here are some of the things you have accomplished in Spanish.

- You have learned another way to talk about your actions and those of others in the future tense.
- You have reviewed the major events of the first twenty-six video episodes of *Destinos* while continuing to improve your listening skills with the video episode and the cassette, and you have discovered that you can now understand a great deal more about scenes that you saw earlier in the series.

You are now ready to continue on with **Lección 28** in the Textbook.

28 ATRAPADOS

OBJETIVOS

Whereas the materials in the Textbook all had to do with the video episode, the materials in the Workbook will help you expand your knowledge of the Spanish language in general, as well as give you opportunities for self-expression in Spanish. In this lesson you will learn

- how to form Spanish verbs that have irregular stems in the future, as well as a special use of the future in Spanish **(Gramática 76)**
- how to express extremes in Spanish: the best, the worst, the biggest . . . **(77)**

In the **Repaso** section you will continue to work with all forms of the past that you have learned so far.

Remember to listen to the tape for **Lección 28** when you see the cassette symbol and to check your answers in Appendix 1.

6 MÁS ALLÁ DEL EPISODIO

Actividad A.   El Padre Rodrigo

PARA PENSAR...

1. ¿De dónde es el Padre Rodrigo? ¿Por qué se encuentra en este pequeño pueblo de la alta meseta de México?
2. El Padre Rodrigo les dijo a Ángela y Raquel que había que «esperar con fe». ¿Cómo puede tener una actitud tan optimista en estas circunstancias?

El Padre Rodrigo nació en una familia humilde[2] en un pequeño pueblo del estado de Michoacán. Su madre murió durante el parto.[3] Unos años después, su padre, quien era una persona muy violenta, murió en una pelea que tuvo con otro hombre. A los cinco años pues, Rodrigo quedó huérfano. En vez de irse a vivir con unos parientes, que es lo que generalmente pasa con un huérfano en la mayoría de los países de habla española, Rodrigo fue «adoptado» por la Iglesia Católica y se fue a vivir en un orfanato dirigido[4] por hermanos de una comunidad religiosa.

En el orfanato, conoció a un cura, el Padre Tomás, a quien pronto le tomó mucho cariño. El Padre Tomás era muy querido por[5] todos y era especialmente muy bueno con los chicos. Para Rodrigo, el Padre Tomás era un padre sustituto—un padre que, desgraciadamente, iba a morir muy joven, un año después de que Rodrigo lo conoció. Al morir el Padre Tomás, el niño juró[6] que se dedicaría a la vida eclesiástica.

Rodrigo era un niño muy despierto[7] e inteligente. En la escuela sacaba siempre muy buenas notas. Después de reconocer su vocación por la vida religiosa, su materia favorita era el catecismo. Se destacó[8] entre los otros niños por su voluntad de aprender y el esmero[9] con que preparaba sus tareas. Como que era tan buen estudiante, sus maestros le dedicaban más tiempo y lo empujaban a estudiar y hacer más de lo que hacían los demás estudiantes.

Con esta atención especial, el joven Rodrigo florecía[10] e iba olvidándose de la tristeza de sus primeros años. Ya tenía una familia para toda la vida: la Iglesia Católica. Cuando salió del seminario, quería volver al estado de Michoacán; tenía una vocación especial para trabajar con la gente humilde.

Otro niño en el lugar de Rodrigo tal vez habría resentido[11] la pobreza de su niñez y la tragedia de la pérdida[12] de tantas personas queridas. Pero Rodrigo era optimista por naturaleza y prefería enfocarse en lo positivo. Aun era capaz de perdonarle a su padre difunto la violencia de algunas de sus acciones. Rodrigo sinceramente creía que todo en este mundo ocurre por un plan de Dios y que la mejor actitud en cualquier situación difícil es tener fe. Cuando Raquel y Ángela conocieron al padre en el pueblo, su actitud positiva les sirvió de apoyo[13] cuando más lo necesitaban.

El Padre Rodrigo, un cura[1] rural con un pasado triste pero con mucha fe

[1]*priest* [2]*relatively poor* [3]*childbirth* [4]*run* [5]querido... *loved by* [6]*swore* [7]*alert* [8]Se... *He stood out* [9]*great care* [10]*blossomed* [11]habría... *would have resented* [12]*loss* [13]les... *was supportive to them*

Actividad B.

En la cinta, vas a escuchar una serie de oraciones sobre el Padre Rodrigo. Indica si son Probables (**P**) o Improbables (**IMP**), según lo que sabes de él. Luego vas a escuchar las respuestas. Trata de captar algunos detalles más de la vida del Padre Rodrigo.

1. P IMP   2. P IMP   3. P IMP   4. P IMP

1. _____

2. _____

3. _____

4. _____

7

GRAMÁTICA

76. *PODREMOS HABLAR CON MERCEDES EN EL HOSPITAL:* THE FUTURE OF VERBS WITH IRREGULAR STEMS; AN ADDITIONAL USE OF THE FUTURE

Here are some questions that Ángela might have been asking herself before getting the good news that the accident victims were still alive.

Las preguntas de Ángela: ¿**Podrán** sacar a Roberto? ¿Estará bien? ¿**Tendrá** algunas lesiones? ¿**Tendrá** hambre y sed? ¿**Habrá** suficiente aire? ¿Cuándo **sabremos** algo? ¿Qué les **diré** a mis tíos? ¿y a mi abuela Carmen? ¡Ay, Dios mío!

Verbs with Irregularities in the Future

The following verbs form the one-word future tense with an irregular stem, as was the case with **hacer** (har-) in **Lección 27**. The same endings are used: -é, -ás, -á, -emos, -éis, -án.

decir:	**dir-**	
poder:	**podr-**	-é
poner:	**pondr-**	-ás
querer:	**querr-**	-á
saber:	**sabr-**	-emos
salir:	**saldr-**	-éis
tener:	**tendr-**	-án
venir:	**vendr-**	

decir	
diré	diremos
dirás	diréis
dirá	dirán

Compound verbs that contain one of these verbs will show the same irregularity: **contener** → **contendré, imponer** → **impondrá.**

An Additional Use of the Future

In addition to expressing what *will* happen, the future may be used in Spanish to express *probability* or *conjecture* about what is happening right now. Look back at the opening series of questions by Ángela. Implied in her questions is the sentiment "I wonder whether . . ." (whether they will find him, whether he is O.K., and so on). Here are some additional examples.

MERCEDES: ¿Dónde **estarán** Ángela y Raquel?

MERCEDES: *Where can Ángela and Raquel be? (I wonder where Ángela and Raquel are.)*

RAQUEL: ¿Cómo **estará** don Fernando?

RAQUEL: *I wonder how don Fernando is.*

Actividad A. Otras consecuencias

Paso 1
En la cinta vas a escuchar una serie de oraciones sobre lo que puede pasar en los próximos episodios. Si esto ocurre, ¿cuál es la consecuencia más lógica? Escribe el número de la oración junto a la consecuencia apropiada.

Consecuencias

a. _____ Ángela no podrá dormir.
b. _____ El patriarca tendrá que hacer un viaje.
c. _____ Arturo conocerá a los miembros de la familia Castillo.
d. _____ No podrán rescatar a Roberto tan pronto como quieran.
e. _____ Ángela estará muy contenta.

Paso 2
Ahora, cuando escuches las oraciones otra vez, da tu respuesta. Vas a escuchar la respuesta correcta en la cinta.

Actividad B. ¿Quién lo dirá?

En los próximos episodios de *Destinos*, es posible que alguien diga lo siguiente. Identifica a los personajes que hablan.

a. los médicos de don Fernando
b. los hijos de don Fernando
c. los obreros del rescate

1. _____ Los podremos alcanzar (*reach*) en unas horas, seguro.
2. _____ Querremos tener más pruebas (*tests*), para estar seguros.

3. ____ ¿Cuándo tendremos noticias de Raquel?
4. ____ Si es necesario, saldremos para el aeropuerto en ambulancia.
5. ____ Tendremos que buscar más información sobre lo que pasa en la excavación.
6. ____ Sabremos el diagnóstico en dos días y se lo diremos entonces.
7. ____ Sí, haremos todo lo que podamos. Haremos todo lo posible... ¡hasta lo imposible!

Actividad C.   Un nuevo personaje

En uno de los futuros episodios de *Destinos*, vas a conocer a esta mujer. ¿Quién será? Termina las oraciones con la palabra o frase que tú crees que es más apropiada. Sabrás las respuestas correctas en uno de los siguientes episodios.

1. Esta mujer será... (argentina, mexicana, norteamericana, ¿ ?)
2. Será... (otra hija de don Fernando, una especialista en enfermedades cardíacas, una amiga de Raquel, ¿ ?)
3. Querrá... (ayudar a don Fernando, conocer a Arturo, comprar La Gavia, ¿ ?)
4. Tendrá un impacto... (enorme, mínimo, catastrófico, ¿ ?)... en la familia Castillo.

Actividad D.   ¡Haremos un viaje maravilloso!

¿Te gusta soñar con (*to dream about*) los viajes que piensas hacer? Completa esta descripción de un viaje a México. Usa el tiempo futuro de los verbos entre paréntesis.

Nosotros (salir) _____[1] de Nueva York el sábado por la mañana por avión hacia la Ciudad de México. (Llegar: nosotros) _____[2] el sábado por la tarde. (Ir: nosotros) _____[3] a nuestro hotel inmediatamente, donde todos Uds. (poder) _____[4] descansar. Por la noche nosotros (tener) _____[5] la oportunidad de ver una presentación de unos bailes folklóricos. El lunes (hacer: nosotros) _____[6] una excursión a las ruinas de Tenochtitlán donde el guía les (decir) _____[7] a Uds. todo lo que se relaciona con ese lugar histórico. Después (venir: nosotros) _____[8] al centro donde (visitar) _____[9] varios lugares de interés. Sé que Uds. (querer) _____[10] conocer el Museo de Antropología y el Parque de Chapultepec. Seguramente, al terminar este viaje, todos Uds. (saber) _____[11] mucho acerca de la historia de México y (querer) _____[12] volver muchas veces a «la tierra del sol».

Actividad E.   ¿Y tu mejor amigo/a?

¿Qué hará tu mejor amigo/a en el futuro? Completa las oraciones con el tiempo futuro del verbo entre paréntesis y con detalles y opiniones personales. Usa **no** si quieres.

Nombre del amigo / de la amiga: _____

1. Dentro de diez años, él/ella (estar) _____ casado/a y (tener) _____ por lo menos _____ hijos.
2. (Hacer) _____ un viaje a _____ algún día.
3. Después de graduarse en la universidad, (querer) _____ buscar un trabajo como _____.
4. Algún día (poder) _____ comprar una casa enorme como _____.

5. Este verano (salir) _____ mucho con _____ porque

    no (tener) _____ clases en la universidad.

6. Este año, (haber) _____ una fiesta muy grande en su casa/apartamento.

7. Este año, él/ella (ponerse) _____ enfermo/a. (Tener) _____

    problemas con _____.

Actividad F.   ¿Y tú?

¿Cuáles son las preguntas que tú te haces ahora en cuanto a lo que va a pasar en los próximos episodios? Haz por lo menos cuatro preguntas sobre los aspectos de *Destinos* que te interesan más. No te limites solamente a este episodio. (Worksheet)

> MODELO: ¿Qué pasará entre Raquel y Arturo?

77. *MÉXICO, LA CIUDAD MÁS GRANDE DEL MUNDO:* SUPERLATIVES

You have already learned to compare and contrast two entities or qualities by using the phrases **más/menos... que** and **tan (tanto)... como.** To compare more than two entities, the superlative forms are used. They correspond to English *-est* (*smartest, biggest*) or to *the most/least* + adjective.

Forms

Most superlatives are expressed in Spanish with this structure. Note in particular the use of **de** (not **que,** as with comparatives).

> **el, la, los, las** + noun + **más/menos** + adjective + **de**

Buenos Aires es **la** ciudad **más** grande **de** la Argentina.	*Buenos Aires is the biggest city in Argentina.*
Y la calle Rivadavia es **la** calle **más** larga **del** mundo, según los argentinos.	*And Rivadavia Street is the longest street in the world, according to the Argentines.*

When the irregular adjectives **mejor** and **peor** are used in a superlative structure, they tend to precede the noun.

> **el, la, los, las** + **mejor/peor** + noun + **de**

Los hijos de don Fernando quieren consultar con **el mejor** especialista **del** país.	*Don Fernando's children want to consult with the best specialist in the country.*

Uses

Once the entity being compared has been established, the noun is often omitted from a superlative expression. Here are two of the preceding examples with the noun omitted.

> Y la calle Rivadavia es **la más larga** del mundo, según los argentinos.

> En cuanto a especialistas, los hijos de don Fernando quieren consultar con **el mejor** del país.

Actividad A.   ¡Los mejores del mundo!

Según opinan muchos hispanos, los argentinos tienen fama de creer que lo mejor de todo se encuentra en la Argentina. Pero los estadounidenses también piensan así a veces de su propio país. Escucha otra vez una conversación entre Raquel y Arturo en la Argentina. Acaban de ver al malabarista (*juggler*) en la calle Florida. Luego contesta las preguntas.

1. Según Raquel, las mejores naranjas del mundo se encuentran en este estado:

   _____

2. Según Arturo, que habla en broma (*is joking*), los Estados Unidos también tienen «lo mejor» en estas categorías. ¿Qué lugares de los Estados Unidos menciona?

   el río más largo: _____

   la calle más larga y ancha (*wide*): _____

   el edificio (*building*) más alto: _____

Actividad B.

¿Cuánto sabes de «los mejores»? ¿Puedes encontrar el nombre de los siguientes sitios?

Frases útiles:

Buenos Aires, la Ciudad de México, Los Ángeles, Nueva York, Tokio...

el río Amazonas, el río Misisipí, el río Rojo, el río Nilo...

China, la India, los Estados Unidos, Rusia...

África, la Antártida, Asia, Australia...

el Mt. McKinley, el Mt. Whitney, el Valle de la Muerte...

el Empire State, la Torre Sears, la Torre Trump...

1. el río más largo del mundo
2. el continente más grande de todos
3. el pico más alto de los Estados Unidos (¡OJO! Hay cincuenta estados...)
4. el punto más bajo de los Estados Unidos
5. el edificio más alto de los Estados Unidos
6. la ciudad más grande de los Estados Unidos
7. la ciudad más poblada del mundo
8. el país más poblado del mundo

Actividad C.   ¿Y tú?

En tu opinión, ¿de dónde vienen los siguientes? Busca una respuesta en la lista o da el nombre de otros lugares.

¿De dónde vienen... ?

Países: Alemania, la Argentina, Chile, los Estados Unidos, España, Francia, Italia, el Japón, México, ¿ ?

1. los mejores coches del mundo _____

2. los mejores vinos del mundo _____

3. los mejores perfumes _____

4. la mejor cerveza (*beer*) _____

5. las mejores películas _____

6. las mujeres más elegantes _____

7. las mejores videograbadoras (*VCRs*) _____

8. los mejores productos de cuero (*leather*) _____

9. la mejor comida tradicional _____

10. la mejor carne _____

Actividad D.   Las opiniones difieren (*differ*)

Paso 1

¿Son diferentes tus opiniones de las de tus compañeros de clase? ¿O siempre estás de acuerdo con ellos? Escribe ocho oraciones expresando algunas de las opiniones que tienen tus amigos que sean (*are*) diferentes de las que tienes tú. Recuerda que puedes usar **más**, **menos**, **mejor** y **peor** en tus oraciones. (Worksheet)

MODELO: Mis amigos creen que la peor película del año pasado fue...

Sugerencias: la película del año pasado, la clase preferida, el coche deseable (*desirable*), el libro leído (*read*), la fiesta divertida (*fun*), la comida, la excursión del fin de semana

Paso 2

Ahora revisa las oraciones para expresar tu propia opinión sobre las mismas cosas. (Worksheet)

MODELO: Creo que la peor película del año pasado fue...

Actividad E.   ¿Y tú?

Escribe ocho oraciones (usando **más**, **menos**, **mejor** y **peor**) sobre algunos aspectos de *Destinos*. En cada caso, explica el porqué de tu opinión. (Worksheet)

MODELO: El personaje más interesante de todos es Arturo porque tiene una personalidad fascinante.

Adjetivos: aburrido/a, atractivo/a, complicado/a, interesante, simpático/a, ¿ ?

Sustantivos: la familia, el país, la paraja, la parte de la historia, el personaje

· ·

8

REPASO

Actividad A.   De San Juan al pueblo

Las siguientes oraciones son un resumen de lo que ha pasado (*has happened*) desde que Ángela y Raquel supieron la triste noticia del accidente. ¿Puedes completarlas?

1. _____ Ángela y Raquel iban a salir para el aeropuerto cuando...
2. _____ Ángela empezó a llorar y Raquel...
3. _____ Se repusieron (*They got themselves together*) y...
4. _____ Durante el vuelo, hablaban de Roberto y...
5. _____ Al llegar a la capital, alquilaron un carro y...
6. _____ Mientras manejaban,...
7. _____ Ángela dijo que le tenía un poco de envidia a Roberto...
8. _____ Al llegar al pueblo, no podían pasar al sitio del accidente porque...
9. _____ Fueron al hospital del pueblo donde...
10. _____ Pensaron que era Roberto, pero...

a. dormían un poco
b. fueron al aeropuerto en el carro de Jorge
c. Ángela y Raquel hablaban de las relaciones de Ángela con su hermano
d. tuvo un choque emocional
e. vieron el nombre R. Castilla en una lista de las personas atrapadas
f. porque él fue el más inteligente de los dos
g. llegó el tío Jaime con la noticia del accidente
h. el camino estaba bloqueado
i. un padre les dijo que él conocía a la persona de la lista
j. salieron para el sitio de la excavación

Actividad B.   El repaso de Raquel

Lee el texto del resumen de Raquel en este episodio y complétalo con los verbos apropiados.

¡**A**y, qué buenas noticias! Parece que Roberto está vivo. Pero no (estuvimos/estábamos)[1] seguros de eso al comienzo.

En el hospital (hice/hacía)[2] una llamada telefónica. Yo (quise/quería)[3] hablar con Arturo, y también con Pedro. Pero no (pude/podía)[4] comunicarme con ellos.

Mientras Ángela y yo (habláramos/hablábamos)[5] con el Padre Rodrigo, (entró/entraba)[6] un hombre. Este hombre traía noticias muy importantes. El hombre (dijo/decía)[7] que (estuvieron/estaban)[8] a punto de rescatar a las personas atrapadas. Bueno. Entonces, Ángela, el Padre Rodrigo y yo (vinimos/veníamos)[9] en seguida aquí, al lugar de la excavación, pero esta vez (pudimos/podíamos)[10] pasar sin problemas. Menos mal que el Padre Rodrigo (estuvo/estaba)[11] con nosotras.

Hace unos minutos el Padre Rodrigo (vino/venía)[12] con noticias. ¿Qué nos (dijo/decía)[13]? Sí, Roberto (fue/era)[14] una de las personas atrapadas. Pero también nos (dijo/decía)[15] que (estuvieron/estaban)[16] vivos, que contestaban a los llamados.

 Ahora escucha la cinta para verificar tus respuestas.

Have you completed the following sections of the lesson? Check them off here.

_____ **Más allá del episodio**   _____ **Repaso**

_____ **Gramática**

Now scan the words in the **Vocabulario** list to be sure that you understand their meaning.

VOCABULARIO

Los superlativos

el/la mejor   best
el/la peor   worst

Now that you have completed the Textbook and Workbook for **Lecciones 27** and **28**, take the Self-Test for those lessons. (It is on page 206.) Remember to listen to the tape when you see the cassette symbol and to check your answers.

_____ **Self-Test**

Now that you have worked through the Textbook and the Workbook, here are some of the things you have accomplished in Spanish.

- You know and can use the Spanish names for many parts of the body.
- You can use forms of the future to talk about what will happen.
- You can express extremes in Spanish.
- You can use a number of methods to find out information about events that have happened.
- You have continued to work with various past-tense forms in Spanish, and your ability to talk about the past is increasing.

You are now ready to continue on with **Lección 29** in the Textbook.

29 ¡SE DERRUMBÓ!

OBJETIVOS

Whereas the materials in the Textbook all had to do with the video episode, the materials in the Workbook will help you expand your knowledge of the Spanish language in general, as well as give you opportunities for self-expression in Spanish. In this lesson you will learn

- how to recognize another verbal system in Spanish, the subjunctive **(Gramática 78)**
- how to use the present subjunctive to talk about influencing people and events **(79)**

In the **¡A leer!** section you will begin to work with authentic readings and to use reading skills in a new way. In the **Repaso** section, you will continue to work with all forms of the past that you have learned so far.

Remember to listen to the tape for **Lección 29** when you see the cassette symbol and to check your answers in Appendix 1.

6 MÁS ALLÁ DEL EPISODIO

Actividad A. Mercedes y Gloria

PARA PENSAR...

1. Piensa en todo lo que ya sabes de estas dos mujeres: su apariencia física, sus circunstancias, su vida diaria. ¿En qué son semejantes y en qué son diferentes, según lo que sabes hasta ahora?
2. En este episodio, ¿notaste cómo Mercedes le hace reproches a Gloria durante el desayuno? «Carlos estuvo jugando con los niños todo el día cuando *tú* no estabas... » ¿Por qué le dijo eso Mercedes a Gloria? ¿Crees que a Mercedes no le cae muy bien (*doesn't like*) Gloria?

Mercedes y Gloria se conocen desde hace muchos años,[1] pero sus relaciones nunca han sido muy buenas. La verdad es que a Mercedes no le gusta mucho su cuñada, y eso desde el primer día que Carlos llevó a Gloria a La Gavia a conocer a su familia.

Mercedes siempre pensó que Gloria no estaba a la altura de[2] su hermano y que no sería[3] una buena esposa para él. No ha cambiado de parecer[4] con el paso de los años. Gloria, por su parte, al principio trató de no hacer caso de[5] esta actitud negativa de su cuñada. Hizo muchos esfuerzos para adaptarse a las costumbres de la familia Castillo. Pero, desgraciadamente, nunca pudo superar[6] la «barrera» que la separaba de ellos.

En la actualidad,[7] Mercedes le reprocha a Gloria sobre todo el no ocuparse bien de sus hijos. Según ella, cada vez que la familia se reúne, es siempre su hermano Carlos quien se ocupa de Carlitos y Juanita y Mercedes cree que eso no debe ser así. Además, Gloria pasa mucho tiempo fuera de casa, y Mercedes nunca pierde la ocasión de hacérselo notar[8] al resto de la familia. Las dos mujeres nunca se pelean abiertamente, pero hay siempre tensión entre ellas, una tensión que los otros miembros de la familia sienten...

Lo peor ocurrió cuando murió doña Carmen, la segunda esposa de don Fernando y, claro, la madre de Mercedes. Gloria no asistió al funeral. Y esto fue el colmo.[9] Carlos apareció solo, dándoles a todos una vaga excusa para justificar la ausencia de su esposa. Es cierto que la ausencia de Gloria les molestó a todos, ya que son una familia muy unida. Pero mientras los otros aceptaron la explicación de Carlos, Mercedes tomó la ausencia de Gloria como una ofensa personal... una ofensa que nunca le ha perdonado a su cuñada.

¿Por qué no asistió Gloria al funeral? ¿Dónde estaba y qué hacía?

Mercedes y Gloria, dos mujeres de la misma generación pero muy diferentes

---

[1]desde... *for a long time* [2]a... *worthy of* [3]no... *wouldn't be* [4]No... *She hasn't changed her opinion* [5]no... *ignore* [6]*overcome* [7]En... *At present* [8]hacérselo... *call it to the attention* [9]*last straw*

Actividad B.

En la cinta vas a escuchar una serie de oraciones sobre Gloria. Indica si es probable (**P**) o improbable (**I**) que Mercedes esté de acuerdo, según lo que sabes de ella. Luego vas a escuchar las respuestas. Trata de captar algunos detalles más sobre las relaciones entre estas dos mujeres.

1. P   I   2. P   I   3. P   I   4. P   I

1. _____

2. _____

3. _____

4. _____

• •

7

GRAMÁTICA

78. *PUES, ¿CÓMO QUIERE QUE ESTÉ?*: A NEW VERB SYSTEM — THE SUBJUNCTIVE; USES OF THE SUBJUNCTIVE (PART 1)

In **Episodio 17** Raquel and Arturo made a series of wishes on a star. Do you remember what Raquel wished for?

> RAQUEL: Les pido a las primeras cien estrellas que veo esta noche que **podamos** *(podemos)* encontrar a Ángel en Puerto Rico... que **esté** *(está)* bien y que por fin esta familia **pueda** *(puede)* reunirse definitivamente.

Most of the verb forms you have learned to use so far have been part of a verb system called the indicative. The present, imperfect, and preterite are all part of the indicative system in Spanish.

The verbs highlighted in the preceding segment are part of a Spanish verb system called the subjunctive. The forms of the subjunctive are used in particular contexts. In this lesson you will learn about one of those contexts: the use of the subjunctive when some event is expressed as necessary, required, desired, preferred, and so on. Note this use of the subjunctive in the following sentences.

Todos **quieren que** Roberto **salga** vivo del accidente. **No quieren** que **se muera.**	*Everyone wants Roberto to come out of the accident alive. They don't want him to die.*
Es necesario que **trabajen** día y noche para sacarlo de la tumba.	*It's necessary for them to work day and night to get him out of the tomb.*
Pero **no es necesario** que Ángela y Raquel **estén** en el sitio de la excavación todo el tiempo.	*But it's not necessary for Ángela and Raquel to be at the excavation site all the time.*

Note that, in the first part of each sentence, verbs and phrases such as **querer** and **es necesario** express the need, desire, or preference that something happen. As in the preceding examples, these phrases can be both affirmative (**quieren, es necesario**) and negative (**no quieren, no es necesario**). As you work through the activities on the subjunctive in this lesson, be sure to note other verbs and phrases that trigger the subjunctive.

The subjunctive appears in the verb in the second part of the sentence, that is, the verb that expresses what event or behavior is—or is not—to come about. Note that the word **que** joins the two parts of the sentence: indicative + **que** + subjunctive. The second subject is always different from the first.

79. *NO QUIERO QUE ME PONGA UNA INYECCIÓN, PAPÁ:* THE PRESENT SUBJUNCTIVE — FORMS (PART 1)

Most Regular and Irregular Verbs

It is easy to form the present subjunctive. The present subjunctive stem for almost all verbs[†] is based on the present-tense indicative **yo** form. The only difference in the subjunctive is that the vowel endings are switched: -ar verbs have endings with -e and -er/-ir verbs have endings with -a.

tomar		sufrir		poner	
tomo → tom-		sufro → sufr-		pongo → pong-	
tome	tomemos	sufra	suframos	ponga	pongamos
tomes	toméis	sufras	sufráis	pongas	pongáis
tome	tomen	sufra	sufran	ponga	pongan

Certain spelling changes that you have already learned for verbs ending in **-car**, **-gar**, and **-zar** occur in the present subjunctive as well, in all forms.

buscar: busque, busques, ...
llegar: llegue, llegues, ...
empezar: empiece, empieces, ...

---

[*]Note the English equivalents of the Spanish subjunctive forms in these examples: In these cases the English infinitive is used. The subjunctive forms could also be expressed by using English subjunctives: . . . *that Roberto come out* . . . , . . . *that they work* . . . , . . . *that they be.* In most cases the English subjunctive forms do not differ greatly from the indicative forms. The difference occurs primarily in the third person: *Roberto comes* (*indicative*) versus *come* (*subjunctive*).

[†]Only six verbs have irregular stems in the subjunctive. You will learn about them in **Lección 30.**

Stem-Changing Verbs

Stem-changing verbs that end in **-ar** and **-er** follow the stem-changing pattern of the present indicative.*

contar		perder	
cuente	contemos	pierda	perdamos
cuentes	contéis	pierdas	perdáis
cuente	cuenten	pierda	pierdan

Actividad A. Les pido a las estrellas...

Paso 1

Escucha otra vez la conversación que Raquel y Arturo tuvieron en el **Episodio 17.** Al mismo tiempo, si quieres, la puedes leer.

ARTURO: ¿Alguna vez le pediste un deseo a una estrella?

RAQUEL: Sí, cuando era una niña pequeña en California.

ARTURO: Bien. Pedí vos primero.

RAQUEL: ¿Yo?

ARTURO: Por supuesto.

RAQUEL: Les pido a las primeras cien estrellas que veo esta noche que podamos encontrar a Ángel en Puerto Rico... que esté bien y que por fin esta familia pueda reunirse definitivamente.

ARTURO: Yo también les pido lo mismo. Que podamos encontrar a mi hermano y que él pueda conocer a su padre, don Fernando. Y que esta persona, esta mujer, sea parte importante de mi vida... y que yo sea parte importante de su vida también.

Paso 2

Ahora indica si las siguientes oraciones son ciertas (**C**) o falsas (**F**) según la conversación en el jardín.

C F 1. Arturo quiere que Raquel pida primero.

C F 2. Arturo no desea que encuentren a Ángel.

C F 3. Para Raquel, es importante que los miembros de la familia Castillo se reúnan.

C F 4. Arturo prefiere que Raquel no diga nada sobre Ángel.

C F 5. Para Arturo, es preferible que sus relaciones con Raquel continúen.

Actividad B.

¿A quién se refiere? Indica a la persona a quien se refieren las siguientes oraciones.

a. Raquel	e. la abuela de Ángela
b. Ángela	f. el Padre Rodrigo
c. Carlitos	g. Carlos
d. Arturo	h. los obreros del rescate

1. _____ Quiere que alguien le diga que su hermano vive todavía.

2. _____ No quiere que el médico le ponga una inyección.

3. _____ Le permite a Ángela que vaya a México con Raquel.

4. _____ Le dice a Ángela que tenga paciencia y fe (*faith*).

5. _____ Quiere que alguien le traiga a Ángela buenas noticias acerca de Roberto.

6. _____ Quiere que su hijo se reponga pronto.

7. _____ Es preciso (*necessary*) que espere mucho tiempo para tener noticias de las personas atrapadas en la excavación.

---

*You will learn about the present subjunctive forms of **-ir** stem-changing verbs in **Lección 31.**

8. ____ Al principio, prohíben* (*they forbid*) que Ángela y Raquel pasen al sitio de la excavación.
9. ____ Es urgente que hable pronto con un miembro de la familia Castillo.
10. ____ Le pide a alguien que se calme.

Actividad C.   Opciones

Completa las siguientes oraciones de una manera lógica. ¡OJO! Hay más de una respuesta posible en algunos casos.

1. Carlitos prefiere que el médico _____.
   a. no le tome la temperatura
   b. no lo cure pronto
   c. no le ponga una inyección

2. Consuelo y Carlos le dicen a Carlitos que _____.
   a. se levante y salga a jugar
   b. se tome la medicina
   c. guarde cama

3. Cuando Juanita sabe que su padre le va a traer un poco de chocolate a Carlitos, ella quiere que _____.
   a. le traiga un pilón
   b. le tome la temperatura
   c. le traiga chocolate también

4. Carlitos le pide a su papá que _____.
   a. Juanita no lo vea mientras esté enfermo
   b. Juanita no se quede en la cama con él
   c. no venga el doctor

5. Al día siguiente, es aconsejable (*advisable*) que Carlitos _____.
   a. se tome dos aspirinas
   b. saque la lengua
   c. se levante y desayune con la familia

In the preceding examples and activities you have seen and heard the following verbs and expressions that trigger the subjunctive in the second verb. Be sure that you know the meaning of all of them.

decir (*to order*), desear, pedir (i, i), permitir, preferir (ie, i), prohibir, querer (ie)

es... aconsejable, importante, necesario, preciso, preferible, urgente

Did you notice that some of these verbs are frequently used with indirect object pronouns?

Le (pide, dice, permite, prohíbe) que...

Finally, keep in mind that, with expressions such as **es importante** (**necesario**...), the subjunctive is used only when a subject is expressed. Up until now, you have used those expressions with infinitives. Compare these pairs of sentences.

Es necesario **guardar** cama.
Es necesario **que Carlitos guarde** cama.

Es importante **tomar** aspirinas.
Es importante **que Carlitos tome** aspirinas.

Actividad D.   ¿Y tú?

¿Tienes buena salud? ¿Qué haces—o no haces—para tenerla? Inventa diez consejos, usando palabras o frases de cada columna. Usa el subjuntivo de los verbos de la columna de la derecha. (Worksheet)

---

*Note the accents on these present-tense forms of **prohibir**: **prohíbo, prohíbes, prohíbe, prohíben**. *But:* **prohibimos, prohibís.**

Para tener buena salud...

es preferible que		hacer ejercicio (todos los días, cuatro veces a la semana...)
preciso que	uno (no)	tomar bebidas alcohólicas con moderación
es importante que		tener un pasatiempo (*hobby*)
es necesario que		molestarse por las cosas sin importancia

es preferible que
preciso que
es importante que   uno (no)
es necesario que

hacer ejercicio (todos los días, cuatro veces
   a la semana...)
tomar bebidas alcohólicas con moderación
tener un pasatiempo (*hobby*)
molestarse por las cosas sin importancia
aprender a relajarse
usar drogas
fumar (*to smoke*)
comer demasiado
salir con los amigos con frecuencia
acostarse y levantarse temprano
trabajar compulsivamente
tratar de llevarse bien y cooperar con todos *get along*
¿ ?

Actividad E.   Tu amigo/a

¿Tienes algún amigo preguntón (alguna amiga preguntona)? Contesta estas preguntas de tu amigo/a usando las sugerencias indicadas.

1. ¿Quieres que te prepare una cena o que te compre un regalo para tu cumpleaños?

   Quiero que _____

2. ¿Debo tomar aspirinas o visitar al médico con esta fiebre?

   Es mejor que _____

3. ¿Deseas bailar en la discoteca el sábado o escuchar el conjunto Los Lobos?

   Prefiero que nosotros _____

4. ¿Debemos estudiar esta noche o mañana cuando hay más tiempo?

   Es aconsejable que _____

5. ¿Vienen tus padres a verte con frecuencia o nunca los invitas?

   Les pido que_____

6. Tenemos un examen de español esta semana. ¿Qué te parece?

   (No) Quiero que _____

7. ¿Quieres hacer la cena tú o debo hacerla yo?

   Prefiero que tú _____

8. ¿Piensas casarte (divorciarte) pronto?

   Mis padres prefieren que_____

Actividad F.   ¿Y tú?

Casi todos tienen un tratamiento favorito para los resfriados. ¿Qué recomiendas tú para curarlos? Da por lo menos cinco recomendaciones. (Worksheet)

   MODELO: Cuando uno tiene un resfriado, es necesario/importante que (no)...

Sugerencias: beber... muchos líquidos, especialmente jugos de fruta, una bebida alcohólica, leche (*milk*) caliente con miel (*honey*); sudar (*to sweat*); tomarse la temperatura; tomar... aspirinas, antibióticos; guardar cama; consultar con un médico

¡Un desafío! De las **Sugerencias**, en tu opinión, ¿cuáles de esos consejos son típicos de los países hispánicos?

¡A LEER!

Note: This new repeating section of the Workbook will appear in approximately every other lesson. It will include authentic readings, that is, articles from Hispanic magazines and newspapers that were written for native speakers of Spanish (in contrast to previous readings in the Textbook and Workbook, which were written for language learners like yourself).

Especially when working with authentic readings, you should remember that you need not understand every word in the reading in order to understand its general meaning. If you can do the activities that accompany the reading, you will have understood enough!

 ANTES DE LEER

Actividad A.
Look at the title of the reading in this section. **Catarro** means *cold* (as in *head cold* or *chest cold*). What do you think **prevenir** means?

_____ to preview
_____ to come before
_____ to prevent

Actividad B.
Make a list of *everything* that you know about preventing colds. How many items can you come up with?

Actividad C.
In your list from **Actividad B** indicate your degree of assuredness about each method of prevention. Write «Estoy seguro/a» if you are *sure* that the prevention works; write «Creo que es cierto» if you *think* the prevention works; write «No estoy seguro/a» if you are *unsure* of the validity of the prevention.

Actividad D.
Before you begin to read, look at the following list of words. If you know them in advance, you will understand the reading more fully.

la vacuna	vaccine
la coriza	congestion
la tos	cough

Actividad A.

Scan the reading to look for references to or any mention of your list of preventive measures from **Actividad B** (**Antes de leer**). Cross off from your list any that you do not see. What do you have left?

CÓMO PREVENIR EL CATARRO COMÚN

¿Cómo adquirimos el catarro?

¿Debemos comer cuando estamos enfermos?

¿Existe una vacuna efectiva?...

Las respuestas a estas dudas en este interesante artículo donde publicamos lo último que se sabe sobre esta molesta infección viral.

Los resfriados y catarros constituyen una de las causas principales de pérdidas de días productivos en trabajos y centros educacionales en la mayoría de los países del mundo. Los meses de otoño e invierno parecen ser los escogidos para la propagación del problema y su causa es responsabilidad de ¡más de 200 virus diferentes! Esta diversidad es la que dificulta en extremo poder encontrar una vacuna que sea positiva contra el catarro, y así, el paciente que sufre sus síntomas—coriza, nariz tupida, húmeda y con mucosidad, malestar general y a veces tos y cierta fiebre—debe conformarse con los remedios tradicionales: mucho líquido para compensar la pérdida de fluidos, reposo y aspirinas. Es todo lo que se hace.

Sin embargo, a pesar de no existir vacunas específicas para combatir el catarro, sí existen medios que podemos emplear para *evitarlo*. Por ejemplo, se ha demostrado que un 45 por ciento de las infecciones virales que causa el catarro se debe a la presencia de determinados *rinovirus* que viven en las manos y el rostro de las personas infectadas y en las superficies de los objetos tocados por esas personas: picaportes, llaves de agua, mesas y muebles, teléfonos, etc. La infección generalmente ocurre de una manera indirecta cuando tocamos una superficie que previamente ha sido contaminada con el virus.

Con respecto a la vitamina C como medida preventiva no hay nada definitivo. Los estudios realizados hasta el momento no indican que pueda evitar el catarro, aunque sí hay algunos indicios que ciertas dosis—del rango de 250 a 1.000 mg diarios—varias veces al día, pueden reducir los síntomas en ciertas personas.

Si usted practica ejercicios físicos regulares sus posibilidades de contraer algún catarro disminuyen. Los estudios efectuados en personas que corren, nadan, o asisten a gimnasios, practican ejercicios aeróbicos y se mantienen "en forma física", demuestran que se cansan menos y son mucho menos susceptibles a las enfermedades y dolencias que todos aquellos que llevan una vida sedentaria.

Hombre de mundo, Año 12, No. 9

Actividad B.

Locate the following words in the reading and, based on how they are used in context, see whether you can guess their meaning.

1. reposo (*first paragraph*)
2. medios (*second paragraph*)
3. superficie (*second paragraph*)

Actividad C.

Now read the text at your own pace. Deduce the meaning of any words you do not yet know or skip over them for now. You should be able to understand most of the basic points of this reading and grasp some of the details without further help, and without the help of a dictionary. Remember: you don't need to understand every word to successfully complete the activities in this section of the Workbook.

ESTRATEGIA

Reading involves understanding content, that is, processing the meaning of what you read. Just as in a history or science course, you are responsible for remembering the content of readings in *Destinos*. To improve your reading skills and remember more, be an active reader! Underline key phrases as you go; circle important words and concepts or write them down on a sheet of paper. Then look at the key words and phrases you have written and try to recall the information they represent. Here is a phrase that was underlined to help recall some specific information.

MODELO: La infección generalmente ocurre cuando de una manera indirecta <u>tocamos una superficie</u> que previamente...

DESPUÉS DE LEER

Actividad A.

Based on what you have read, indicate whether the following conclusions are logical (**Sí**) or not (**No**).

Sí   No   1. Uno se debe lavar las manos con frecuencia como medida preventiva.
Sí   No   2. Es más típico contraer un catarro en mayo o junio que en noviembre.
Sí   No   3. Vale la pena tomar vitamina C diariamente.
Sí   No   4. Los atletas se acatarran (*get colds*) menos frecuentemente que las personas que trabajan en una oficina.

Actividad B.

¿Cuál de estas personas tiene mayor probabilidad de contraer un catarro? ¿Por qué?

1. _____ un niño de nueve años   2. _____ un amo/ama de casa (*housekeeper*)

● ●

9

REPASO

Actividad.   En el episodio previo...

Paso 1

Con los siguientes verbos, completa el resumen del **Episodio 28** que escuchaste al principio de este episodio.

regresaron	debía	hablaron
ocurrió	entrevistaron	pasó
sabía	esperaban	llegaron

En el episodio previo, el doctor que atiende a don Fernando Castillo completa su examen. Pensando en la recomendación del doctor, Mercedes y Pedro _____¹ con la familia sobre las varias dificultades que enfrentan.ᵃ Y nadie de la familia Castillo _____² del accidente que _____³ en una excavación en un pequeño puebloᵇ a unas horas de distancia de la ciudad. No saben que Raquel y Ángela _____⁴ con ansiedad saber algo de Roberto, el hermano de Ángela.

ᵃ*they are facing* ᵇ*town*

¿Y Arturo? ¿Qué _____⁵ con Arturo, quien _____⁶
reunirse con Raquel y Ángela en el Gran Hotel de la Ciudad de México?

 Ahora escucha la cinta para verificar tus respuestas.

Paso 2
Ahora lee las siguientes oraciones y ponlas en el sitio que lógicamente les corresponde en el párrafo del **Paso 1**.

1. Además del estado de don Fernando, había el problema de la oficina de Miami y varios conflictos familiares.
2. Tampoco saben que Ángela y Raquel estaban tratando de comunicarse con gente en Puerto Rico y en la capital.
3. Don Fernando se sentía muy débil (*weak*) durante el examen, y sus hijos estaban muy preocupados.
4. Él también quería tener noticias de Raquel; estaba muy preocupado.

Have you completed the following sections of the lesson? Check them off here.

_____	**Más allá del episodio**	_____ **¡A leer!**
_____	**Gramática**	_____ **Repaso**

Now scan the words in the **Vocabulario** list to be sure that you understand the meaning of most of them.

• •

VOCABULARIO

Los verbos

fumar	to smoke
permitir	to permit, allow
prohibir	to forbid, prohibit

Las palabras adicionales

es aconsejable	it's advisable
es importante	it's important
es necesario	it's necessary
es preciso	it's necessary
es preferible	it's preferable
es urgente	it's urgent

Now that you have completed the Textbook and Workbook for **Lección 29**, take the Self-Test for that lesson. (It is on page 208.) Remember to listen to the tape when you see the cassette symbol and to check your answers.

_____ **Self-Test**

Now that you have worked through the Textbook and the Workbook and taken the Self-Test, here are some of the things you have accomplished in Spanish.

- You can use a number of expressions to tell people that they are right or that you agree with them.
- You can use and understand vocabulary related to health and medical conditions, and treatments.
- You can use the present subjunctive forms of many verbs to talk about what you want others to do or events that you want to take place.
- You have continued to improve your listening skills and you have begun to work more on reading skills in the **¡A leer!** sections.

You are now ready to continue on with **Lección 30** in the Textbook.

30

PREOCUPACIONES

OBJETIVOS

Whereas the materials in the Textbook all had to do with the video episode, the materials in the Workbook will help you expand your knowledge of the Spanish language in general, as well as give you opportunities for self-expression in Spanish. In this lesson you will learn

- more about the use of the subjunctive to express emotions of many kinds **(Gramática 80)**
- the forms of the few verbs that are irregular in the present subjunctive **(81)**

In the **Repaso** section you will continue to work with all forms of the past that you have learned so far.

Remember to listen to the tape for **Lección 30** when you see the cassette symbol and to check your answers in Appendix 1.

6

MÁS ALLÁ DEL EPISODIO

Actividad A.   Ofelia

PARA PENSAR...

Según lo que ya sabes de Ofelia y de la cultura de que proviene, ¿qué detalles de su vida crees que puedes predecir (*predict*)?

En Cuba, Ofelia era secretaria del dueño de una empresa[1] de tabaco.

Ofelia, la secretaria de Carlos, habla con la animación típica de los cubanos. Al parecer, es una mujer muy alegre y optimista, y es un gusto tratar con[2] ella, lo cual[3] es una cualidad muy buena en una secretaria. Pero detrás de su sonrisa, hay un pasado triste.

Ofelia nació en La Habana, de una familia de la clase media, y tuvo una buena formación profesional. Al terminar sus estudios, no empezó a trabajar fuera de casa, pues se casó muy joven

[1]compañía   [2]tratar... *to interact with*   [3]lo... *which*

con un comerciante de la capital. Después de la revolución de Castro, su esposo se opuso abiertamente al régimen de Fidel. Pronto fue arrestado y encarcelado, como muchos otros.

Con su marido en prisión, la joven esposa tuvo que enfrentar[4] una vida muy dura. Económicamente pudo defenderse,[5] ya que por casualidad y por suerte encontró un buen trabajo. Pero políticamente, nunca se sintió segura.[6] En 1980, por fin logró emigrar a los Estados Unidos con su madre en un barco de los llamados «marielitos». Por desgracia, hasta ahora no ha tenido[7] noticias de su esposo.

Al llegar a Miami, Ofelia se integró inmediatamente a la comunidad cubana. Al principio, tuvo dificultades económicas, pues Ofelia no sabía hablar inglés. Por suerte otro emigrado cubano, amigo de la familia de Ofelia y también de Carlos Castillo, pudo ayudarla. Llamó al jefe de la oficina de Castillo Saavedra, S.A., para ver si éste le podía dar trabajo. Le explicó a Carlos que Ofelia no sabía hablar inglés, pero que estaba seguro de que lo aprendería[8] rápidamente. Ella sólo necesitaba tener la seguridad económica de un buen trabajo.

En aquel entonces, Carlos no necesitaba secretaria, pero le propuso al amigo que le daría el trabajo de limpiar las oficinas de la empresa. Ofelia supo ver la oportunidad que Carlos le ofrecía para entrar en el mundo del trabajo en los Estados Unidos. No sólo trabajó muy fuerte sino que[9] empezó a estudiar inglés y avanzó rápidamente en sus estudios. Por su parte, Carlos se dio cuenta en seguida de que la inteligencia de Ofelia se estaba desperdiciando.[10] Al jubilarse[11] su secretaria, Carlos le ofreció a Ofelia ese puesto.

Ofelia piensa que ha tenido mucha suerte y le está muy agradecida[12] a Carlos por su ayuda. Ahora se puede decir que vive una buena vida en Miami. Sale mucho con sus amigas y todavía tiene a su madre con ella, además de algunos otros parientes que pudieron escapar de Cuba.

En general, Ofelia está muy contenta con su vida actual. Pero a pesar de todo eso, Ofelia no puede olvidar a su esposo. ¿Estará vivo? ¿Lo volverá a ver algún día?

[4]*face* [5]*get by* [6]*safe* [7]*no... she hasn't had* [8]*she would learn* [9]*sino... but also* [10]*se... was going to waste* [11]*retiring* [12]*thankful*

Actividad B.

En la cinta vas a escuchar una serie de oraciones sobre Ofelia. Indica si son ciertas (**C**) o falsas (**F**), según lo que sabes de ella. Luego vas a escuchar las respuestas. Trata de captar algunos detalles más sobre su vida y sobre la comunidad cubanoamericana en la Florida.

1. C F   2. C F   3. C F   4. C F

1. _____

2. _____

3. _____

4. _____

7

GRAMÁTICA

80. ¡ESPERO QUE TENGA SUFICIENTE AIRE!: USES OF THE SUBJUNCTIVE (PART 2)

Ángela se alegra de que Raquel **esté** con ella en el sitio de la excavación. No podría enfrentar esta situación a solas. Le molesta que no **haya** nada que ella pueda hacer para ayudar a los obreros del rescate. Teme que Roberto no **salga** de la tumba vivo... y hay que admitir que eso es muy posible.

In the previous lesson you learned to use the forms of a new verb system, the present subjunctive, to express the need, desire, or preference that something happen. Many expressions of psychological or emotional reaction—fear, happiness, exclamations (such as *How strange!*)—about a person, situation, or event can also trigger the subjunctive in the second part of the sentence.

Tengo miedo de (Temo) que *haya* otros hombres atrapados.   *I'm afraid there are other men trapped.*

Es lástima que no *podamos* alcanzarlos. *It's a shame (that) we can't reach them.*

¡Qué extraño que no *oigamos* sus voces! *How odd that we don't hear their voices!*

Verbs and phrases of psychological and emotional reaction that you have already used in this way in the Textbook include **sentir (ie, i)**, **tener miedo**, and **es extraño/lástima**. As you work through the activities in this section, be sure to note other expressions that trigger the subjunctive.

Remember that the word **que** joins the two parts of the sentence (indicative + **que** + subjunctive) and that the second subject is always different from the first.

Actividad A. Preocupaciones

Paso 1

Parece que todos los personajes de *Destinos* están preocupados por algo. Describe sus preocupaciones, completando las siguientes frases.

1. _____ A Pati le preocupa (*worries*) que...
2. _____ A Mercedes le preocupa que...
3. _____ Todos los miembros de la familia Castillo esperan que...
4. _____ Carlos teme que...
5. _____ Carlitos tiene miedo de que...
6. _____ Ofelia siente que...
7. _____ Raquel siente que...
8. _____ Ángela tiene miedo de que...
9. _____ A Gloria le molesta que...

a. Mercedes no la quiera mucho
b. no pueda comunicarse con nadie
c. su padre tenga que ver a un especialista
d. Carlos esté preocupado
e. don Fernando se reponga pronto
f. Roberto no tenga suficiente aire
g. el doctor le ponga una inyección
h. haya problemas con la producción de su obra en Nueva York
i. haya problemas en su oficina en Miami

Paso 2

Ahora escucha la cinta para verificar tus respuestas. Escucharás la primera parte de cada oración. Di tu respuesta y compárala con la respuesta de la cinta.

Actividad B. ¿Y tú?

Paso 1

De las siguientes oraciones, ¿cuáles expresan tus sentimientos? Cambia las oraciones falsas para que (*so that*) los expresen, si puedes.

C F 1. No me molesta que la gente fume en mi casa (apartamento, cuarto).
C F 2. No me molesta mucho que tantas personas vivan en las calles de las ciudades.
C F 3. Me molesta que se ponga tanto énfasis en los deportes.
C F 4. Me molesta mucho que un amigo siempre me pida cosas prestadas (*borrows things*) y que luego no me las devuelva (*returns*).
C F 5. Me molesta muchísimo que tengamos que pagar tanto para la matrícula (*registration fees*).
C F 6. Me molesta mucho que haya tantas reglas (*rules*) en esta universidad.

Paso 2

Ahora sigue expresando tus opiniones. Primero completa las frases con la forma apropiada del verbo. Luego indica cuál expresa tu propia (*own*) opinión. Si ninguna expresa tu opinión exactamente, modifícala (por ejemplo, con **no**) o escribe otra nueva. (Worksheet)

1. Me gusta mucho que

   a. mi mejor amigo/a (vivir) _____ en esta ciud

   b. muchos de mis amigos del colegio (estudiar) _____

   c. mis hijos (querer) _____ asistir a esta universidad.

2. Me alegro de que

   a. se (ofrecer) _____ muchas clases en mi especialización (*major*)

   b. yo no (tener) _____ que tomar muchas clases de ciencias para graduarme.

   c. se (usar) _____ tanto las computadoras en la universidad.

3. Es terrible que

   a. tantas personas (usar) _____ drogas en este país.

   b. se (meter) _____ los políticos en tantos escándalos.

   c. no (haber) _____ cura para muchas enfermedades mortales.

4. No me gusta que

   a. no se (aceptar) _____ aquí los créditos que obtuve en otra universidad.

   b. nosotros (necesitar) _____ tomar matemáticas para graduarnos.

   c. los rectores de la universidad me (hacer) _____ estudiar una lengua extranjera.

Actividad C.   ¿Y tú?

Expresa tu reacción personal a cinco de las siguientes observaciones. ¡OJO! Hay que usar el subjuntivo en las oraciones. (Worksheet)

Empieza tus oraciones con

Me sorprende que...
Es bueno/malo que...
¡Qué extraño/terrible/ridículo que... !
Es triste/lástima que...

Observaciones

1. Las mujeres generalmente ganan menos dinero que los hombres.
2. Existen muchos concursos de belleza (*beauty contests*).
3. Muchas personas miran la televisión constantemente.
4. Vivimos en una sociedad de consumidores.
5. Muchos trabajamos demasiado. Nunca tenemos tiempo para descansar.
6. No podemos eliminar la pobreza (*poverty*) en este país.
7. En los Estados Unidos pocas personas estudian lenguas extranjeras.
8. Muchas personas discriminan a la gente a base de su apariencia física.
9. En este país no se puede controlar la posesión de las armas de fuego (*weapons*).
10. En caso de divorcio, los hijos generalmente no se quedan con el padre.

Actividad D.   Esperanzas (*Hopes*) y temores (*fears*)

¿Cuáles son tus esperanzas y temores? Escribe dos oraciones sobre cada uno de los siguientes temas: lo que esperas, lo que temes y lo que te preocupa. (Worksheet)

Espero que...
Temo que...
Me preocupa que...

g examples and activities you have seen and heard the following verbs
s that trigger the subjunctive in the second verb. Be sure that you know
f all of them.

esperar, gustar, molestar, preocupar, sentir (ie, i), sorprender, temer,
do

o, extraño, lástima, malo, terrible, triste

ástima/ridículo/terrible/triste!

er that verbs such as **gustar**, **molestar**, and **sorprender** are used with
ct pronouns.

a su hotel en la capital, **prende** a Arturo que Raquel té allí.	*Upon arriving at his hotel in the capital, Arturo is surprised that Raquel isn't there.*

81. *QUIERO QUE ESTA MUJER SEA PARTE IMPORTANTE DE MI VIDA*: THE PRESENT SUBJUNCTIVE — FORMS (PART 2)

Six Spanish verbs have a present indicative **yo** form that does not end in -o. The present subjunctive forms of these verbs have irregularities that must be memorized. You have already seen and heard these forms in this and the previous lesson.

dar		ir	
dé*	demos	vaya	vayamos
des	deis	vayas	vayáis
dé*	den	vaya	vayan

estar		ser	
esté	estemos	sea	seamos
estés	estéis	seas	seáis
esté	estén	sea	sean

saber		haber (hay)
sepa	sepamos	haya
sepas	sepáis	
sepa	sepan	

Raquel **prefiere** que Ángela **vaya** a descansar un poco.	*Raquel prefers that Ángela go to rest a bit.*
Todos **temen** que **haya** otro derrumbe.	*Everyone is afraid that there will be another cave-in.*
Es **urgente** que Ángela y Raquel **sepan** todo lo que pasa.	*It's urgent that Ángela and Raquel know about everything that happens.*

---

*Note the written accent on **dé** (a present subjunctive form of **dar**).

Actividad A. Opciones

Completa las siguientes oraciones de una manera lógica. ¡OJO! Hay más de una respuesta posible en algunos casos.

1. Es mejor que Raquel y Ángela _____.
   a. sean pacientes
   b. vayan a un pueblo más grande para hacer sus llamadas
   c. estén tranquilas, ya que (*since*) no hay nada que puedan hacer, excepto esperar

2. No es extraño que _____.
   a. haya tantas personas atrapadas en la excavación
   b. le sea difícil a Raquel comunicarse con Arturo desde el pueblo
   c. le den un tratamiento de urgencia a la gente herida (*wounded*)

3. Es urgente que un especialista _____.
   a. vaya a la capital para examinar a don Fernando
   b. vaya al sitio de la excavación para examinar a la gente herida
   c. esté con don Fernando todo el tiempo

Actividad B. ¿Quién lo dice?

Indica a la persona que le diría (*would say*) las siguientes oraciones a don Fernando.

a. Mercedes
b. Raquel

c. su médico
d. su abogado

1. _____ Desde el punto de vista legal, es necesario que esté absolutamente seguro de que Ángela y Roberto son sus nietos.
2. _____ No es necesario que sepamos todos los detalles de tu primer matrimonio, pero tengo que admitir que todos estamos curiosos.
3. _____ Creo que es preciso que Ud. sepa lo que me contó Teresa Suárez.
4. _____ Sr. Castillo, es urgente que le demos un tratamiento nuevo.
5. _____ Queremos que Ud. esté tranquilo y que descanse mucho.
6. _____ Parece que es necesario que vayas a Guadalajara. Yo te acompaño.

Actividad C. La entrevista

¿Te gustaría ser guía (*guide*) turístico/a? Este estudiante acaba de tener una entrevista para el puesto (*position*) de guía en una agencia de turismo. Ahora él hace algunas preguntas sobre el puesto. Completa las respuestas de la jefa con la forma apropiada del verbo entre paréntesis. (¡OJO! Ella le va a tratar al aspirante de **usted**.)

1. EL ASPIRANTE: ¿Tengo que saber manejar un coche?

   LA JEFA: Sí, es muy importante que Ud. _____ manejar un coche para este trabajo. Queremos que todos los guías _____ manejar bien. (saber)

2. EL ASPIRANTE: ¿A qué hora tengo que estar en la oficina?

   LA JEFA: Queremos que Ud. _____ en la oficina a las ocho. Esperamos que todos los guías _____ en la oficina a esa hora. (estar)

3. EL ASPIRANTE: ¿Tengo que ir a la oficina todas las mañanas?

   LA JEFA: No, no es necesario que Ud. _____ al centro si no tiene excursión ese día. No pedimos que los guías _____ a la oficina si no van a trabajar. (ir)

4. EL ASPIRANTE: ¿Puedo aceptar propinas (*tips*) de los clientes?

    LA JEFA: Sí, y es bueno que los clientes le _____ propinas a Ud. Espera que cada cliente le _____ propina, ¿no? (dar)

5. EL ASPIRANTE: Me imagino que tengo que ser amable (*nice*) todo el tiempo, ¿no?

    LA JEFA: Es preciso que _____ amable todo el tiempo. Es necesario que nuestros guías _____ siempre amables. (ser)

Actividad D. ¿Y tú?

Contesta las preguntas de uno de los grupos por lo menos. (Worksheet)

1. ¿Te parece bueno que haya tanta violencia en las películas y en la televisión? ¿Es necesario que haya leyes (*laws*) para prohibirlo? ¿O es más importante que los niños aprendan a elegir (*choose*) programas y películas en donde no haya violencia?
2. En este país, ¿es necesario que una persona sepa hablar inglés? ¿que sepa hablar otro idioma? ¿Te gusta vivir en un país donde hay tanta diversidad étnica?

● ●

8

REPASO

Actividad.

¿Qué pasó en este episodio? Las frases del **Grupo A** forman el principio de un resumen de lo que pasó en este episodio. ¿Puedes completarlas con frases del **Grupo B**?

Grupo A

1. _____ El día empezó muy temprano en el pueblo, donde Ángela y Raquel
2. _____ Anoche el doctor le dio a Ángela un calmante y por eso
3. _____ Cuando se despertó,
4. _____ Ángela le preguntó a Raquel
5. _____ Mientras tanto, en la capital, Arturo salió a la calle porque
6. _____ Más tarde, Ángela y Raquel fueron al sitio donde
7. _____ Luego las dos mujeres fueron a una tienda pequeña del pueblo porque
8. _____ Raquel no pudo comunicarse con nadie en casa de Pedro porque
9. _____ Raquel sí pudo hablar con el hotel en la capital, pero
10. _____ En casa de Pedro, Carlos llamó a su oficina en Miami porque
11. _____ Por recomendación del Padre Rodrigo, Ángela y Raquel visitaron a la Hermana María Teresa porque
12. _____ Al final del episodio, un obrero descubrió a un hombre atrapado que

Grupo B

a. durmió muy bien
b. tenía que hacer algunas compras
c. querían descansar y bañarse
d. se encontraban en una tienda (*tent*) en el sitio de la excavación
e. quería saber cómo iban las cosas allí
f. Arturo no estaba en su habitación
g. parecía estar muerto
h. tenían que hacer unas llamadas telefónicas
i. los obreros estaban poniendo unos tubos para llevarles aire fresco a las personas atrapadas
j. si había noticias de Roberto, pero no había nada nuevo

k. estaba muy descansada (*rested*)
l. Pati estaba hablando por teléfono con su asistente en Nueva York

 Ahora escucha la cinta para verificar tus respuestas.

Have you completed the following sections of the lesson? Check them off here.

_____ **Más allá del episodio**   _____ **Repaso**

_____ **Gramática**

Now scan the words in the **Vocabulario** list to be sure that you understand the meaning of most of them.

● ●

VOCABULARIO

Los verbos

bañarse	to bathe, take a bath
devolver (ue)	to return (*objects, things*)
preocupar	to worry (*someone*)
sorprender	to surprise (*someone*)
temer	to fear

Las personas

el obrero (la obrera)	worker

Los adjetivos

herido/a	wounded

Las palabras adicionales

es terrible	it's terrible
¡Qué extraño/ridículo/ terrible/triste!	How strange/ridiculous /terrible/sad!

Now that you have completed the Textbook and Workbook for **Lección 30**, take the Self-Test for that lesson. (It is on page 210.) Remember to listen to the tape when you see the cassette symbol and to check your answers.

_____ **Self-Test**

Now that you have worked through the Textbook and the Workbook and taken the Self-Test, here are some of the things you have accomplished in Spanish.

- You can show deference to others in various ways in Spanish.
- You can use and understand vocabulary for talking about places in a city.
- You know some additional forms of the present subjunctive.
- You can use the present subjunctive to express emotional reactions to people and situations in a number of ways.
- You have continued to improve your listening skills.

You are now ready to continue on with **Lección 31** in the Textbook.

LECCIÓN 31 MEDIDAS DRÁSTICAS

OBJETIVOS

Whereas the materials in the Textbook all had to do with the video episode, the materials in the Workbook will help you expand your knowledge of the Spanish language in general, as well as give you opportunities for self-expression in Spanish. In this lesson you will learn

- how to talk about the future using the present subjunctive (**Gramática 82**)
- how to form the present subjunctive of **-ir** stem-changing verbs **(83)**

In the **¡A leer!** section you will work with an authentic reading and practice using your reading skills. In the **Repaso** section you will continue to work with all forms of the past that you have learned so far.

Remember to listen to the tape for **Lección 31** when you see the cassette symbol and to check your answers in Appendix 1.

5

MÁS ALLÁ DEL EPISODIO

Actividad A. Lupe

> #### PARA PENSAR...
>
> Como sabes, Lupe es una criada (*servant*) que trabaja en La Gavia. Realmente sabes muy poco de ella. En tu opinión, ¿cómo son las relaciones que tiene con los miembros de la familia Castillo? ¿Es sólo una empleada (*employee*) más?

 Ahora escucha la narración en la cinta.

Lupe es más que una empleada; es un miembro de la familia Castillo.

Actividad B.

¿Son ciertas (**C**) o falsas (**F**) las siguientes oraciones?

C F 1. El padre de Lupe trabajaba en La Gavia.
C F 2. Lupe tiene buena formación profesional.
C F 3. Cuando se le murió la madre, Lupe tomó su puesto en la casa de los Castillo.
C F 4. Tiene muy buenas relaciones con todos los miembros de la familia.
C F 5. A Lupe no le gusta decirle a la gente lo que piensa.

Ahora completa las siguientes oraciones.

6. El niño favorito de Lupe fue _____.

7. Entre los miembros de la familia Castillo, a quien Lupe le tiene más respeto es a

_____.

8. Lupe les da _____ a todos.

 Ahora escucha la cinta para verificar tus respuestas y trata de captar unos detalles más.

1. _____

2. _____

3. _____

4. _____

5. _____

● ●

6

GRAMÁTICA

82. *EN CUANTO EL DOCTOR LO AUTORICE... :* USES OF THE SUBJUNCTIVE (PART 3)

RAQUEL: Te ves mucho mejor. Te refrescó el baño, ¿no?
ÁNGELA: Ah, sí. Me siento mil veces mejor. ¿Y sabes? Estoy segura de que cuando **lleguemos** al lugar de la excavación, ya sabrán algo de Roberto.

The present subjunctive expresses future events that are preceded by a conjunction of time. (Conjunctions are words that link two parts of a sentence, each having a conjugated verb). You have already worked with the conjunction **cuando** + the present subjunctive. Here are some additional conjunctions used with the subjunctive to introduce future events or conditions. Be sure you know their meaning before beginning the activities in this section.

antes (de) que	before	**hasta que**	until
después (de) que	after	**tan pronto como**	as soon as
en cuanto	as soon as		

¿Crees que Arturo irá al sitio de la excavación **cuando sepa** lo del accidente?

Do you think that Arturo will go to the excavation site when he learns about the accident?

Habrá más noticias **tan pronto como lleguen** adonde están atrapados Roberto y sus amigos.

There will be more news as soon as they get to where Roberto and his friends are trapped.

Ángela quiere ir a La Gavia con Roberto **en cuanto lo rescaten**.

Ángela wants to go to La Gavia with Roberto as soon as they rescue him.

Note that the conjunction joins the two parts of the sentence (indicative + conjunction + subjunctive). The subject that follows the conjunction need not be different from the first subject.

Actividad A. ¿Qué pasará?

Escucha las siguientes oraciones en la cinta. Luego indica si son probables (**P**) o improbables (**I**).

P I 1. Cuando Ángela por fin conozca a don Fernando, éste le pedirá pruebas de su identidad.

P I 2. En cuanto Arturo sepa del accidente, irá en seguida al pueblo.

P I 3. Don Fernando se morirá antes de que Raquel le pueda contar la historia de su investigación.

P I 4. Juan no volverá a Nueva York hasta que don Fernando regrese a La Gavia.

P I 5. Carlos no le va a contar a su familia las malas noticias de la oficina en Miami hasta que sea necesario.

P I 6. Después de que saquen a Roberto de la excavación—¡si es que lo sacan!— Ángela se peleará con él.

¡OJO! No se dan respuestas correctas para esta actividad. Tendrás que enterarte mirando los episodios.

Actividad B. Por el mundo hispano

¿Qué podrás ver si viajas a las siguientes partes del mundo hispánico?

1. _____ Cuando llegue a Puerto Rico
2. _____ Cuando vaya a Buenos Aires
3. _____ Cuando esté en Sevilla
4. _____ Cuando visite Madrid
5. _____ Cuando vaya a México
6. _____ Cuando esté en Miami

¿De quién es esta casa?

a. podré ir de compras a un barrio muy famoso
b. visitaré la casa de un explorador español
c. descubriré una ciudad capital inmensa
d. podré ver una torre hermosa y una catedral
e. sacaré fotos de estatuas de un héroe nacional
f. veré muchos cuadros de pintores famosos

¡Un desafío! ¿Te acuerdas del nombre de un lugar o una persona para cada categoría? Hay muchos de éstos en el mundo hispánico, claro está. Has visto (*You've seen*) sólo algunos pocos.

Actividad C. Los planes para el verano

¿Ya tienes planes para el verano que viene? Describe los planes de este estudiante usando las frases indicadas y una conjunción de la lista. Puedes empezar las oraciones con verbos como **pienso**, **tengo que**, **necesito**, **voy a**, etcétera. Pon las frases de cada oración en orden lógico. (Worksheet)

MODELO: buscar trabajo / llegar el verano →
Pienso buscar trabajo tan pronto como llegue el verano.

Conjunciones:

antes de que	después de que	hasta que
cuando	en cuanto	tan pronto como

Frases:
1. trabajar mucho / tener suficiente dinero para viajar
2. estudiar más español / ir a España
3. buscar una pensión (*boarding house*) / llegar a Madrid

4. entrar en una escuela para extranjeros / decidir dónde voy a vivir
5. empezar las clases / hacer una excursión a Segovia
6. conocer a algunos españoles / volver a casa
7. viajar por otras ciudades españolas / llegar el fin del curso

Actividad D. ¿Y tú?

Completa tres de las siguientes oraciones con información verdadera. (Worksheet)

1. Haré un viaje a España sólo cuando...
2. Me jubilaré tan pronto como...
3. Mis amigos (parientes) me darán muchos regalos en cuanto...
4. No tendré hijos hasta que...
5. No compraré (una computadora, un coche nuevo, una casa, ¿?) hasta que...
6. Sólo habrá paz en el mundo cuando...

83. *ME ALEGRO DE QUE TE SIENTAS TAN BIEN*: THE PRESENT SUBJUNCTIVE—FORMS (PART 3)

As you know, the present subjunctive forms of -**ar** and -**er** stem-changing verbs follow the stem-changing pattern of the present indicative. However, the pattern for the present subjunctive forms of -**ir** stem-changing verbs is different. Look at the following examples, in which present indicative and subjunctive forms are shown, then read the description of the stem pattern. One part of the pattern is highlighted for you.

pedir

sentir (ie, i)			
Indicative		*Subjunctive*	
siento	sentimos	sienta	sintamos
sientes	sentís	sientas	sintáis
siente	sienten	sienta	sientan

seguir (i, i)			
Indicative		*Subjunctive*	
sigo	seguimos	siga	sigamos
sigues	seguís	sigas	sigáis
sigue	siguen	siga	sigan

morir (ue, u) + *dormir*

morir (ue, u)			
Indicative		*Subjunctive*	
muero	morimos	muera	muramos
mueres	morís	mueras	muráis
muere	mueren	muera	mueran

Of the two stem changes indicated in parentheses, the first change occurs in all of the singular forms of the present subjunctive and in the third-person plural form. The second change occurs in the first- and second-person plural forms of the subjunctive.

Ángela se alegra de que **sigan** buscando a su hermano.	*Ángela is glad that they continue to search for her brother.*
Todos esperan que don Fernando no se **muera** antes de conocer a sus nietos puertorriqueños.	*Everyone hopes that don Fernando will not die before meeting his Puerto Rican grandchildren.*

Actividad A. Comentarios

Paso 1
Inventa seis oraciones completas y lógicas con una frase de cada grupo, usando **no** cuando sea necesario. (Worksheet)

Grupo 1
Siempre es triste/malo/bueno/preciso que
Nadie nunca quiere que
Los padres siempre esperan que
A nadie le gusta que

Grupo 2
un pariente muera sin que (*without*) podamos hablar con él
nosotros sigamos sus consejos
los amigos nos pidan dinero sin devolverlo luego
otra persona se sienta triste por nuestras acciones
nos vistamos de acuerdo con las normas aceptadas
nos preocupemos mucho/demasiado por las clases

Paso 2
Ahora indica si estás de acuerdo o no con las oraciones que inventaste.

Actividad B. ¿Y tú?

Paso 1
¿Te hacen muchas preguntas tus amigos? Completa estas preguntas que ellos te pueden hacer con la forma correcta del subjuntivo del verbo entre paréntesis. La primera ya está completa.

1. ¿Es aconsejable que la gente (dormir) ___duerma___ ocho horas por noche?

2. ¿Es bueno que uno (vestirse) _____ para protegerse del frío en invierno?

3. ¿Es necesario que la gente (divertirse) _____ los fines de semana?

4. ¿Es una lástima que uno (sentir) _____ algo que no hizo?

5. ¿Es mejor que uno (morirse) _____ antes de hacerse muy viejo (*getting very old*)?

6. ¿Es preferible que uno nunca (mentir) _____?

Paso 2
Ahora completa estas respuestas. Usa la forma para «**nosotros**» del mismo verbo que se usó en las preguntas. Tacha (*Cross out*) **Es** o **No es** según tu propia opinión. La primera ya está completa.

1. Es / No es importante que ___durmamos___ ocho horas por noche.

2. Es / No es preferible que _____ para protegernos del frío en invierno.

3. Es / No es preferible que _____ los fines de semana.

4. Es / No es malo que _____ algo que no hicimos.

5. Es / No es terrible que _____ antes de hacernos muy viejos.

6. Es / No es preferible que no _____ nunca.

¡A LEER!

ANTES DE LEER

The following article appeared several years ago in a Hispanic magazine. As you read the article and work through the activities, think of the kinds of changes that have taken place since the article was written.

Actividad A.
Look at the title of the reading in this section. Which group or groups of people do you associate with the word **hispanos**? Is there any group with which you do *not* associate it? If so, explain why.

Actividad B.
Now look at the subtitle of the reading. Based on the information given, what will the focus of the reading be? ¡OJO! There may be more than one right answer.

_____ la influencia cultural de los hispanos
_____ el poder político que podrán tener
_____ los hispanos y el movimiento físico (ejercicio, correr, etcétera)

Actividad C.
Before you begin to read, look at the following list of words. If you know them in advance, you will understand the reading more fully.

el embudo   funnel
superan   exceed (*expectations*)
el aumento   increase

You should be able to guess other unfamiliar words as you proceed, or you can just skip them for now.

LECTURA

Actividad A.
Scan the reading for references to the term **hispanos**. According to the article, with which group or groups is the term associated? Is any nationality missing?

LOS HISPANOS EN ESTADOS UNIDOS

Los latinoamericanos radicados en Norteamérica van ejerciendo una influencia cada vez mayor tanto en el terreno cultural como en el económico-político.

José A. Morán
Estados Unidos es un país de emigrantes. En muchos sentidos es un catalizador, un inmenso embudo que recibe y aglutina a millones de personas provenientes del mundo entero: judíos, alemanes, italianos, irlandeses...

Generaciones que han dejado sus peculiares sellos culturales y políticos en este impresionante mosaico de costumbres, tradiciones y lenguas que es esta nación. ➤ Pocos, sin embargo, superan lo que está sucediendo en la actualidad con la presencia hispana.

Presencia que, a su vez, tiene características peculiares de acuerdo con su procedencia. Por ejemplo, es muy distinto el impacto de la inmigración mexicana al de la cubana, puertorriqueña o centroamericana... Esos colores particulares de una misma realidad es lo que hace de la presencia hispana una paleta con la que se pueden realizar cuadros de todo tipo: político, artístico, humano... Cuadros de luces y sombras, de historias de grandes logros y grandes derrotas, de avances políticos y económicos mezclados con indudables retrocesos... Este cuadro único en la realidad de Estados Unidos hace que la presencia hispana esté dejando una profunda huella y que el votante de ese origen sea cortejado hoy más que nunca.

➤ El mismo George Bush, en un discurso pronunciado durante la 59 Conferencia de la Liga de Ciudadanos Latinoamericanos de Estados Unidos, dijo: "*El futuro ha llegado*, quiere decir que ya estamos en el momento en que todos deben ser tratados como ciudadanos totales. Por lo tanto, permítanme que les prometa algo, a ustedes y a mis nietos. Se trata de una promesa que jamás había hecho antes, a nadie, ni a ningún grupo: si llegara a ser presidente de Estados Unidos, formaría mi gabinete con los mejores hombres y mujeres... Uno de ellos finalmente, sería un hispanoamericano."

Las razones demográficas de la política

La promesa de Bush y el continuo cortejar de los candidatos a los votantes hispanos tienen sus razones en la demografía. Ningún otro segmento de la población de Estados Unidos ha aumentado en la misma proporción que los hispanos. Desde 1980 a la actualidad, la población hispana ha experimentado un aumento de un 30%, llegando a 19 millones de habitantes, es decir, casi el 8% de la población total de Estados Unidos. La gran mayoría es de origen mexicano (el 63%), seguida por los de origen puertorriqueño (12%) y cubano (5%). El resto pertenece a emigrantes que llegaron de América del Sur, América Central y regiones del Caribe. Se trata, de un porcentaje muy elevado y más tentador aun para los políticos.

➤ Para el año 2000, la población total de hispanos en Estados Unidos alcanzará la cifra de 30 millones, es decir, un 15% del total: el impacto hispano, lejos de disminuir, continúa su ascenso cada vez con más fuerza.

➤ "El gigante se ha despertado", afirma Harry Pachón, director de la Asociación Nacional de Oficiales Latinos Electos, que tiene su base en Los Ángeles. Y el despertar es tan grande que, según proyecciones del Censo de Estados Unidos, por primera vez los hispanos representan una amenaza frente a los negros como el bloque minoritario más importante en el voto. Se calcula que ya en este mismo mes de noviembre más de 3.500.000 votantes hispanos acudirán a las urnas, frente a los 5.400.000 negros. No obstante, debido al promedio de edad del ciudadano hispano —25 años frente a los 32 del promedio general—al continuo aumento de la población a causa de la inmigración y a la elevada tasa de nacimientos, muy probablemente a finales de siglo los hispanos desplacen a los negros como la minoría votante más importante del país.

➤ Otro aspecto que no olvidan los políticos es que los hispanos están concentrados prácticamente en nueve estados: California, Nevada, Nueva York, Florida, Texas, Nuevo México, Illinois, Nueva Jersey y Arizona. En esos estados vive el 90% de los votantes hispanos y en esos mismos estados está el 71% de los votos electores necesarios para ganar la elección.

Hombre de mundo, Año 13, No. 11

Actividad B.

Locate the following words in the reading and see whether you can guess their meaning based on how they are used in context.

1. radicados (*subtitle*)
2. amenaza (*second part, third paragraph*)
3. urnas (*second part, third paragraph*)

Actividad C.

Now read the article for detail. While reading, keep these three questions in mind.

1. ¿Qué promesa les hizo George Bush a los ciudadanos (*citizens*) hispanos?
2. ¿En qué estados vive la mayoría de los hispanos?
3. ¿Por qué está creciendo (*growing*) el poder del voto hispano en los Estados Unidos?

DESPUÉS DE LEER

Actividad A.

Based on what you have read and on your knowledge of the real world, indicate whether each of the following electoral positions has been filled, is presently being held, or will be filled in the future by a Hispanic.

En el pasado   En el presente   En el futuro

En el pasado	En el presente	En el futuro	
_____	_____	_____	1. alcalde (*mayor*) de una ciudad
_____	_____	_____	2. gobernador de un estado
_____	_____	_____	3. diputado (en el Congreso)
_____	_____	_____	4. senador (en el Senado)
_____	_____	_____	5. miembro del gabinete presidencial
_____	_____	_____	6. vicepresidente de los Estados Unidos
_____	_____	_____	7. presidente de los Estados Unidos

Actividad B.

Estimate the year in which a Hispanic will run for president of the United States. Fill in the blanks of the first two items to organize the necessary information. Then make your prediction in the third item. Lend as much support to your answer as possible, explaining how you came up with the year.

1. Desde 1980 hasta la actualidad, la población hispana _____.

2. Para el año 2000, la población total de hispanos en los Estados Unidos

    _____.

3. Entonces, en el año _____ un hispano postulará su candidatura a la

    presidencia porque _____.

8

REPASO

Actividad A. La presencia mexicana

Completa con verbos de esta lista la siguiente descripción de la presencia mexicana en una parte de los Estados Unidos.

se alejaron	llegaron
se enteró	pasó
se establecieron	permitió
formaba	continuaron
fueron	dejaron
ganó	sorprendieron
había	

Por razones históricas, la presencia mexicana es fuerte en el suroeste de los Estados Unidos.

California, Arizona, Nuevo México, Texas y otros estados _____[1] parte del territorio

español por muchos años. Cuando México _____[2] su independencia de España

en 1821, ya este territorio _____[3] parte de México. Cuando este territorio _____[4]

a manos norteamericanas, muchos mexicanos _____[5] viviendo allí.

También _____[6] inmigración de mexicanos a los Estados Unidos. Durante la

Revolución mexicana de 1910, muchos mexicanos _____[7] su país y _____[8]

en los Estados Unidos. Los abuelos de Raquel, por ejemplo, _____[9] a California en

1912.

 Ahora escucha la cinta para verificar tus respuestas.

Actividad B. Causa y efecto

¿Qué acciones asocias con las siguientes condiciones o situaciones de los personajes en el **Episodio 31**? (Worksheet)

Condiciones
1. Era preciso llevar a don Fernando a ver a un especialista. Por eso...
2. Ángela se sentía mucho mejor porque...
3. Pati pensaba en regresar a Nueva York. Por eso...
4. Juanita necesitaba practicar la ortografía. Por la tarde...
5. Pedro tenía que hablar con unos auditores. Por la mañana...
6. Lupe necesitaba hacer unas compras. Por eso...

Acciones
a. fue al mercado
b. Carlos la ayudó con una lección
c. se bañó y descansó en la iglesia
d. salió para La Gavia
e. su doctor sugirió (*suggested*) el nombre de uno
f. se peleó con su esposo

Have you completed the following sections of the lesson? Check them off here.

_____	**Más allá del episodio**	_____	**¡A leer!**
_____	**Gramática**	_____	**Repaso**

Now scan the words in the **Vocabulario** list to be sure that you understand the meaning of most of them.

● ●

VOCABULARIO

Los verbos

jubilarse   to retire (*from work*)

Las conjunciones (Conjunctions)

antes (de) que   before
después (de) que   after
en cuanto   as soon as
hasta que   until
tan pronto como   as soon as

Repaso: cuando

Now that you have completed the Textbook and Workbook for **Lección 31**, take the Self-Test for that lesson. (It is on page 212.) Remember to listen to the tape when you see the cassette symbol and to check your answers.

_____   **Self-Test**

Now that you have worked through the Textbook and the Workbook and taken the Self-Test, here are some of the things you have accomplished in Spanish.

- You can understand and use vocabulary related to stores and shopping.
- You can talk about future events by using the present subjunctive with conjunctions of time.
- You have learned more about the formation of the present subjunctive.
- You have continued to improve your listening and reading skills.

You are now ready to continue on with **Lección 32** in the Textbook.

32 HA HABIDO UN ACCIDENTE

OBJETIVOS

Whereas the materials in the Textbook all had to do with the video episode, the materials in the Workbook will help you expand your knowledge of the Spanish language in general, as well as give you opportunities for self-expression in Spanish. In this lesson you will learn

- how to tell someone to do something, using forms of the present subjunctive **(Gramática 84)**
- how to use the present subjunctive to describe people and places **(85)**

In the **Repaso** section you will continue to work with all forms of the past that you have learned so far.

Remember to listen to the tape for **Lección 32** when you see the cassette symbol and to check your answers in Appendix 1.

MÁS ALLÁ DEL EPISODIO

Actividad A.   Roberto Castillo Soto

PARA PENSAR...

1. Lo poco que sabes de Roberto Castillo lo sabes según el punto de vista de su hermana Ángela. ¿Recuerdas lo que le ha dicho (*has told*) Ángela a Raquel hasta ahora sobre Roberto?
2. ¿Por qué crees que Roberto se fue a México a trabajar en la excavación? ¿De dónde viene su interés en la arqueología?

No es raro que en una misma familia dos hermanos, hijos de los mismos padres, sean muy distintos, que tengan personalidades, gustos e intereses diferentes. Esto es lo que pasa con Ángela y Roberto. Aunque son hermanos, no se parecen[1] mucho. Efectivamente, son muy distintos en muchas cosas.

[1]se... *resemble each other*

Roberto Castillo, uno de los nietos que don Fernando espera conocer pronto

Roberto se parece mucho a su padre, Ángel Castillo. Ya de pequeño era muy independiente y un poco soñador.[2] Le gustaba jugar solo y pasaba horas y horas leyendo. Cuando cumplió diez años, doña Carmen, su abuela, le regaló un libro sobre la civilización maya. Era un libro muy bonito con muchos mapas y unas fotos impresionantes. Roberto lo leyó en seguida. Luego pasaba mucho tiempo mirando las hermosas fotos. Así nació su interés en las civilizaciones indígenas.

Al matricularse[3] en la universidad, Roberto ya había decidido especializarse en arqueología. Quería llegar a ser arqueólogo. Sin embargo, al mismo tiempo que tenía esa meta,[4] Roberto tenía ganas de conocer el mundo. Aunque le gustaba mucho su isla natal, el ambiente de Puerto Rico empezaba a parecerle muy limitado... estrecho. Él quería descubrir nuevos horizontes. Cuando le hablaba a Ángel de eso, su padre siempre le decía que era mejor que terminara sus estudios universitarios antes que nada. Pero en el fondo Ángel estaba orgulloso[5] de ver que su hijo se parecía tanto a él.

La muerte inesperada de Ángel fue un golpe muy duro[6] para Ángela y Roberto. Dio la casualidad que, pocos días después de esa tragedia familiar, Roberto recibió una llamada de uno de sus profesores. Éste buscaba a estudiantes de arqueología para trabajar en una excavación en México. Al principio Roberto no creyó apropiado alejarse[7] de la familia, dadas las circunstancias. Pero el profesor insistió. Roberto era uno de sus mejores estudiantes y, claro, oportunidades como ésta no eran frecuentes. Le dijo al joven que tenía sólo dos semanas para decidirse. Esa misma noche Roberto tomó su decisión.

Lo más difícil fue comunicárselo a la familia, y sobre todo a su hermana. Ángela lo tomó muy mal. Para ella fue como si Roberto la hubiera abandonado.[8] Se sintió desamparada,[9] con todos los asuntos familiares en las manos.

Es obvio que Roberto sintió la necesidad de alejarse de Puerto Rico muy pronto después de la muerte de su padre. ¿Qué esperaba encontrar en México?

[2]un... *a bit of a dreamer* [3]*registering* [4]*goal* [5]*proud* [6]un... *a very hard blow* [7]*to go away* [8]como... *as if Roberto had abandoned her* [9]*defenseless*

Actividad B.

Escucha otra vez lo que Ángela le dijo a Raquel sobre su hermano Roberto. Luego contesta las preguntas.

Según lo que ya sabes de Ángela y Roberto, ¿son probables (**P**) o improbables (**I**) las siguientes oraciones? No hay respuestas correctas.

P I 1. Efectivamente, Roberto es más inteligente que su hermana.

P I 2. Ángela y Roberto se han alejado porque, después de la muerte de sus padres, Ángela necesitaba más apoyo (*support*) moral del que Roberto le podía dar.

P I 3. Roberto sintió la muerte de sus padres, especialmente la de Ángel, mucho menos que su hermana.

P I 4. Roberto sabe que Ángela quiere vender la casa de sus padres, y está de acuerdo con esa decisión.

P I 5. Roberto es una persona muy tranquila que no se enfada nunca ni con su hermana ni con nadie.

P I 6. Al saber que tiene un abuelo en México, Roberto no tendrá ningún interés en conocerlo.

• •

6

GRAMÁTICA

84. ¡*DÉJENME PASAR!*: DIRECT COMMANDS WITH *UD.* (*UDS.*)

LA VECINA: Los dos están enterrados en el antiguo cementerio de San Juan.

RAQUEL: ¿En el cementerio?

LA VECINA: Sí.

RAQUEL: ¿Y podría decirme cómo llegar allí?

LA VECINA: Por supuesto. **Siga** por esta calle. Entonces **vire** a la izquierda. Luego va a encontrar una bocacalle y **vire** a la derecha y allí está el Morro. Al lado está el cementerio.

In **Lección 19** you practiced listening to directions given as **Ud.** commands. This section presents more information about the command system in Spanish.

Forms
Commands are verb forms that tell someone to do something. In Spanish the command forms used with people you address as **Ud.** or **Uds.*** are the corresponding forms of the present subjunctive, including all the irregularities you have learned for those forms.

	hablar	comer	escribir	volver	decir
UD.	hable	coma	escriba	vuelva	diga
UDS.	hablen	coman	escriban	vuelvan	digan
ENGLISH	*speak*	*eat*	*write*	*come back*	*tell*

Padre Rodrigo, **vuelva** (Ud.) con nosotras al pueblo.	*Father Rodrigo, come back with us to the town.*
Vayan (Uds.) con Dios.	*Go with God.*

Uses
- Direct and indirect object pronouns, as well as reflexive pronouns, must follow affirmative commands and be attached to them. An accent mark is added to the stressed vowel to maintain the original stress.

Díganme la verdad, por favor.	*Tell me the truth, please.*
Explíquenmelo todo.	*Explain it all to me.*
Ángela, **acuéstese** (Ud.) aquí.	*Ángela, lie down here.*

- The pronouns must precede negative commands.

No le digan (Uds.) a don Fernando lo del accidente.	*Don't tell don Fernando about the accident.*
No nos traigan Uds. malas noticias.	*Don't bring us bad news.*
No **se vaya** (Ud.) tan rápido.	*Don't go away so fast.*

Actividad A.   ¿Quién lo dice?
Indica al personaje que dijo o podría (*might*) decir lo siguiente.

a. Arturo
b. Mercedes
c. un hombre de rescate

d. Luis
e. Pedro
f. el Padre Rodrigo

1. _____ Déjenme pasar. Creo que puedo ayudar.
2. _____ ¡Cuidado! No hablen tan alto (*loudly*). No es bueno que papá escuche esto.
3. _____ Me interesa mucho saber de Raquel. Cuénteme, por favor, qué hace ahora.
4. _____ Vean Uds. las noticias esta noche, a ver si ocurrió algo nuevo en el sitio de la excavación.
5. _____ Sí, por favor, cuénteme Ud. todo lo que pasó con la búsqueda desde el momento que conoció a Raquel.
6. _____ ¡Vengan Uds.! Dicen que podemos acercarnos un poco.

¡Un desafío! ¿Puedes indicar con quién habla—o podría hablar—cada personaje?

---

*You will learn about commands for people you address as **tú** in **Lección 33**.

Actividad B. La calle Sol

En el **Episodio 19** Raquel tenía que encontrar la calle Sol, en el Viejo San Juan. ¿Puedes completar su conversación con el taxista?

Mandatos: baje, camine, mire, pregunte, tome, vire

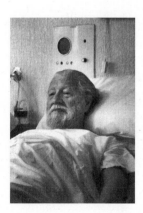

EL TAXISTA: _____.¹ ¿Ve la esquina?

RAQUEL: Sí.

EL TAXISTA: _____² a la izquierda.

RAQUEL: A la izquierda.

EL TAXISTA: En el próximo bloque, _____³ a la derecha.

RAQUEL: A la derecha.

EL TAXISTA: _____⁴ derecho hasta que encuentre unas escaleras a la izquierda.

RAQUEL: A la izquierda.

EL TAXISTA: _____⁵ las escaleras y cuando encuentre la calle Sol... ¿cuál es el número que busca?

RAQUEL: El cuatro de la calle Sol.

EL TAXISTA: Entonces, creo que está a mano derecha. Cuando encuentra* la calle Sol, si se pierde, _____.⁶ Todo el mundo conoce esa calle.

Ahora escucha la cinta para verificar tus respuestas.

Actividad C. Recomendaciones del especialista

Paso 1

Imagina que un especialista finalmente ve a don Fernando. ¿Cuáles son sus recomendaciones? Escribe la forma apropiada del mandato formal en cada caso.

Sí No 1. (Volver) _____ a La Gavia para descansar.

Sí No 2. (Aceptar) _____ su pasado. No hay nada que pueda hacer para cambiarlo.

Sí No 3. (Caminar) _____ dos millas todos los días.

Sí No 4. No (tomar) _____ alcohol en absoluto (*at all*).

Sí No 5. (Empezar) _____ a tomar un papel (*role*) más activo en Castillo Saavedra, S.A.

Sí No 6. (Seguir) _____ comiendo con moderación.

Sí No 7. No (pasar) _____ Ud. mucho tiempo con sus nietos. Esto lo puede cansar demasiado.

Sí No 8. (Acostarse) _____ temprano todas las noches... y descanse un rato por la tarde.

Paso 2

Ahora indica las recomendaciones que tú crees que son apropiadas al caso.

Note: Many native speakers of Spanish would use the present subjunctive (**encuentre**) here.

Actividad D.   ¿Y tú?

Imagina que tu profesor(a) de español tiene las siguientes quejas (*complaints*). ¿Qué le recomiendas? Inventa consejos para tres de las situaciones, por lo menos. (Worksheet)

> MODELO: Me duele mucho la cabeza. →
> Tome Ud. dos aspirinas. Acuéstese y duerma un rato. No...

Situaciones

1. Tengo que admitirlo... No estoy en forma (*in good shape*). Y debo perder peso (*lose weight*).
2. Todos me dicen que trabajo demasiado. Siempre estoy muy cansado/a. Y paso muy poco tiempo con mi familia (esposo/a, perro/gato, novio/a, mejor amigo/a).
3. Dejé de (*I stopped*) fumar, pero todavía tengo ganas de fumarme un cigarrillo de vez en cuando. Especialmente cuando tomo café... y después de comer.
4. No me llevo bien con mi esposo/a (mi hijo/a, mis hijos, mis padres). A veces me enojo cuando hablo con él/ella/ellos y digo cosas que no debo decir.
5. No me gusta mucho la casa/el apartamento donde vivo ahora. Es demasiado pequeño/a y no hay un cuarto donde pueda trabajar y preparar mis clases.
6. No comprendo la música popular moderna. Todas las canciones parecen iguales... ¡y nunca entiendo la letra (*lyrics*)!

Actividad E.   ¿Y tú?

Paso 1

Lee el siguiente anuncio de un hotel de playa en México donde los huéspedes (*guests*) pueden «volverse locos». ¿Puedes encontrar cuatro mandatos que describen algunas actividades? ¡OJO! **divertirse (ie, i)** = *to have a good time.*

_____   _____

_____   _____

RESERVACIONES:
MEXICO   (915) 566-6600
AEROPUERTO, D.F. (915) 784-8315/45
GUADALAJARA   (36) 25-3434
MONTERREY   (83) 48-5490

Por sólo $ 70,499.00* diarios usted enloquecerá de felicidad

LOS ANGELES LOCOS DE TENACATITA es el único hotel de playa de cinco estrellas, que le ofrece la combinación más amplia de entretenimiento y placer. Diviértase, baile, beba y coma todo lo que usted <u>desee.</u>

Hasta las propinas, los cigarros y el IVA ya están incluidos en los $ 70,499.00.

El **pa que te vuelvas loco** incluye:
* Habitación de lujo con vista al mar
* TV a colores con antena parabólica
* Teléfono
* Desayuno, comida y cena sin límite
* Entretenimiento nocturno diario
* Discotheque
* Uso sin límite de equipo deportivo
* Programas sociales diariamente
* Paseos a caballo
* Clínica de tenis, cuatro canchas para jugar día y noche
* Paracaídas
* Excursiones
* Bebidas domésticas sin límite
* Deportes acuáticos: Veleo, Buceo con snorkel, Windsurfing, Scubadiving, Waterskiing...
* Classes de aerobics
* Volleybol y juegos de playa
* Y muchas otras actividades: billar, ping pong, backgammon, ajedrez, dominó...

* Por persona en ocupación doble Consulte a su Agente de Viajes Vigencia abril 20 a julio 14, 87 Km.20, Carretera Melaque
Puerto Vallarta Apartado Postal No. 7
Melaque, Tenacatita, Jal.

Paso 2

Ahora piensa en un sitio de interés turístico cerca de donde tú vives (o en un sitio de interés turístico que tú visitaste alguna vez). Inventa por lo menos cuatro mandatos que podrían usarse (*could be used*) en un anuncio para atraer el turismo a ese lugar. (Worksheet)

85. *NO HAY NADIE QUE SEPA LO QUE ESTÁ PASANDO EN LA EXCAVACIÓN*: USES OF THE SUBJUNCTIVE (PART 4)

Main and Dependent Clauses; Types of Dependent Clauses

A clause is a portion of a sentence that contains at least a subject and a conjugated verb. Thus far in the *Destinos* materials you have used the subjunctive in two kinds of clauses: noun clauses and adverbial clauses.

De momento, los hijos prefieren **que don Fernando no sepa nada del accidente. En cuanto tengan noticias concretas**, se lo van a contar todo.	*For the moment, the children prefer that don Fernando not know anything about the accident. As soon as they have definite news, they'll tell him everything.*

As you know, the subjunctive form follows **que** or an adverbial conjunction of time (**en cuanto, tan pronto como...**). That portion of the sentence is the dependent clause.

In the first example sentence, the dependent clause is a *noun* clause; that is, it functions as an object noun in the sentence, receiving the action of the verb in the main clause.

What do the children prefer? —*That don Fernando not know anything about the accident.*

In the second sentence, the dependent clause is an *adverbial* clause; that is, it functions as an adverb in the sentence, modifying the verb by telling when the action of the verb will occur.

When are they going to tell him everything? —*As soon as they have definite news.*

Adjective Clauses

As with a noun clause or adverbial clause, an adjective clause functions exactly as its name suggests. It is a clause that describes (modifies) someone or something.

—See that lady?
—Yes.
—She's the woman *who gave me bad directions yesterday.*

The indicated clause describes *the woman*, giving information about her just as an adjective would do.

In Spanish, when an adjective clause refers to someone, something, or some place that does not exist in the speaker's experience or whose existence is indefinite or uncertain, the subjunctive must be used in the adjective (dependent) clause.

Nonexistent

No hay nadie que **sepa** lo que va a pasar en la excavación.	*There's no one who knows what's going to happen at the excavation site.*
No hay ningún hombre que le **interese** a Ángela tanto como Jorge.	*There's no man who is as interesting to Ángela as Jorge.*
No hay ningún lugar donde don Fernando **pueda** estar en paz menos La Gavia.	*There isn't any place where don Fernando can be at peace except La Gavia.*

In the preceding sentence note the use of **donde** to introduce the dependent clause.

Indefinite

> **Buscan un especialista** que **pueda** atender a don Fernando.
>
> *They're looking for a specialist who can treat don Fernando.*

> **¿Hay un pasillo** que **lleve** adonde están las personas atrapadas?
>
> *Is there a passage that leads to where the trapped people are?*

Note that either the indicative or the subjunctive may be used to answer the last question, depending on whether or not the item in question exists.

> Sí, hay un pasillo que **lleva...**
> No, no hay ningún pasillo que **lleve...**

Actividad A. ¿Cierto o falso?

Indica la oración que contiene información correcta en cada par de oraciones.

1. a. Hay dos puertorriqueños que son nietos de don Fernando.
   b. No hay ningún puertorriqueño que sea nieto de don Fernando.
2. a. No hay ninguna civilización indígena que le interese a Roberto.
   b. Hay varias civilizaciones indígenas que le interesan a Roberto.
3. a. En la familia Castillo no hay nadie que sea tan feliz como Ramón y Consuelo.
   b. En la familia Castillo todos los matrimonios son tan felices como Ramón y Consuelo.
4. a. Hay alguien que piensa visitar a Raquel en México... de (*as a*) sorpresa.
   b. No hay nadie que piense visitar a Raquel en México.
5. a. No hay nadie que tenga noticias del antiguo novio de Raquel.
   b. Hay varias personas que tienen noticias del antiguo novio de Raquel.

 Ahora escucha la cinta para verificar tus respuestas.

Actividad B. En la agencia de empleos

¿Tienes un buen trabajo (*job*)? Un hombre va a una agencia de empleos para mejorar su situación. Completa sus descripciones del trabajo ideal usando información de la primera oración. También puedes inventar detalles, si quieres.

> MODELO: El puesto (*position*) que tengo requiere mucho trabajo durante el fin de semana. →
> Busco un puesto que no requiera tanto trabajo durante el fin de semana.

1. El trabajo que tengo paga poco.

   Quiero un trabajo que _____ .

2. En mi puesto actual (*current*), sólo me dan pocos días de vacaciones.

   Necesito un puesto en que _____ .

3. En el empleo que tengo ahora, comienzo a trabajar a las ocho de la mañana.

   Prefiero un empleo en que _____ .

4. Tengo un trabajo que no ofrece posibilidades de ascenso (*promotion*).

   Busco un trabajo que _____ .

5. En mi puesto actual, no hay oportunidad de viajar.

   Quiero un puesto donde _____ .

6. En el trabajo que tengo, siempre siento muchas presiones.

   Necesito un trabajo donde _____ .

7. En mi trabajo actual, no puedo aprender métodos nuevos de trabajar.

Prefiero un trabajo en que _____ .

8. En el puesto que tengo, el jefe no me da mucho trabajo.

   Busco un puesto en que el jefe me _____ .

Actividad C. ¿Y tú?

Paso 1
Contesta por lo menos cuatro de los siguientes grupos de preguntas. (Worksheet)

1. ¿Hay algo que te importe más que tus estudios? ¿Qué es? Explica por qué eso es tan importante.
2. ¿Conoces a alguien que sea muy famoso o que tenga un puesto muy importante (en el gobierno, en la universidad, etcétera)? ¿Quién es? ¿Qué hace?
3. ¿Hay algún personaje histórico que admires mucho? ¿Quién es? ¿Por qué lo admiras tanto?
4. ¿Hay un lugar en particular (una ciudad, un país, un sitio de interés turístico) que desees conocer? Explica por qué te interesa tanto.
5. ¿Hay un lugar donde te sientas muy seguro/a (*safe*)? Explica tus sentimientos en los dos casos.
6. ¿Hay un personaje de *Destinos* que quieras conocer? ¿Por qué lo quieres conocer?

Paso 2
Ahora escribe unas preguntas semejantes que podrías (*you could*) hacerle a un compañero (una compañera) de clase. Escribe por lo menos una pregunta sobre cada uno de estos temas. (Worksheet)

1. conocer / alguien / sacar mejores notas que tú
2. haber / un lugar / darte miedo
3. existir / un actor (una actriz) de televisión / querer conocer personalmente
4. saber / el nombre de una canción / gustarte oír al despertar por la mañana
5. conocer / un restaurante / servir buena comida mexicana

• •

7

REPASO

Actividad A. La civilización azteca
Completa el siguiente resumen de la historia de los aztecas con el pretérito de los siguientes verbos. ¡OJO! Algunos verbos se usan más de una vez.

comenzar	oponerse
conquistar	pasar
encontrar	prohibir
establecerse (*to establish oneself*)	regalar
gobernar (*to rule*)	ser
luchar (*to fight*)	trabajar
llegar	vivir
migrar	

En el centro de México los aztecas _____[1] un vasto imperio de más de 15.000.000 de personas. El lugar de origen de los aztecas _____[2] Aztlán. De Aztlán, los aztecas _____[3] al sur, en busca de una señal. _____[4] la señal en el lago de Texcoco y _____[5] allí.

Por doscientos años los aztecas _____ ⁶ en esa zona. Poco a poco _____ ⁷

las otras tribus de México. Luego, el 22 de abril de 1519, _____ ⁸ a la costa de México

un hombre con once barcos. Cortés _____ ⁹ una de las más sangrientas conquistas de

la historia mundial. En dos años _____ ¹⁰ a los aztecas. El emperador azteca, Moctezuma,

_____ ¹¹ asesinado. Y el gran imperio azteca _____ ¹² a ser una colonia

española.

Ahora escucha la cinta para verificar tus respuestas.

Actividad B.   Más sobre los aztecas

Ahora piensa en lo que estaba pasando cuando los acontecimientos de la **Actividad A**
ocurrieron. ¿Dónde caben (*fit*) las siguientes oraciones?

> Era gente muy trabajadora, pero también eran grandes guerreros.
> Para principios del siglo XVI, su imperio se extendía de costa a costa.
> Según las profecías, iban a ver un águila que devoraba una serpiente sobre un nopal
> (*cactus*).
> Ese hombre era Hernán Cortés.
> Según las leyendas, ese lugar quedaba al norte de México.
> El centro de ese imperio era la gran ciudad de Tenochtitlán.

Have you completed the following sections of the lesson? Check them off here.

_____	**Más allá del episodio**	_____	**Repaso**
_____	**Gramática**		

Now scan the words in the **Vocabulario** list to be sure that you understand their meaning.

• •

VOCABULARIO

Los verbos

dejar de + *inf.*	to stop (*doing something*)
interesar	to be of interest

Now that you have completed the Textbook and Workbook for **Lección 32**, take the Self-Test for that lesson. (It is on page 214.) Remember to listen to the tape when you see the cassette symbol and to check your answers.

_____ **Self-Test**

Now that you have worked through the Textbook and the Workbook and taken the Self-Test, here are some of the things you have accomplished in Spanish.

- You can use and understand vocabulary related to natural phenomena and geographical features.
- You can use the present subjunctive to make a direct request of someone, in the form of a command.
- You have learned how to talk about people, places, and things that do not exist or whose existence is uncertain.
- You have continued to improve your listening skills.

You are now ready to continue on with **Lección 33** in the Textbook.

33

SI SUPIERAS...

OBJETIVOS

Whereas the materials in the Textbook all had to do with the video episode, the materials in the Workbook will help you expand your knowledge of the Spanish language in general, as well as give you opportunities for self-expression in Spanish. In this lesson you will learn

- how to give direct commands to someone whom you address as **tú (Gramática 86)**
- how to use the subjunctive to express doubt or uncertainty about something **(87)**

In the **¡A leer!** section you will work with an authentic reading and on reading skills. In the **Repaso** section you will continue to work with all forms of the past that you have learned so far.

Remember to listen to the tape for **Lección 33** when you see the cassette symbol and to check your answers in Appendix 1.

5

MÁS ALLÁ DEL EPISODIO

Actividad A. Más sobre Raquel

PARA PENSAR...

1. Ya sabes que Raquel consideraba varias profesiones antes de tomar la decisión de estudiar para abogada. ¿Por qué crees que le interesaba a Raquel ser veterinaria? ¿profesora de historia?
2. ¿Y la decisión de ser abogada? ¿Por qué la tomó Raquel? ¿Por qué su madre quería que se hiciera (*wanted her to become*) abogada?

 Ahora escucha la narración en la cinta.

De niña, Raquel pensaba en ser veterinaria.

Actividad B.

Contesta las siguientes preguntas sobre la narración.

1. De los siguientes títulos, ¿cuál es el más apropiado para la narración?
   a. Las ambiciones de Raquel
   b. La elección de profesión
   c. Conflictos entre madre e hija

2. De niña, Raquel quería ser _____ o _____. Su madre quería que fuese (*wanted her to be*) _____ o _____.

3. Las razones de Raquel para ser abogada tienen que ver (*have to do*) primariamente con...
   a. los consejos de su madre
   b. sus inclinaciones y habilidades
   c. su deseo de ganar (*earn*) mucho dinero

4. ¿Son ciertas (**C**) o falsas (**F**) las siguientes oraciones?
   C F a. Raquel es una persona impulsiva.
   C F b. A Raquel siempre le gusta estar segura de lo que hace.

• •

6

GRAMÁTICA

86. ¡NO ME GRITES ASÍ, JUAN!: DIRECT COMMANDS WITH TÚ

CARLOS: Bueno. Simón dice: **Toca** la cabeza. Simón dice: **Toca** un ojo. Simón dice: **Toca** la boca. **Toca** la nariz...

In **Lección 33** you learned about using **Ud.** and **Uds.** commands, whose forms are identical to the corresponding present subjunctive forms. There is no difference between the affirmative and negative **Ud./Uds.** commands (except for the final -**n** on **Uds.** commands).

There is, however, a difference in form between the affirmative and negative commands used with someone you address as **tú**.

Forms

- Affirmative **tú** commands for most verbs are identical to the third-person singular present indicative forms.

-ar VERBS		**-er/-ir** VERBS	
Habla.	*Speak.*	**Come.**	*Eat.*
Canta.	*Sing.*	**Escribe.**	*Write.*
Juega.	*Play.*	**Sigue.**	*Continue.*

Pasa más tiempo con tu papá en el hospital.

Spend more time with your father at the hospital.

Vuelve a casa temprano, hijo.

Come home early, son.

✳ • As you know, **di (decir)**, **haz (hacer)**, **pon (poner)**, and **sal (salir)** are irregular affirmative **tú** commands. Here are other verbs with irregularities in that command.

ir: **ve***	tener: **ten**
ser: **sé**	venir: **ven**

• Negative **tú** commands are identical to the corresponding present subjunctive forms.

No actúes como un niño mimado.	*Don't act like a spoiled child.*
Maricarmen, **no comas** tanto y tan rápido.	*Maricarmen, don't eat so much and so fast.*
¡**No digas** eso, por favor!	*Don't say that, please!*
Carlitos, **no hagas** tanto ruido.	*Carlitos, don't make so much noise.*

Uses

• Note that using **tú** with the command form makes the command somewhat more emphatic.
• As with **Ud./Uds.** commands, direct and indirect object pronouns, as well as reflexive pronouns, must follow affirmative commands and be attached to them. For commands of more than one syllable, an accent mark is added to the stressed vowel to maintain the original stress.

Ayúdala a sentarse, por favor.	*Help her to sit down, please.*
Explícamelo otra vez.	*Explain it to me again.*
Acércate un poco, para que veas mejor.	*Come a little closer, so that you can see better.*

Note that no accent mark is needed when only one pronoun is added to a one-syllable command: **Dime. Hazlo.**

• The pronouns must precede negative commands.

No te burles de mí, Ángela.	*Don't make fun of me, Ángela.*
María, **no le** digas eso a Luis.	*María, don't tell that to Luis.*

Actividad A. Mandatos del episodio

Completa las siguientes oraciones del **Episodio 33** con los mandatos apropiados.

Mandatos: te burles, estudia, grites, llévala, mira, vayan

1. PATI: ¡No me _____ así, Juan! Ya traté de explicarte los problemas de la producción en Nueva York.

2. CONSUELO: _____ , y éste es un maestro, y éste... ¿sabes qué es? Es un veterinario.

3. EL PADRE RODRIGO: _____ a sentarse. Raquel, _____ , por favor.

4. RAQUEL: No _____ . Es en serio. Me gustan mucho los perros y se me ocurrió que ser veterinaria podría ser interesante.

---

*The affirmative **tú** command forms for **ver** and **ir** are identical: **ve**. The context will make the meaning clear.

Carlitos, **ve** a tu cuarto.	*Carlitos, go to your room.*
Ve ese programa. Es fabuloso.	*See that show. It's great.*

5. RAQUEL: ¿Mujer de negocios? ¿Tú? ¡Ja! Mi mamá quería que yo estudiara para ser abogada. «Raquel», me decía, «_____ para abogada. Es una buena profesión.»

Ahora escucha la cinta para verificar tus respuestas.

Actividad B.   Carlitos tiene un poco de fiebre
Paso 1

Vas a escuchar otra vez dos escenas del **Episodio 29**, cuando Carlitos estaba enfermo. Después de escuchar, completa las siguientes oraciones, que describen lo que quieren —o *no* quieren— los personajes.

Verbos útiles: decir, enterarse, llamar, llegar, preocuparse, quedarse, sacar, ser, tomarse

Primera escena

1. Carlos quiere que Carlitos _____ la lengua.

2. Juanita quiere que Carlitos _____ en su lado del cuarto.

3. Consuelo también quiere que Carlitos _____ la lengua.

4. Carlos no quiere que Juanita _____ escandalosa.

5. Carlos no quiere que Carlitos _____ miedoso (*fearful*).

6. Carlos no quiere que Juanita _____ por el chocolate.

Segunda escena

7. Carlos quiere que Carlitos _____ la lengua otra vez.

8. Carlos no quiere que Carlitos _____ nene (*a baby*).

9. Carlos quiere que Carlitos _____ dos aspirinas.

10. Carlitos no quiere que su padre _____ al doctor.

11. Carlos no quiere que Carlitos le _____ que le tiene miedo al doctor.

Paso 2
Ahora da los mandatos que escuchaste en cada caso. Antes de escribirlos, lee otra vez la oración correspondiente del **Paso 1**.

Primera escena

1. CARLOS: _____ la lengua, Carlitos.

2. JUANITA: _____ en tu lado del cuarto, Carlitos.

3. CONSUELO: _____ la lengua, Carlitos.

4. CARLOS: ¡Juanita, no _____ escandalosa!

5. CARLOS: Carlitos, ¡no _____ miedoso!

6. CARLOS: Juanita, no _____. También te voy a dar chocolate.

Segunda escena

7. CARLOS: _____ la lengua, Carlitos.

8. CARLOS: Carlitos, no _____ nene.

9. CARLOS: Carlitos, _____ estas aspirinas.

10. CARLITOS: Papá, no _____ al doctor.

11. CARLOS: Carlitos, no me _____ que le tienes miedo.

Actividad C. ¿Y tú?

Paso 1

Como Carlitos, a los niños siempre se les dan muchos mandatos. De los siguientes mandatos, ¿cuáles escuchabas tú con frecuencia cuando eras niño/a? ¿Cuáles no escuchaste casi nunca?

con frecuencia   a veces   nunca

_____	_____	_____	1. Haz la tarea antes de mirar la televisión.
_____	_____	_____	2. Lávate (*Wash*) las manos.
_____	_____	_____	3. Levántate, chico/a, que vas a llegar tarde a la escuela.
_____	_____	_____	4. Ordena tu cuarto antes de ir a jugar al parque.
_____	_____	_____	5. ¡No toques eso!
_____	_____	_____	6. Ven a comer, que se te va a enfriar la comida.
_____	_____	_____	7. Cómete todo lo que tienes en el plato.
_____	_____	_____	8. Toma. Aquí está tu dinero para la semana. No lo pierdas, ¿eh?
_____	_____	_____	9. ¡No seas escandaloso/a! Si tu padre/madre te escuchara...
_____	_____	_____	10. Acuéstate, que ya es tarde y mañana es otro día.
_____	_____	_____	11. No hagas tanto ruido.
_____	_____	_____	12. Vete a jugar afuera.

Paso 2

¿Recuerdas algún mandato en particular que odiabas? ¿Cuál era? ¿Por qué te mandaban hacer eso con frecuencia? (Worksheet)

Actividad D. ¿Y tú?

Da una serie de mandatos y consejos apropiados para una de las siguientes situaciones. (Worksheet)

1. Tienes un nuevo perro que quieres entrenar. Da cinco mandatos que quieres que él aprenda.
2. Tienes un amigo que va a empezar a estudiar español con *Destinos*. Inventa cinco consejos para ayudarlo.
3. Tu hijo está enfermo. Imagina que le haces un examen médico y quieres darle medicina. Inventa mandatos para hacerlo.

87. *ES POSIBLE QUE TENGA OTRO HIJO*: USES OF THE SUBJUNCTIVE (PART 5)

In previous lessons, you have learned to use the subjunctive after expressions of preference or necessity and of psychological or emotional reaction. The expression of doubt or uncertainty can also trigger the use of the subjunctive in the second verb, that is, the verb in the dependent clause.

Raquel **duda** que Arturo **sepa** lo que está pasando en el sitio de la excavación.	*Raquel doubts that Arturo knows what is happening at the excavation site.*
Juan **no cree** que Pati **se vaya** a quedar en México con él.	*Juan does not think that Pati will stay in Mexico with him.*
Es probable que Ofelia **hable** con Carlos pronto.	*It's likely (probable) that Ofelia will talk to Carlos soon.*

Expressions of certainty are followed by the indicative.

Creen que **hay** varias personas atrapadas.

They think that there are several people trapped.

Es verdad que Roberto **está** más o menos bien.

It's true that Roberto is more or less O.K.

Verbs and phrases of doubt and uncertainty that you have already seen used in this way include **no creer**, **dudar**, and **es probable**. As you work through the activities in this section, be sure to note other expressions that trigger the subjunctive.

Remember that the word **que** joins the two parts of the sentence (indicative + **que** + subjunctive) and that the second subject is always different from the first.

Actividad A. ¿Es posible?

Combina elementos de cada columna para expresar tus opiniones sobre lo que va a pasar en *Destinos*.

Es posible que
Es imposible que

don Fernando muera antes de conocer a sus nietos
Raquel y Arturo se casen algún día
Ángela y Jorge se casen algún día
Pati y Juan se divorcien
Ángela y Roberto se lleven muy bien con Arturo cuando lo conozcan
haya muchos problemas en la oficina de Miami
se venda La Gavia
alguien tenga un secreto terrible
Raquel todavía esté enamorada de Luis

Actividad B. ¿Es probable o no?

Paso 1

Las siguientes frases son útiles para expresar las opiniones. Indica si se usa con ellas el indicativo (**I**) o el subjuntivo (**S**).

Frases: _____ creo que / _____ no creo que

_____ dudo que / _____ no dudo que

_____ estoy seguro/a (*sure*) que / _____ no estoy seguro/a que

_____ es posible que / _____ es imposible que

_____ es probable que / _____ es improbable que

__*I*__ es verdad que / __*S*__ no es verdad que

__*I*__ es cierto que / __*S*__ no es cierto que

Paso 2

Usando las frases del **Paso 1**, expresa tus opiniones sobre las siguientes oraciones. ¿Es probable o improbable que lo siguiente ocurra? ¡OJO! Cuando estás seguro/a que algo pasará, usa el indicativo. (Worksheet)

MODELO: Pati regresará a Nueva York. →
Es cierto que Pati regresará a Nueva York.
Es muy probable que Pati regrese a Nueva York.

1. Juan irá a Nueva York con Pati.
2. El especialista de Guadalajara recomendará un tratamiento nuevo para don Fernando.
3. Luis llegará a México para ver a Raquel.
4. Roberto saldrá con lesiones graves como resultado del accidente.
5. Arturo le dirá a Raquel que ya no la quiere como antes.
6. Carlos se separará de Gloria.
7. Ofelia se verá involucrada (*involved*) en un escándalo en la oficina de Miami.
8. Habrá un conflicto serio entre Raquel y su madre.

Actividad C. El amigo pesimista

¿Tienes amigos que por naturaleza son pesimistas? Completa los comentarios de una de estas personas sobre las ideas de sus amigos para el futuro.

> MODELO: —Quiero estudiar para ser actor de televisión.
> —¡Pero si tú no muestras ninguna emoción! No creo que puedas ser actor de televisión.

1. —Pienso ser pilota cuando salga de la universidad.

   —¡Pero si tú no ves nada sin las gafas (*glasses*)! Dudo que _____ .

2. —Quiero trabajar de programador después de completar mi curso.

   —¡Pero si no sabes nada de computadoras! No estoy seguro/a que _____ .

3. —Me gustaría ser ingeniera algún día.

   —¡Pero si no te gustan las matemáticas! No creo que _____ .

4. —Mi sueño (*dream*) es aprender a tocar música clásica.

   —¡Pero si no tienes ningún talento musical! No es posible que _____ .

5. —Tengo la idea de escribir novelas en el futuro.

   —¡Pero si nunca lees novelas! Dudo que _____ .

6. —Quiero estudiar medicina.

   —¡Pero si tienes muy malas notas! No creo que _____ .

7. —Mi amigo y yo vamos a dedicarnos a los negocios.

   —¡Pero si no saben cómo manejar el dinero! No es posible que _____ .

Actividad D. ¿Y tú?

Usa las frases del **Paso 1** (**Actividad B**) para comentar por lo menos seis de las siguientes oraciones. (Worksheet)

> MODELO: Se discrimina en contra de la mujer en el mundo laboral. →
> Es cierto que se discrimina en contra de la mujer en el mundo laboral.

1. Más mujeres se harán* médicos y abogadas en el futuro.
2. Me haré profesor(a) de español.
3. Las mujeres ganan (*earn*) menos que los hombres.
4. Hay mucha discriminación en el mundo laboral.
5. En el futuro más hombres serán secretarios y enfermeros.
6. La profesión más importante hoy día es la programación de computadoras.
7. La semana laboral será de cuatro días algún día.
8. Trabajaré fuera de casa y tendré una familia.
9. En diez años habrá más ejecutivas que ejecutivos en las empresas de los Estados Unidos.
10. Debemos tener por lo menos un mes de vacaciones todos los años.

In the preceding examples and activities, you have seen and heard the following verbs and expressions that trigger the indicative or the subjunctive in the second verb. Be sure that you know the meaning of all of them.

  creer, dudar, estar seguro/a
  es/no es cierto, es (im)posible, es (im)probable, es/no es verdad

---

*Note the use of the verb **hacerse** (*to become*) with the names of professions.

¡A LEER!

ANTES DE LEER

Actividad A.

Look at the title of the reading in this section. In what section of the newspaper would you most likely find this article? ¡OJO! More than one answer may be possible.

_____ Health	_____ Food	_____ Agriculture
_____ Front Page	_____ Sports	_____ Business
_____ Nation	_____ Entertainment	_____ ?

Actividad B.

Before you begin to read, decide which of the following definitions best expresses the meaning of the word *karoshi*.

a. _____ cuando alguien muere en un accidente en el trabajo
b. _____ cuando alguien muere por trabajar demasiado
c. _____ cuando alguien muere por falta de trabajo

Actividad C.

What do you know about Japanese attitudes and beliefs about work? Do the Japanese work a longer or shorter workday compared to U.S. employees? Is it common for them to switch jobs? Do they take frequent vacations?

Actividad D.

Before you begin to read, look at the following list of words. If you know them in advance, you will have a better understanding of what you are reading.

la jornada laboral	workday
las empresas	businesses, companies
las demandas	lawsuits
repentina	sudden

LECTURA

Actividad A.

Scan the article on the next page to find out exactly what a person dies from when he or she suffers from *karoshi*.

Una persona que sufre de *karoshi* muere por _____.

Actividad B.

How did you find the answer for **Actividad A**? If you began scanning the article from the beginning, note where you found the answer and determine whether you can think of an easier and faster way in which you might have found it.

Actividad C.

Locate the following words in the reading and determine whether you can guess their meaning based on how they are used in context.

1. indemnización (*second paragraph*)
2. fallecimiento (*second paragraph*)
3. encuesta (*last paragraph*)

BOSCO ESTERUELAS.
Tokio *Karoshi* es la enfermedad mortal de la que muchos japoneses son víctimas debido al exceso de trabajo. El fenómeno no es nuevo, pero se ha ido extendiendo últimamente aun a pesar de la nueva filosofía oficial de alentar la reducción de la jornada laboral y estimular el ocio. "Nada de eso se ajusta con la realidad de hoy, en la que el problema se ha acentuado en lugar de mejorar. Calculamos que más de 10.000 personas mueren al año de *karoshi*", afirma un portavoz de una organización de abogados creada para atender estos casos.

Más de 10.000 japoneses mueren al año por la enfermedad de 'karoshi' o exceso de trabajo

Las autoridades japonesas han reconocido recientemente la posibilidad de que el *karoshi* constituya un peligro para la salud, pero el Ministerio de Trabajo ha aceptado muy pocas demandas por parte de familiares de víctimas y las empresas se resisten a colaborar poniendo múltiples obstáculos y ocultando datos. Este mal afecta especialmente a los oficinistas y ejecutivos que tienen entre 40 y 50 años.

El año pasado el ministerio aceptó investigar 777 demandas de supuestos casos de *karoshi* y de ellos sólo en 30 las familias lograron una indemnización. "Es difícil demostrar un fallecimiento por *karoshi* con las normas tan limitadas que impone el Ministerio de Trabajo que sólo tienen en cuenta la última semana de vida del trabajador", afirma Toshiro Ueyanagi, un abogado que forma parte del Consejo de Defensa Nacional de Víctimas de Karoshi fundado desinteresadamente en julio de 1988 por el letrado Hiroshi Kawahito.

El grupo lo componen más de 300 abogados y medio centenar de médicos, psicólogos y asistentes sociales repartidos por todo Japón que ayudan a familiares de víctimas o a prevenir a potenciales víctimas. Tienen montada una *línea caliente* telefónica y han previsto establecer oficinas en el extranjero para atender casos de víctimas japonesas.

"Quienes más llaman reclamando ayuda y vienen luego aquí suelen ser esposas de hombres de entre 40 y 50 años que han fallecido por exceso de trabajo, y otras más jóvenes que temen que sus esposos puedan morir si continúan trabajando tanto", explica el abogado Ueyanagi. Desde el pasado mes de mayo existe también en Tokio una asociación de familiares de víctimas que luchan por obtener compensación económica de la empresa y el Estado.

Muerte repentina

La muerte por *karoshi* es repentina y sobreviene por hemorragia cerebra o insuficiencia cardiaca o respiratoria, debido a un exceso de fatiga que produce alta presión y endurecimiento arterial. Las personas más propensas tienen entre 40 y 50 años, y más de la mitad son empleados de oficina, ejecutivos de empresa y funcionarios públicos. Médicos de esta asociación consideran que la barrera fatídica para sucumbir al *karoshi* estaría en la franja de las 3.000 horas de trabajo real anuales. Según sus cálculos, unos 10 millones de personas, de los 60 que componen la población laboral activa japonesa, son potenciales víctimas de la enfermedad.

"El gran culpable del *karoshi* es el propio sistema laboral japonés y el poder tan inmenso de la empresa como entidad de grupo contra la que nadie se opone", explica el abogado Ueyanagi. Muchos especialistas sostienen que la legislación laboral japonesa no defiende al trabajador, e incluso éste parece ser el primero en violar la regulación oficial cuando la empresa se marca objetivos de producción muy elevados. La mayoría de los trabajadores interrogados en una reciente encuesta oficial del Ministerio de Planificación respondió que estaba en contra de la reducción de horas de trabajo por temor a ganar menos. En Japón se continúa trabajando más que en cualquier otro país desarrollado, una media de 2.100 horas anuales, lo que supone entre 200 y 500 horas más que en Estados Unidos o Europa.

El País, martes, 12 de febrero de 1991

Actividad D.
Scan the article to find the reference to "**El Consejo de Defensa Nacional de Víctimas de Karoshi.**" Based on what you read about it, what is its purpose?

a. _____ ayudar a las familias en sus demandas contra las empresas
b. _____ ofrecer apoyo (*support*) a las familias de las víctimas
c. _____ investigar el *karoshi* como fenómeno médico

Actividad E.
Now read the article for detail. While reading, keep these questions in mind.

¿A quién o quiénes afecta esta enfermedad?
¿Qué determina la muerte por *karoshi*, según el Ministerio de Trabajo?
¿En qué forma son culpables las empresas de la muerte de sus empleados?
¿En qué sentido son culpables de su propia muerte los trabajadores?

DESPUÉS DE LEER

Actividad A.

Based on what you have read, indicate whether the following remedies for *karoshi* are **cierto (C)** or **falso (F)**.

C F 1. Los ejecutivos deben hacer más ejercicio para prevenir la fatiga.
C F 2. Los japoneses deben trabajar cuatro días a la semana.
C F 3. Las esposas deben trabajar para que el marido no tenga que trabajar tanto.
C F 4. Las empresas deben tener objetivos de producción menos elevados.
C F 5. El Ministerio de Trabajo no debe hacer nada.

Actividad B.

Write a brief paragraph (50–100 words) about *karoshi*, based on the reading. Be sure to include the following information:

1. una definición del *karoshi*
2. quiénes son más afectados
3. lo que está haciendo el Ministerio de Trabajo
4. lo que está haciendo el Consejo de Defensa Nacional de Víctimas de *Karoshi*

While writing, you should neither look at nor reread the article. Use your own words and write about what you remember.

• •

8

REPASO

Actividad A.   La civilización maya

Completa la siguiente descripción de los mayas con los siguientes verbos en el imperfecto.

Verbos: conocer, estar, existir, habitar, tener, vivir

Los mayas _____¹ la parte de México que se llama Yucatán. También

_____² en las regiones de Chiapas, Tabasco y Campeche, y en parte

de Centroamérica. En su sociedad _____³ una serie de estados

autónomos, con sus propias ciudades centrales.

Comparados con los aztecas, los mayas _____⁴ más aptitud para

las matemáticas y la astronomía. _____⁵ los ciclos de los eclipses

solares y lunares.

 Ahora escucha la cinta para verificar tus respuestas.

Actividad B.   Más sobre los mayas

Ahora piensa en los siguientes datos. ¿Dónde caben (*fit*) lógicamente en la descripción que acabas de completar?

> Los astrónomos mayas, por ejemplo, calcularon el número exacto de días y horas que tenía el año.
>
> La civilización maya llegó a su máximo apogeo mucho antes que la de los aztecas.
>
> Los mayas nunca formaron un gran imperio con un gobierno central en una ciudad capital.

Have you completed the following sections of the lesson? Check them off here.

_____	**Más allá del episodio**	_____	**¡A leer!**
_____	**Gramática**	_____	**Repaso**

Now scan the words in the **Vocabulario** list to be sure that you understand the meaning of most of them.

• •

VOCABULARIO

Los verbos

burlarse (de)   to make fun (of)
dudar   to doubt
estar seguro/a   to be certain (sure)
gritar   to shout
hacerse   to become (*a member of a profession*)

Repaso: creer

Las palabras adicionales

es cierto   it's certain
es (im)posible   it's (im)possible
es (im)probable   it's (im)probable
es verdad   it's true

Los adjetivos

laboral   work (*having to do with the working world*)

Now that you have completed the Textbook and Workbook for **Lección 33**, take the Self-Test for that lesson. (It is on page 216.) Remember to listen to the tape when you see the cassette symbol and to check your answers.

_____   **Self-Test**

Now that you have worked through the Textbook and the Workbook and taken the Self-Test, here are some of the things you have accomplished in Spanish.

- You can use and understand the names for many professions and occupations in Spanish.
- You can give direct commands to people whom you address with **tú**.
- You can use the indicative and the subjunctive to express doubt or certainty.
- You have continued to improve your listening and reading skills.

You are now ready to continue on with **Lección 34** in the Textbook.

34 ÉXITO

OBJETIVOS

Whereas the materials in the Textbook all had to do with the video episode, the materials in the Workbook will help you expand your knowledge of the Spanish language in general, as well as give you opportunities for self-expression in Spanish. In this lesson you will learn

- how to talk about events that *have* happened **(Gramática 88)**
- more about how to express words such as *who* and *what* in Spanish **(89)**

In the **¡A leer!** section you will work with an authentic reading and on reading skills. In the **Repaso** section you will continue to work with all forms of the past that you have learned so far.

Remember to listen to the tape for **Lección 34** when you see the cassette symbol and to check your answers in Appendix 1.

5 MÁS ALLÁ DEL EPISODIO

Actividad A. Ángela y Jorge

PARA PENSAR...

1. En el camino, Ángela le contó a Raquel cómo conoció a su novio, Jorge. Parece que todo el mundo se opone a las relaciones entre Ángela y Jorge, y Ángela no quiere escuchar sus comentarios. ¿Por qué crees que Ángela es tan cabezona (*stubborn*) en este caso? ¿Le ofrece apoyo (*support*) Jorge en cierto sentido?
2. ¿Te gustó Jorge Alonso cuando lo viste con Ángela y Raquel en los episodios de Puerto Rico? ¿Te pareció simpático? ¿interesante? ¿Te gustó su manera de tratar a Ángela y a Raquel?

 Ahora escucha la narración en la cinta.

Ángela y Jorge parecen ser
una pareja muy unida, pero...

Actividad B.

Contesta las siguientes preguntas sobre la narración.

1. De los siguientes títulos, ¿cuál es el más apropiado para la narración?
   a. _____ Triángulo de amor
   b. _____ Por culpa de Roberto (*It's Roberto's fault*)
   c. _____ ¿Por qué lo quiere tanto?

2. Las razones por las cuales (*why*) Ángela quiere a Jorge tienen que ver (*have to do*) con... (¡OJO! Puede haber más de una respuesta correcta.)
   a. _____ la pérdida (*loss*) de sus padres
   b. _____ su deseo de casarse muy pronto
   c. _____ su interés en el teatro
   d. _____ cómo se siente cuando está con él
   e. _____ el apoyo que él le ofrece

3. ¿Son ciertas (**C**) o falsas (**F**) las siguientes oraciones?
   C F a. Jorge maltrata a Ángela física y mentalmente.
   C F b. Para Ángela, es importante el hecho de que (*the fact that*) Jorge es amigo de Roberto. Por eso siente más confianza con él.
   C F c. Jorge es muy romántico cuando está con Ángela... y eso le gusta mucho.

• •

GRAMÁTICA

88. *PRESIENTO QUE ES EL FIN, QUE TODO HA TERMINADO:* THE PRESENT PERFECT

Here is what Mercedes might say if she were summing up the problems with which members of the Castillo family are currently dealing.

MERCEDES: Pero ahora los días alegres **se han acabado**. El matrimonio de Pati y Juan anda mal. Mamá **ha muerto**... Papá está enfermo... Y luego tenemos este problema de sus nietos, que todavía no conocemos.

The tenses you have learned thus far are *simple* tenses (consisting of one word). In English and in Spanish, the present perfect is a *compound* tense (consisting of two words).

Forms

- The present perfect indicative consists of the present indicative forms of the auxiliary verb **haber*** plus the past participle of another verb. Note the present-tense forms of **haber** in this example, as well as the past participle of **cenar** (**cenado**).

he cenado	*I've had dinner*	**hemos cenado**	*we've had dinner*
has cenado	*you* (**tú**) *have had dinner*	**habéis cenado**	*you* (**vosotros**) *have had dinner*
ha cenado	*he/she has had dinner, you* (**Ud.**) *have had dinner*	**han cenado**	*they/you* (**Uds.**) *have had dinner*

---

*Note that **haber** is the equivalent of English *to have* as an auxiliary verb. However, as you know, **tener** expresses *to have* in the sense of *possess, own,* or *hold.*

- The past participle is formed by adding **-ado** to the stem of most **-ar** verbs and **-ido** to the stem of most **-er** and **-ir** verbs.

rescatar	**rescatado**
reconocer	**reconocido**
decidir	**decidido**

An accent mark is used on the past participle of **-er/-ir** verbs with stems ending in **-a**, **-e**, or **-o**: **caer** (*to fall*): **caído**; **creer**: **creído**; **oír**: **oído**.

- A few verbs have irregularities in the past participle. These forms must be memorized.

abrir	**abierto**		morir	**muerto**
decir	**dicho**		poner	**puesto**
descubrir	**descubierto**		resolver	**resuelto**
escribir	**escrito**		ver	**visto**
hacer	**hecho**		volver	**vuelto**

The past participle of compound verbs based on these verbs shows the same irregularity; for example: **oponer** → **opuesto**.

Uses

Los obreros **han rescatado** a Roberto.	*The workers have rescued Roberto.*
Raquel y Ángela **han ido** al hospital.	*Raquel and Ángela have gone to the hospital.*
Ángela todavía no **ha conocido** a su abuelo.	*Ángela still hasn't met her grandfather.*

- In general, the use of the Spanish present perfect parallels that of the English present perfect. Use it to indicate what you *have* done, what *has* happened up to a given point. Often the present perfect is used to talk about what has happened in the fairly recent past.
- Note in particular the form **ha habido** (*there has/have been*), the present perfect equivalent of **hay**.

Ha habido tres derrumbes en esa excavación este año.	*There have been three cave-ins in that excavation this year.*

- Direct object, indirect object, and reflexive pronouns precede the conjugated form of **haber**.

Arturo ha llegado pero Raquel **no lo ha visto** todavía.	*Arturo has arrived but Raquel still has not seen him.*
Roberto todavía **no se ha despertado**.	*Roberto hasn't awakened yet.*

Actividad A.   ¿Quién lo ha hecho?

Identifica al personaje a quien se refieren las siguientes oraciones. ¡OJO! Es necesario pensar en este episodio y en los episodios previos. Y hay más de una respuesta posible para algunas oraciones.

a.	Raquel	d.	Roberto	g.	Carlos
b.	Arturo	e.	el doctor de don Fernando	h.	Juan
c.	Ángela	f.	don Fernando	i.	los obreros de rescate

1. _____ Cree que una persona de su familia siempre ha sido más inteligente que ella y más responsable.
2. _____ Se ha registrado en un hotel de la capital.
3. _____ Se ha reunido con un miembro de la familia Castillo para hablar del accidente ocurrido en el sitio de la excavación.
4. _____ Ha llamado varias veces a un hotel de la capital.

5. ____ Han llegado adonde están atrapadas tres personas.
6. ____ Cree que su matrimonio ha terminado.
7. ____ Siempre le ha tenido un poco de envidia a una persona de su familia.
8. ____ No sabe que ha habido un accidente en el sitio de la excavación.
9. ____ Lo han llevado a un hospital de la capital.
10. ____ Ha hablado con un especialista en Guadalajara.
11. ____ Sus padres ya han muerto.
12. ____ No le ha dicho nada a su familia sobre los problemas que hay en la oficina de Miami.

Actividad B.   ¿Qué has hecho hoy?

Paso 1

Lee las siguientes oraciones e indica si describen algo que tú ya has hecho hoy.

YO			LAURA	
Sí No	1.	He llamado a un amigo.	Sí	No
Sí No	2.	He ido al supermercado.	Sí	No
Sí No	3.	Me he bañado (o duchado [*showered*]).	Sí	No
Sí No	4.	He almorzado en un restaurante.	Sí	No
Sí No	5.	He tomado mucho café.	Sí	No
Sí No	6.	He visto una película (*movie*).	Sí	No
Sí No	7.	Me he enojado con alguien.	Sí	No
Sí No	8.	Me he enterado de algo fascinante.	Sí	No
Sí No	9.	He tomado una decisión importante.	Sí	No
Sí No	10.	He leído el periódico.	Sí	No

Paso 2

Ahora escucha la cinta para saber lo que ha hecho Laura, una colombiana que estudia en una universidad de los Estados Unidos. Indica en la tercera columna del **Paso 1** las cosas que Laura ha hecho o no ha hecho.

Paso 3

Ahora compara las actividades de Laura con lo que tú has hecho. Compara por lo menos seis actividades. (Worksheet)

MODELOS: Yo he llamado a un amigo, pero Laura no ha llamado a nadie.

Los dos (Las dos) hemos llamado a un amigo hoy.

Laura no ha llamado a ningún amigo, ni yo tampoco (*nor did I*).

Los dos (Las dos) no hemos llamado a nadie.

Actividad C.   ¿Qué han hecho?

Paso 1

¿Qué característica notable tienen estas personas famosas? Empareja los personajes en la columna a la izquierda con las frases en la columna a la derecha.

1. ____ Elizabeth Taylor
2. ____ Arnold Schwarzenegger
3. ____ Jerry Seinfeld
4. ____ Ruth Bader Ginsburg
5. ____ Bill Clinton
6. ____ Joe Montana
7. ____ Gloria Estefan

a. ganar tres veces el Super Bowl
b. salir mucho en la televisión
c. casarse muchas veces
d. juzgar (*to judge*) muchos casos en la Corte Suprema
e. tener éxito por su música con sabor (*flavor*) latino
f. hacer películas de acción
g. ser elegido presidente dos veces

Paso 2

Ahora usa la información en las dos columnas para crear oraciones completas. (Worksheet)

MODELO: Jim Carrey / hacer películas populares de humor →
Jim Carrey ha hecho películas populares de humor.

Actividad D. ¿Y tú?

Contesta las preguntas de dos de los siguientes grupos de preguntas. (Worksheet)

1. ¿Has tenido muchos novios (muchas novias) en tu vida? ¿varios esposos (varias esposas)? ¿Has tenido relaciones serias con alguien que duraron mucho tiempo? Descríbelas.
2. ¿Has perdido alguna vez a un buen amigo (una buena amiga) por una tontería (*silly thing*)? Explica.
3. ¿Has visitado últimamente a tus padres (abuelos, tíos, hijos)? ¿Los has llamado por teléfono? ¿Quién te ha visitado a ti últimamente?
4. En alguna ocasión, ¿has vuelto a ver (*seen again*) a algunos compañeros de la escuela primaria? ¿a algunos compañeros de la secundaria? ¿Cuál fue la ocasión?

89. *YA OÍSTE LO QUE DIJO EL DOCTOR*: RELATIVE PRONOUNS

You have been hearing and using the words **que**, **quien**, and **lo que** throughout the *Destinos* materials. They are the principle relative pronouns in Spanish, expressing English *that*, *which*, and *who(m)*. You will learn more about them in this section.

Relative pronouns link two clauses in a sentence. They can serve as a subject or an object of the verb in the second clause. They are used to avoid repeating a noun in the first clause. Note the following example.

La Gavia es una hacienda **que** pertenece a la familia Castillo.	*La Gavia is a hacienda that belongs to the Castillo family.*

Que is the subject of **pertenece**. It refers back to **una hacienda**. Here are the ways in which Spanish relative pronouns are commonly used.

- **que** = *that, which, who*

  Use **que** when the antecedent of the relative pronoun (the noun to which it refers) is a person, place, or thing.

Ésa es la sección de la excavación **que** se derrumbó.	*That's the part of the excavation that caved in.*
Raquel es la abogada **que** encontró a los nietos de don Fernando.	*Raquel is the lawyer who found don Fernando's grandchildren.*

- **quien(es)** = *who, whom*

  Quien(es), used after a preposition, refers to people only.

El hombre con **quien** hablaba el Padre Rodrigo era un obrero de rescate.	*The man Father Rodrigo was talking with was a rescue worker.*
Carlitos es el niño a **quien** no le gustan los doctores.	*Carlitos is the kid who doesn't like doctors.*

In reading selections, you will often see clauses beginning with **quien** that are separated from their antecedent by a comma.

Roberto, **quien** es estudiante, ha estado atrapado en la excavación.

Roberto, who is a student, has been trapped in the excavation.

- **lo que** = *what, that which*

Where there is no specific noun (person, place, or thing) to refer back to, **lo que** is used. It often refers to a whole situation or set of circumstances.

Lo que todos temían no pasó.

What everyone feared didn't happen.

Don Fernando quiere saber **lo que** hizo Raquel para encontrar a sus nietos.

Don Fernando wants to know what Raquel did to find his grandchildren.

Actividad A.   Hablando de la familia Castillo

Combina elementos de cada grupo para formar oraciones lógicas.

Grupo A

1. _____ El Sr. Papa es un juguete (*toy*) que
2. _____ Juan y Pati son los miembros de la familia que
3. _____ Carlitos, quien es el hijo de Carlos y Gloria,
4. _____ Mercedes y Ramón son los hijos que
5. _____ Ramón es la persona que
6. _____ Roberto y Ángela son los nietos a quienes
7. _____ Ángela no comprende qué es lo que
8. _____ Don Fernando no sabe todavía lo que

Grupo B

a. viven en La Gavia con don Fernando
b. les molesta a todos del comportamiento de Jorge
c. le gusta mucho a Maricarmen
d. está enfermo y tiene que guardar cama
e. le ha pasado a su nieto, Roberto
f. don Fernando nunca ha conocido
g. trata de darle consejos a Juan sobre sus problemas con Pati
h. tienen muchos problemas matrimoniales en este momento

Ahora vas a escuchar las frases del **Grupo A**. Da tu respuesta, luego escucha la cinta para verificar tus respuestas.

Actividad B.   Definiciones

Completa las siguientes definiciones lógicamente. ¡OJO! Hay más de una respuesta posible en algunos casos.

1. _____ El odio es lo que pueden sentir
2. _____ El noviazgo es el período que
3. _____ La luna de miel es el viaje que hacen dos personas que
4. _____ El divorcio es lo que pasa
5. _____ La amistad es una relación que

a. cuando los esposos ya no se quieren y no pueden llevarse bien
b. dos personas que se llevan muy mal
c. existe entre dos personas que se estiman y a quienes les gusta pasar tiempo juntas
d. acaban de casarse
e. precede a la boda

Actividad C.   ¿Quiénes son?

¿Cuál es, para ti, la esencia de los siguientes personajes? Descríbelos con una oración original. (Worksheet)

Roberto		que...
Arturo		a quien...
Raquel	es la persona	de quien...
Jorge		con quien...
Ángela		
don Fernando		

Actividad D.   Consejos en el periódico

¿Lees artículos en el periódico que tratan de las relaciones entre hombres y mujeres? Completa estos consejos que se ofrecieron en un periódico reciente. Usa pronombres relativos.

1.   El éxito en el matrimonio depende de _____ uno espera del matrimonio.

2.   El amor a primera vista es una emoción _____ pocas personas conocen.

3.   Es imposible saber _____ va a pasar en la primera cita.

4.   Es posible tomarle afecto a alguien a _____ uno odiaba antes.

5.   En el caso de muchas parejas divorciadas, _____ necesitan es más comunicación.

6.   Los problemas _____ tienen los novios generalmente tienen poca importancia para el futuro.

7.   _____ pasa en la boda tampoco tiene mucha importancia en la vida matrimonial.

· ·

7

¡A LEER!

ANTES DE LEER

Actividad A.

Don't look ahead yet to the article in this section. What do you think of when you see the word *contract*? Indicate only those items that you associate with the word.

_____ business	_____ love	_____ leisure
_____ family	_____ lawyers	_____ friends
_____ marriage	_____ money	_____ partnerships
_____ ¿?	_____ ¿?	

Actividad B.

Now look at the title and subtitle of the reading in this section. Based on them, the reading is most likely about

a.   _____ mail-order spouses
b.   __✓__ prenuptial agreements

c. _____ surrogate mothers

Actividad C.

How much prior knowledge do you have of **contratos del amor**? Make a list of everything you already know about them. Keep these questions in mind: Who obtains them? Why do people have them drawn up? What sorts of issues do they cover?

Actividad D.

Before you begin to read, look at the following list of words. Knowing them ahead of time will help you understand the reading more fully.

de antemano	beforehand
los bienes	goods (*as in personal possessions*)
seguro	insurance
añadiendo	adding
el papel	role, part
el incumplimiento	nonfulfillment, breach (*of contract*)
colocará	will place
el aprieto jurídico	legal jam

 LECTURA

Actividad A.

Scan the reading. Were any of your ideas from **Actividad C** in **Antes de leer** dealt with in the article?

Estuvo, ¡y está!, de moda, por esas necesidades de la riqueza entre los "célebres" de todo el mundo: un contrato previo al contrato matrimonial, en el cual se especifica de antemano, caso de producirse un divorcio, cómo sería la distribución de los bienes individuales y los adquiridos.

EL CONTRATO

del amor

➤◄◆►◄

Empezó con las celebridades, pero la precaución se ha ido extendiendo hasta las parejas más comunes y corrientes.

Lo sensacional es que poco a poco ese contrato ha ido descendiendo los niveles económicos de la sociedad contemporánea y ahora las parejas comunes y corrientes están haciendo lo mismo.

Los partidarios del sistema aseguran que el contrato elimina parte de las agonías (¡y la fealdad!) de los trámites de divorcio. Y las feministas aseguran que es la mejor forma en que una mujer puede ver resguardados sus intereses, ya que hoy día hay muchas profesionales que llegan al matrimonio con un salario respetable. "Es como un seguro de inhabilitación. Uno espera y confía en que no habrá de enfermarse y necesitará usarlo, pero, ¿y si... ? En ese caso es muy reconfortante saber que el contrato existe."

Junto con la repartición de panes y peces, los contratos de última moda están añadiendo cláusulas de "estilo de vida" que hacen aclaraciones con respecto a las conductas respectivas y la "calidad" de la relación. Algunos, por ejemplo, de la más pura inspiración femenina, estipulan que ambos por igual tienen que hacerse cargo de los trabajos domésticos; idem. cuidado de los niños y todo lo que ello implica de noches sin dormir o madrugones; idem. si tienen animalitos domésticos, quién va a cambiarle el alpiste al pajarito.

Según los sicólogos que han analizado el fenómeno, las cláusulas de "estilo de vida" reflejan la inseguridad que experimentan tanto el hombre como la mujer frente a sus papeles cambiantes dentro de un nuevo contexto social. "Tradicionalmente, los papeles dentro del matrimonio estaban perfectamente bien definidos. No eran ley escrita, sino entendimiento implícito, que compartían los miembros de la pareja y al mismo tiempo formaba parte de los valores de la comunidad en que vivían. El hombre traía la comida y la mujer la guisaba. Ahora esos papeles ya no están tan demarcados, y aunque cambian, nadie sabe aún qué otra forma irán a adoptar en el futuro. Por eso los contratos son un importante paso transicional."

Además, los contratos obligan a las parejas a discernir y discutir cuáles son sus metas y aspiraciones en la vida. Y, como muchos matrimonios se disuelven, precisamente a causa de aspiraciones fallidas, muchos consejeros matrimoniales opinan que los contratos del amor son una de las mejores armas que se han ideado para proteger la estabilidad de las uniones.

Por último, no podemos negar esa parte de la sicología humana que, cuando sufre algún revés en la vida, se lanza inmediatamente a buscar un culpable. En ese caso, el culpable debe pagar. Y como cierto tipo de expectativas, muy sutiles, no pueden siquiera formularse en palabras... parece que la solución es hacer listas interminables de otras condiciones más obvias, cuyo incumplimiento colocará al trasgresor en un aprieto jurídico... ¿hasta qué punto?

Harper's Bazaar, Año 9, No. 11

Actividad B.

Locate the following words in the reading and see whether you can guess their meaning based on how they are used in context.

1. resguardados (*second paragraph*) *protect*
2. guisaba (*fourth paragraph*) *prepares*
3. metas (*fifth paragraph*) *goals*

Actividad C.

Now read the article for detail. While reading, look for the positive aspects of a **contrato del amor** according to the following individuals.

Los «célebres»
Las parejas comunes y corrientes (*everyday*)
Las feministas
Los sicólogos
Los consejeros matrimoniales

Does the article mention the negative aspects of such contracts?

ESTRATEGIA

In this reading, and in most of the ones that follow, you will encounter long compound sentences that are sometimes a challenge to understand. Here are some strategies for dealing with them.

- Instead of trying to deal with such sentences as a whole, divide them up.
- Look for commas, colons, and other key words such as **que** that indicate where one clause ends and another begins.
- Look for the main verb and its subject, then see how other pieces of the sentence relate to them.
- Try to understand the parts of the sentence first, then see if you can put the parts together to comprehend the sentence as a whole.

For example, here is the first sentence in the third paragraph of the reading.

Junto con la repartición de panes y peces, los contratos de última moda están añadiendo cláusulas de «estilo de vida» que hacen aclaraciones con respecto a las conductas respectivas y la «calidad» de la relación.

The first clause of the sentence, **Junto con la repartición de panes y peces**, doesn't contain a verb. It is best thought of as a type of introduction. The second clause, **los contratos de última moda están añadiendo cláusulas de «estilo de vida»**, contains the main verb (**están añadiendo**). The word **que** separates the main clause from the clause that follows. This latter clause defines **cláusulas de «estilo de vida»**. Now that you have all of the pieces, can you explain what the sentence means?

DESPUÉS DE LEER

Actividad A.

Based on the information in the article, which of the following engaged couples need or should have **un contrato del amor?**

_____ two blue-collar workers	_____ a doctor and his/her fiancé(e)
_____ two high-school sweethearts	_____ two college graduates
_____ a prince and a pauper	__✓__ any couple

Actividad B.

As you know, the article focuses on the positive aspects of an agreement of this nature. Can you think of any potential negative aspects? What types of problems does **un contrato del amor** presuppose? How would you feel if you were asked to sign one? In a short paragraph (100 words), describe what you see as the negative aspects of such contracts. If you do not think there are any negative aspects, explain why you think the contract is a good idea.

• •

8

REPASO

Actividad.   Mercedes recuerda a su esposo

Mercedes, quien es viuda, guarda (*keeps*) en su habitación una foto de Manuel, su difunto esposo. De vez en cuando saca la foto y le habla con cariño. ¿Puedes completar la siguiente conversación de Mercedes?

eran bromas (*jokes*) nada más	nos conocimos
fue amor a primera vista	nos fuimos a Buenos Aires
fue muy breve	quería bailar contigo
me preguntaba	tuvimos problemas serios
me tenían tanta envidia	

Manuel... querido... cómo te extraño a veces. Gracias a Dios, tú y yo nunca _____[1] en nuestro matrimonio.

Recuerdo la primera vez que _____.[2] ¿Recuerdas tú? Fue en la fiesta de abril. Yo _____,[3] «¿Quién es ese muchacho tan guapo? ¿Tendrá novia ya?» Y luego tú me preguntaste si _____.[4] Para mí _____.[5] Para ti también, ¿no es cierto?

Todas mis amigas _____.⁶ «¡Qué novio tienes!» me decían. «¡Cuidado, Mercedes, o te robamos el novio!» Yo sabía que _____.⁷

Nuestro noviazgo _____.⁸ A los dos meses nos casamos. ¡Y qué gran boda! ¿Cuántas personas asistieronª? ¿doscientas? ¿trescientas? Y de luna de miel _____.⁹ Para mí éstos fueron los días más felices de mi vida.

Pero ahora los días alegres se han acabado. El matrimonio de Pati y Juan anda mal. Mamá ha muerto... Papá está enfermo... Y luego tenemos este problema de sus nietos que todavía no conocemos. Te extraño, Manuel, ¿sabes? Te extraño mucho...

ªattended

Have you completed the following sections of the lesson? Check them off here.

____ **Más allá del episodio**   ____ **¡A leer!**
____ **Gramática**   ____ **Repaso**

Now scan the words in the **Vocabulario** list to be sure that you understand their meaning.

• •

VOCABULARIO

Los pronombres relativos (Relative Pronouns)

quien   who, whom

Repaso: lo que, que

Now that you have completed the Textbook and Workbook for **Lección 34**, take the Self-Test for that lesson. (It is on page 218.) Remember to listen to the tape when you see the cassette symbol and to check your answers.

____ **Self-Test**

Now that you have worked through the Textbook and the Workbook and taken the Self-Test, here are some of the things you have accomplished in Spanish.

• You can use and understand words that describe many kinds of social relationships in Spanish.
• You can use the forms of the present perfect to talk about what has happened.
• You can use relative pronouns such as **que**, **quien**, and **lo que** to combine short sentences into longer ones.
• You have continued to improve your listening and reading skills.

You are now ready to continue on with **Lección 35** in the Textbook.

35 REUNIDOS

OBJETIVOS

Whereas the materials in the Textbook all had to do with the video episode, the materials in the Workbook will help you expand your knowledge of the Spanish language in general, as well as give you opportunities for self-expression in Spanish. In this lesson you will learn

- how to use the forms of the present perfect subjunctive to talk about the past (**Gramática 90**)
- how the present participle is used to describe people, places, and things **(91)**

In the **Repaso** section you will continue to work with all forms of the past that you have learned so far.

Remember to listen to the tape for **Lección 35** when you see the cassette symbol and to check your answers in Appendix 1.

MÁS ALLÁ DEL EPISODIO

Actividad A.   ¿Y los otros personajes?

Ya sabes mucho sobre la mayoría de los personajes de *Destinos*. Los has visto actuar en los episodios y has aprendido más de ellos por medio de las lecturas y narraciones de Más allá del episodio.

Hay algunos personajes que todavía no conoces muy bien. Los has visto, sabes un poco de ellos pero no mucho. Por ejemplo:

¿Sabes realmente quién es Gloria? ¿Qué es lo que hace cuando está fuera de casa?

Sabes que Mercedes es una hija muy dedicada y que se preocupa mucho por don Fernando. Pero, ¿sabes algo de sus sueños (*dreams*)? ¿de su vida privada?

Piensa en el tipo de información que has leído y escuchado sobre los personajes en estas secciones. Te has enterado de

detalles de la niñez y juventud de los personajes
algunos detalles que revelan su psicología
por qué hacen lo que hacen en ciertas circunstancias
cómo se llevan con los otros personajes (y por qué)
sus gustos y preferencias, sus temores y sus sueños

Ten en cuenta (*Keep in mind*) las preguntas de este tipo mientras veas el resto de los episodios. Es posible que puedas predecir (*predict*) algunos incidentes de la historia. Por otro lado, también es posible que tengas algunas sorpresas...

Actividad B.

Haz una lista de predicciones sobre lo que crees que va a pasar con Gloria o con Mercedes en el resto de los episodios. Al final de la serie, compara tus predicciones con lo que realmente ocurrió. (Worksheet)

GRAMÁTICA

90. *UNA VEZ QUE ESTO HAYA PASADO...* : THE PRESENT PERFECT SUBJUNCTIVE

Forms

The present perfect subjunctive is formed with the present subjunctive of **haber** and the past participle.

haya llegado	**hayamos** llegado
hayas llegado	**hayáis** llegado
haya llegado	**hayan** llegado

Uses

The present perfect subjunctive expresses English *I have spoken* (*written*, *done*, and so on) whenever the subjunctive is required by context.

Ángela **se alegra de que hayan rescatado** a Roberto.	*Ángela is glad that they have rescued Roberto.*
Es increíble que él haya salido del accidente sin lesiones graves.	*It's incredible that he has survived the accident without serious injury.*
Pati **duda que Juan haya tratado** de comprender sus problemas.	*Pati doubts that Juan has tried to understand her problems.*
Ángela conocerá a su abuelo **en cuanto haya hablado** con su hermano.	*Ángela will meet her grandfather as soon as she has spoken with her brother.*

Note that the English equivalent of many of the preceding verbs could also be expressed with a simple tense: *they rescued, he survived.*

Actividad A. Opciones

Escoja la mejor frase para terminar cada oración. ¡OJO! Hay solamente una respuesta correcta en cada caso.

1. No es sorprendente que Juan y Pati _____.
   a. hayan vuelto a Nueva York
   b. se hayan peleado otra vez
   c. hayan decidido separarse por completo

2. Pedro Castillo se alegra de que _____.
   a. hayan internado (*checked in*) a Roberto en el hospital
   b. hayan encontrado problemas en la oficina de Miami
   c. Pati haya salido para Nueva York

3. Ángela no podrá hablar con su hermano _____.
   a. hasta que le hayan sacado rayos X
   b. hasta que ella haya hablado con su familia en Puerto Rico
   c. hasta que él se haya despertado

4. Al conocer a Ángela, Arturo piensa para sí mismo: «Ojalá que _____.»
   a. hayas perdonado a tu papá
   b. ya te hayas registrado en el hotel
   c. ya hayas conocido a la familia Castillo

 Ahora escucha la cinta para verificar tus respuestas.

Actividad B. El dilema de Carlos

La familia Castillo no sabe lo que Carlos, como administrador de la oficina en Miami, ha hecho o no ha hecho. ¿Qué crees tú? Indica las oraciones que crees que son posibles. No hay respuestas correctas.

1. Es posible que
   a. Carlos haya engañado (*deceived*) a su familia
   b. Carlos sencillamente haya manejado mal los asuntos de la oficina
   c. haya bajado la demanda por los productos de Castillo Saavedra, S.A.

2. No es posible que
   a. Gloria haya hecho algo con el dinero
   b. Ofelia haya engañado a Carlos de alguna forma
   c. todo sea un error de los auditores

3. No es probable que Carlos
   a. haya abierto una cuenta de ahorros (*savings account*) en Suiza
   b. haya hablado con Gloria sobre este problema
   c. haya tratado de hablar con los auditores

4. Es dudoso que
   a. Carlos haya invertido (*invested*) el dinero en otra compañía
   b. Pedro haya comentado el problema con Arturo
   c. Pedro haya pensado en consultar con Raquel para hacer una investigación del caso

Actividad C. ¡No lo creo!

¿Conoces a alguien que nunca está de acuerdo con lo que dices? Completa las reacciones negativas de este estudiante a tus comentarios sobre la universidad.

MODELO: Abrieron la nueva cafetería →
No creo que la hayan abierto todavía.

1. Comenzaron a construir el nuevo estadio (*stadium*).

   Dudo que _____ todavía.

2. Cerraron el laboratorio de lenguas hasta septiembre.

   Es imposible que _____ antes del fin del semestre.

3. Mi amigo sacó una «A» en la clase de química.

   No estoy seguro que tu amigo _____.

4. Los estudiantes de español hicieron un viaje a México el verano pasado.

   No es posible que _____.

5. Perdí mi libro de español.

   No creo que _____. Estará en algún lugar de tu casa.

6. Nos sugiere la universidad que todos los estudiantes compremos una computadora.

   Es dudoso que _____. Algunos no tienen que usarlas.

Actividad D.   ¿Y tú?

Haz oraciones que expresen la verdad (para ti) con las frases siguientes. Incluye detalles en tus oraciones. Empieza las oraciones con **No conozco a nadie que...** o **Conozco a alguien que...**. Sigue el modelo. (Worksheet)

MODELO: ganar un premio importante →
Conozco a alguien que ha ganado un premio importante. Mi tío Ernie ganó un Grammy.

(No conozco a nadie que haya ganado un premio importante.)

1. ganar un premio importante
2. sufrir un accidente terrible
3. abandonar a su familia
4. enamorarse de una persona extranjera
5. reunirse con un pariente después de mucho tiempo
6. irse a vivir a otro país y regresar a los Estados Unidos
7. dejar de fumar después de muchos años
8. divorciarse después de estar casado por mucho tiempo
9. enterarse de un secreto de su pasado
10. revelar un secreto de su pasado

91. *ME DIJERON QUE ESTÁ INTERNADO AQUÍ:* USING THE PAST PARTICIPLE AS AN ADJECTIVE

Ya se ha resuelto lo del accidente de Roberto. Aquí hay noticias sobre otro accidente... un accidente prehistórico.

In **Lección 34** you learned to form the past participle of verbs. You have since used the past participle as part of the present perfect indicative and subjunctive, in which the participle is invariable in form.

Another common use of the past participle is as an adjective.

Forms

When used as an adjective, the past participle has four forms, just like any other adjective that ends in **-o**.

Roberto está **dormido** en este momento. *Roberto is asleep at this moment.*

Ángela estaba **dormida** cuando casi tuvieron un accidente con el camión. *Ángela was asleep when they almost had an accident with the truck.*

Los niños no estaban **dormidos** cuando llegaron Arturo, Raquel y Pedro. *The children weren't asleep when Arturo, Raquel, and Pedro arrived.*

Uses

Note in the previous examples that the past participle is generally used with forms of **estar** to describe people, places, and things.

In addition, the past participle often occurs with forms of **ser** to tell about actions or events. This use (called the true passive) occurs frequently in writing.

Todas las personas atrapadas fueron **rescatadas** por los obreros. *All of the trapped people were rescued by the workers.*

Actividad A. ¡Bebé congelado!

¡Bebé congelado!

¡Qué descubrimiento! Un capitán soviético descubrió un bebé mamut congelado en Siberia, mientras navegaba por las costas de esta región.

Los científicos dicen que el bebé mamut está perfectamente conservado. La criatura prehistórica estuvo congelada unos 12.000 años y a su trompa y cola sólo le faltan unas pequeñas partes. El *bebé* mide 1 metro y está cubierto de una gruesa piel gris.

Se cree que murió al resbalar por el hielo cuando tenía tan sólo tres meses. Cayó a un río y flotó hasta el sitio donde fue encontrado.

Paso 1
Lee otra vez el breve artículo que está al principio de esta sección, sobre un bebé prehistórico. ¡OJO! **cubrir** = *to cover.*

Paso 2
¿Son ciertas (**C**) o falsas (**F**) las siguientes oraciones, según el artículo?

El bebé mamut

C F 1. fue descubierto hace 12.000 años
C F 2. está muy mal conservado
C F 3. fue encontrado en Siberia, por un marinero ruso
C F 4. ha estado congelado por muchos años

Paso 3
Indica en el artículo todos los participios pasados.

Actividad B. ¿Qué pasa?
Completa los siguientes diálogos del **Episodio 35** con la forma apropiada de uno de los siguientes participios. ¡OJO! No se usan como adjetivos en todos los casos.

avergonzado
bienvenido (*welcome*)
dicho
dormido

internado
llevado
preguntado
rescatado

1.   PEDRO: ¡Escuchen! ¡Roberto ha sido _____!

    CARLOS: ¡Gracias a Dios! ¿Te lo han _____ en la universidad?

2.   ARTURO: Busco al Sr. Roberto Castillo Soto. Me dijeron que está

    _____ aquí.

    RECEPCIONISTA: Un momento. Roberto Castillo Soto... Sí, señor. Aquí está.

3.　PEDRO:　_____ a nuestra familia, hijita.

　　ÁNGELA:　Gracias. Tengo muchos deseos de conocerlos a todos.

4.　RAQUEL:　¡Qué susto! Por poco[a] tuvimos un accidente. Y Ángela, quien estaba

　　　　　　_____, se despertó.

5.　RAQUEL:　Cuando me vio, Arturo gritó mi nombre y me dio un beso. Pues, yo

　　　　　　estaba un poco _____ porque allí estaba presente Pedro.

　　　　　　No le he _____ esto a Arturo, pero ¿cómo supo él que

　　　　　　habían[b] _____ a Roberto a ese hospital?

[a]Por... *Almost* [b]*they had* (imperfect of **haber**)

Ahora escucha la cinta para verificar tus respuestas.

Actividad C.　Asociaciones

Da el nombre de

1.　un coche importado muy popular　　　　　　　_____

2.　un plato preparado con tortillas　　　　　　　_____

3.　un monumento muy admirado por los turistas　_____

4.　una tienda que normalmente está cerrada los domingos　_____

5.　una persona divorciada　　　　　　　　　　　_____

6.　una persona admirada por todos　　　　　　　_____

7.　una novela escrita por un escritor de habla española　_____

Actividad D.　La carta

¿Les escribes a tus padres (hijos) con frecuencia? Completa esta carta de una estudiante a sus padres con la forma correcta del participio de los verbos de la lista.

(Querer) _____[1] padres,

Primero, quiero decirles que la estudiante que salió en el periódico (vestir) _____[2] de «punk» no era yo. (¡Fue mi compañera de cuarto, quien usaba mi nombre!)

　　Saqué una «F» en biología, pero hubo un error. Resulta que mi examen final estaba (perder) _____.[3] Pero, ¡qué alegría! Sucede que la nota del examen ya (encontrar) _____[4] es una «B». También Uds. van a estar (encantar) _____[5] cuando oyen que saqué una «A» en mi composición (escribir) _____[6] en español.

　　Mañana voy a un baile (organizar) _____[7] por el Club de Español. Habrá muchas personas (invitar) _____[8] y contrataron a algunos músicos muy (conocer) _____.[9]

　　Bueno, ya casi estoy (dormir) _____[10] y las tareas para mañana todavía no están (hacer) _____.[11] Reciban muchos besos de su (amar) _____[12] hija.

REPASO

Actividad A. Raquel y Luis (Primera parte)

Ya sabes que Luis es el antiguo novio de Raquel. En el episodio previo, Raquel le contó a Ángela lo que pasó entre ellos. Aunque se querían mucho, por fin se separaron cuando Luis consiguió un trabajo en Nueva York. ¿Puedes completar la siguiente versión de su diálogo con la forma apropiada de los verbos en el pretérito? ¡OJO! Algunos verbos se usan más de una vez.

Verbos: decidirse, ir, pasar (*to be over*), pensar, sentirse, tener, volver a + *inf.* (*to do something again*)

ÁNGELA: Entonces, ¿(tú) no _____[1] con Luis a Nueva York?

RAQUEL: (Yo) Lo _____.[2] Pero si me hubiera ido, no habría terminado[a]

mis estudios.

ÁNGELA: Comprendo. (Tú) _____[3] que elegir entre él y tus estudios.

RAQUEL: Algo así. (Yo) _____[4] reunirme con él después, cuando me

graduara. Pero...

ÁNGELA: ¿Pero qué?

RAQUEL: Es que... y Luis también tenía que decidir. Y (él) _____[5] por su

profesión.

ÁNGELA: Ay, Raquel...

RAQUEL: Al principio (yo) _____[6] mal. Bueno, pero eso ya

_____.[7] Todavía tengo buenos recuerdos de Luis.

ÁNGELA: ¿(Uds.) No se _____[8] a ver?

RAQUEL: No.

[a]si... *if I had gone, I wouldn't have finished*

Actividad B. Raquel y Luis (Segunda parte)

Ahora completa la conversación de la Actividad A, colocando (*placing*) las siguientes oraciones de Raquel en el orden apropiado.

Luis quería que yo lo acompañara a Nueva York. Pero nunca se le ocurrió a él quedarse en Los Ángeles y esperarme a mí.

Tú dices que yo tenía que decidir entre mis estudios y él.

En esa época, yo estudiaba derecho.

Al principio nos escribíamos. Luego las cartas fueron cada vez menos frecuentes.

Ahora escucha la cinta para verificar tus respuestas y oír toda la conversación otra vez.

Have you completed the following sections of the lesson? Check them off here.

_____ **Más allá del episodio**   _____ **Repaso**

_____ **Gramática**

Now scan the words in the **Vocabulario** list to be sure that you understand their meaning.

VOCABULARIO

Los verbos
engañar   to deceive
internar   to check into (*a hospital*)

Now that you have completed the Textbook and Workbook for **Lección 35**, take the Self-Test for that lesson. (It is on page 220.) Remember to listen to the tape when you see the cassette symbol and to check your answers.

_____   **Self-Test**

Now that you have worked through the Textbook and the Workbook and taken the Self-Test, here are some of the things you have accomplished in Spanish.

- You can use and understand words that allow you to give suggestions and advice in Spanish.
- You can use the expression **ojalá (que)** to speculate about situations and events.
- You can use the forms of the present perfect subjunctive to talk about what has happened.
- You can use the past participle to describe people, places, and things.
- You have continued to improve your listening skills.

You are now ready to continue on with **Lección 36** in the Textbook.

36 ¿QUÉ ESTARÁN HACIENDO?

OBJETIVOS

Whereas the materials in the Textbook all had to do with the video episode, the materials in the Workbook will help you expand your knowledge of the Spanish language in general, as well as give you opportunities for self-expression in Spanish. In this lesson you will review

- grammar points presented in **Lecciones 27–35 (Resumen de gramática)**
- practice with using the present subjunctive in a variety of contexts **(Gramática 92, 93)**
- past tense and future narration using a number of verb forms **(94, Para escribir)**

Remember to listen to the tape for **Lección 36** when you see the cassette symbol and to check your answers in Appendix 1.

RESUMEN DE GRAMÁTICA: LECCIONES 27–35

The Future Tense

Regular Verb Forms

hablar		comer		escribir	
hablaré	hablaremos	comeré	comeremos	escribiré	escribiremos
hablarás	hablaréis	comerás	comeréis	escribirás	escribiréis
hablará	hablarán	comerá	comerán	escribirá	escribirán

Irregular Verb Forms

decir:	**dir-**	
hacer:	**har-**	-é
poder:	**podr-**	-ás
poner:	**pondr-**	-á
querer:	**querr-**	-emos
saber:	**sabr-**	-éis
salir:	**saldr -**	-án
tener:	**tendr-**	
venir:	**vendr-**	

hay (haber) = **habrá**

decir	
diré	diremos
dirás	diréis
dirá	dirán

Uses

The future tense in Spanish is used like the future tense in English: to say that something *will* happen.

> Mañana **estaré** en mi oficina a las once.   *Tomorrow I'll be in my office at 11:00.*

The future tense in Spanish can also be used to express conjecture and probability.

> ¿Qué **pasará** con los conflictos en el Oriente Medio?   *I wonder what will happen with the conflicts in the Middle East.*

(Gramática 75, 76)

Superlatives

To express most forms of the superlative (*the biggest, smartest, most, least,* and so on), use the following structure.

> el
> la
> los   + noun + **más/menos** + adjective + **de**
> las

> Nueva York es **la** ciudad **más** grande **de** los Estados Unidos.   *New York is the largest city in the United States.*

When the irregular adjectives **mejor** and **peor** are used as superlatives, they tend to precede the noun.

> el
> la
> los   + **mejor/peor** + noun + **de**
> las

> Para mí, North Beach es **el mejor** barrio **de** San Francisco.   *For me, North Beach is the best neighborhood in San Francisco.*

(Gramática 77)

The Subjunctive: Forms

Most Regular and Irregular Verbs

The subjunctive is formed in most verbs by adding the "opposite vowel" to the stem of the present-tense indicative of the **yo** form.

tomar: tomo → tom-		sufrir: sufro → sufr-		poner: pongo → pong-	
tome	tomemos	sufra	suframos	ponga	pongamos
tomes	toméis	sufras	sufráis	pongas	pongáis
tome	tomen	sufra	sufran	ponga	pongan

The following spelling changes occur for verbs that end in -car, -gar, and -zar.

buscar: busque, busques,...
llegar: llegue, llegues,...
empezar: empiece, empieces,...

Stem-Changing Verbs

Stem-changing verbs that end in -ar and -er follow the stem-changing pattern of the present indicative.

pensar (ie)		poder (ue)	
piense	pensemos	pueda	podamos
pienses	penséis	puedas	podáis
piense	piensen	pueda	puedan

(Gramática 79)

The present-tense subjunctive forms of -ir stem-changing verbs are different, signalled by the stem changes in parentheses. The first change occurs in the singular and third-person plural forms, while the second change occurs in the first- and second-person plural forms.

preferir (ie, i)		pedir (i, i)		dormir (ue, u)	
prefiera	prefiramos	pida	pidamos	duerma	durmamos
prefieras	prefiráis	pidas	pidáis	duermas	durmáis
prefiera	prefieran	pida	pidan	duerma	duerman

(Gramática 83)

Irregular Verbs

The following verbs have a present indicative **yo** form that does not end in **-o**. Their subjunctive forms must be memorized.

dar		estar		ir	
dé	demos	esté	estemos	vaya	vayamos
des	deis	estés	estéis	vayas	vayáis
dé	den	esté	estén	vaya	vayan

saber		ser		haber (hay)
sepa	sepamos	sea	seamos	haya
sepas	sepáis	seas	seáis	
sepa	sepan	sea	sean	

(Gramática 81)

The Subjunctive: Uses

Introduction

The subjunctive is used to express subjective or conceptualized actions or states. The subjunctive appears in the second part of the sentence, which is most often joined with the first part of the sentence by **que**.

indicative	+	**que**	+	*subjunctive*
Prefiero		que		**comas** más verduras.
I prefer		*that*		*you eat more vegetables.*

Expressing Desires or Requests

As in the preceding example, the subjunctive may be used to express the need, desire, or preference that something happen.

Es preciso que **llames** al médico inmediatamente.

It's necessary for you to call the doctor immediately.

Quiero que mi jefe me **dé** más días de vacaciones.

I want my boss to give me more vacation days.

(Gramática 78)

Expressing Emotions

The subjunctive is also triggered by expressions of psychological or emotional reaction.

Temo que el examen **sea** muy difícil.

I'm afraid that the exam will be very difficult.

Es terrible que no **haya** más tiempo para estudiar.

It's terrible that there's not more time to study.

(Gramática 80)

Expressing Probable or Future Events

The subjunctive is used with certain time conjunctions to express future events or conditions that may or may not happen.

antes (de) que	before	**hasta que**	until
después (de) que	after	**tan pronto como**	as soon as
en cuanto	as soon as		

Voy a seguir estudiando **hasta que llegue** mi compañero de cuarto.

I'm going to keep on studying until my roommate arrives.

Saldremos **tan pronto como vuelva** tu mamá.

We'll leave as soon as your mom returns.

(Gramática 82)

Expressing Doubt or Uncertainty

Expressions of doubt or uncertainty can also trigger the subjunctive in dependent clauses.

Mis padres **dudan** que yo **pueda** sacar mejores notas este semestre.

My parents doubt that I can get better grades this semester.

¡**Es imposible** que no te **guste** la música moderna!

It's impossible that you don't like modern music!

(Gramática 87)

Types of Dependent Clauses

For more information on clauses, both main and dependent, please see **Gramática 85**.

Noun Clauses

A noun clause functions as a noun in a sentence. Noun clauses are often used as objects, such as the direct object clause in the following example.

La profesora nos pide **que estudiemos más.**	*The professor asks us to study more.* (*What* does the professor ask? —That we study more.)

Adverbial Clauses

Adverbial clauses function as an adverb in the sentence, modifying the verb by telling when the action of the verb will occur.

Te doy la respuesta **en cuanto la sepa.**	*I'll give you the answer as soon as I find out what it is.* (*When* will I give you the answer? —As soon as I find out what it is.)

Adjective Clauses (Nonexistent or Indefinite Antecedents)

Adjective clauses function as adjectives, describing someone or something. When the adjective clause describes someone, something, or some place that does not exist in the speaker's experience or whose existence is indefinite or uncertain, the subjunctive is used.

Nonexistent:

No hay nadie que **pueda** tocar la guitarra como ella.	*There's no one who can play the guitar like she can.*

Indefinite:

Buscamos un hotel que **sea** decente y barato.	*We're looking for a hotel that's decent and inexpensive.*

(Gramática 85)

Direct Commands

Commands are used to tell someone to do something.

Formal Commands

Formal commands are used with people whom you address as **Ud.** or **Uds.** They are formed by using the **Ud.** and **Uds.** forms of the present subjunctive, including the irregular ones.

Busque la información en el periódico.	*Look for the information in the newspaper.*
No me **den** los informes en este momento.	*Don't give me the reports right now.*

(Gramática 84)

Informal Commands

Informal commands are used with people whom you address as **tú**.

- Affirmative **tú** commands are identical to the third-person present indicative forms.

  Dame tu número de teléfono, por favor.   *Give me your phone number, please.*
  Sigue buscándolo.   *Continue looking for it.*

Here are some irregular affirmative **tú** command forms.

decir:	**di**	salir:	**sal**
hacer:	**haz**	ser:	**sé**
ir:	**ve***	tener:	**ten**
poner:	**pon**	venir:	**ven**

*The affirmative **tú** command forms for **ver** and **ir** are identical: **ve**.
Context will determine meaning.

  ¡**Ve** a tu cuarto inmediatamente!   *Go to your room immediately!*
  Ve esa película. ¡Es magnífica!   *See that movie. It's magnificent!*

- Negative **tú** commands are identical to the corresponding present subjunctive forms.

  No te vayas sin decirme adiós.   *Don't leave without saying good-bye.*
  Por favor, **no me hagas** tantos favores.   *Please, don't do me so many favors.*

(**Gramática 86**)

The Present Perfect

The present perfect indicative in Spanish corresponds roughly to the present perfect in English: saying what someone *has* or *has not* done. As in English, the Spanish present perfect is a compound tense, formed by using a form of the auxiliary verb **haber** and a past participle.

buscar	
he buscado	**hemos** buscado
has buscado	**habéis** buscado
ha buscado	**han** buscado

  ¿**Has ido** ya al nuevo Museo de Arte Moderno?   *Have you gone to the new Museum of Modern Art yet?*

- The past participle is formed in most verbs by adding **-ado** to the stem of **-ar** verbs and **-ido** to the stem of **-er** and **-ir** verbs.

llevar	**llevado**
comer	**comido**
salir	**salido**

- Some verbs have irregular past participles.

abrir	**abierto**	morir	**muerto**
decir	**dicho**	poner	**puesto**
descubrir	**descubierto**	resolver	**resuelto**
escribir	**escrito**	ver	**visto**
hacer	**hecho**	volver	**vuelto**

(**Gramática 88**)

The Present Perfect Subjunctive

The present perfect subjunctive in Spanish uses a subjunctive form of **haber** and a past participle and is used whenever the subjunctive is required by context.

escribir	
haya escrito	**hayamos** escrito
hayas escrito	**hayáis** escrito
haya escrito	**haya** escrito

¡Qué bueno que **hayas terminado** tu proyecto!   *How great that you've finished your project!*

No creo que me **hayas dicho** toda la verdad.   *I don't believe you've told me the whole truth.*

(Gramática 90)

Relative Pronouns

Relative pronouns link two clauses in a sentence.

- **que** = *that, which, who* (used when the antecedent of the relative pronoun is a person, place, or thing)

    Ella es la mujer **que** me ayudó mucho.   *She's the woman who helped me a lot.*

- **quien(es)** = *who, whom* (used after a preposition when referring only to people)

    Ése es el hombre con **quien** hablaba la semana pasada.   *That's the man I was speaking with last week.*

- **lo que** = *what, that which*

    Lo que tú necesitas son más días de descanso.   *What you need are more days of rest.*

(Gramática 89)

Using the Past Participle As an Adjective

The past participle may be used as an adjective when describing people, places, and things. When used as an adjective, the past participle has four forms, just like any other adjective that ends in **-o**. This type of construction is normally used with **estar**.

Cuando llegué a la oficina, la puerta ya estaba **abierta**.   *When I got to th*

Quiero que vas el asunto con oj **abiertos**.

Past participles may also be used with **ser**

Las tortillas que serví anoche fuer **hechas** por mi mamá.

(Gramática 91)

4

GRAMÁTICA

---

92. MORE PRACTICE WITH FORMS OF THE PRESENT SUBJUNCTIVE

Actividad.

Complete the following sentences with the correct subjunctive form of the verb in parentheses.

1. Mi amigo no quiere que el médico le (poner) _____ una inyección.

2. Es importante que ese chico (bañarse) _____ antes de que (sentarse) _____ a la mesa a comer.

3. La profesora sugiere que (nosotros: ir) _____ al laboratorio antes de que nos (ella: dar) _____ el examen.

4. Me alegro de que (ellos: haber) _____ abierto una nueva zapatería en la plaza porque prefiero que mi familia (hacer) _____ sus compras allí.

5. La médico va a examinarte la pierna en cuanto la enfermera (sacar) _____ los rayos X.

6. En cuanto (tú: tener) _____ problemas con el lavaplatos, debes buscar un plomero que (saber) _____ arreglarlo.

7. Es terrible que no (tú: tener) _____ tiempo de olvidarte un poco del trabajo.

8. Cuando viajo no me gusta que mi hotel (estar) _____ en las afueras. Es probable que los teatros y otros lugares interesantes (encontrarse) _____ en el centro de la ciudad.

9. Mañana nos reuniremos tan pronto como (nosotros: oír) _____ lo que nos (decir) _____ los arquitectos.

10. No es posible que los actores (recibir) _____ más dinero que los profesores. Dudo que su contribución (ser) _____ tan importante.

11. Es una lástima que ellos se (haber) _____ divorciado. No creo que (volver) _____ a casarse muy pronto.

12. Sus amigos siempre insisten en que (ella: almorzar) _____ con ellos en la cafetería aunque ella prefiere que todos (comer) _____ en un restaurante.

13. Es extraño que tu compañero no (querer) _____ que tú (ponerse) _____ la ropa de él.

14. Os aconsejo que (pasar) _____ vuestra luna de miel en algún lugar donde no os (molestar) _____ nadie.

93. MORE PRACTICE WITH USES OF THE SUBJUNCTIVE (PART 6)

Actividad.

Paso 1
Complete the following narration with the correct subjunctive form of the verbs in parentheses.

Todos los recién casados quieren que su matrimonio (ser) _____[1] una luna de miel perpetua. Pero nadie cree que en la realidad todo (salir) _____[2] así. Todos sabemos que es imposible que dos personas casadas no (tener) _____[3] problemas de vez en cuando.

Para resolver los problemas, es necesario que los dos (poner) _____[4] mucho esfuerzo[a] en la comunicación y que (tratar) _____[5] de explicar sus sentimientos antes de que un problema pequeño (hacerse) _____[6] muy grande. No deben permitir que una discusión menor (llegar) _____[7] a ser seria porque hay la posibilidad de causar problemas que no (tener) _____[8] solución. Siempre es triste que un matrimonio (divorciarse) _____[9] sin mucha razón. Los consejeros profesionales dicen que es bueno que los casados (aprender) _____[10] a pelear justamente[b] que un matrimonio (saber) _____[11] tener una discusión satisfactoria. Y en cuanto las dos personas (haber) _____[12] tenido la oportunidad de expresar sus opiniones los problemas pierden algo de su importancia. La pareja que (haber) _____[13] dado este paso ciertamente se alegrará cuando su matrimonio (tener) _____[14] éxito.

[a]*effort* [b]*fairly*

Paso 2
Can you identify the uses of the subjunctive you have learned? Place the letter of the description that corresponds to each item in **Paso 1**.

a. to refer to future events, when preceded by particular conjunctions
b. to express doubt or denial
c. to refer to antecedents that do not exist or whose existence is uncertain
d. to express psychological and emotional reactions
e. to express events that are necessary, preferred . . .

1. ____   6. ____   11. ____
2. ____   7. ____   12. ____
3. ____   8. ____   13. ____
4. ____   9. ____   14. ____
5. ____   10. ____

94. MORE PRACTICE WITH ADDITIONAL VERB FORMS AND STRUCTURES

Actividad A.   ¿Qué pasará?
Ya se sabe que Roberto pronto va a estar bien, y Raquel y Arturo se han reunido por fin. Pero todavía hay muchas situaciones por resolver en *Destinos*. ¿Qué esperan algunos de

los personajes? ¿Qué temen? Inventa por lo menos una oración para cada uno de los siguientes personajes. (Worksheet)

Raquel			espera (que)	
Arturo			teme (que)	
Carlos	(no)		quiere (que)	(no)
don Fernando			duda que	
Juan				
Mercedes				
Ángela				
María (la madre de Raquel)				

Frases útiles: reunirse Luis con Raquel; aceptar don Fernando los resultados de la investigación; conocer pronto a sus nietos / a su abuelo; reponerse don Fernando; aceptar casarse con él Raquel; saber los hermanos lo que ha pasado en la oficina de Miami; quedarse Pati en Nueva York; pasar tiempo con Arturo/Roberto/Luis; regresar a Los Ángeles; vender el apartamento en San Juan

Actividad B.   Juan y Pati: Dos conversaciones

Paso 1

Completa el siguiente diálogo entre los esposos con la forma apropiada de los infinitivos entre paréntesis.

PATI: Mira, Juan, aunque no lo entiendas, yo voy a ir a Nueva York. Voy a resolver este problema. Y en cuanto lo (hacer) _____[1] regreso a México.

JUAN: ¿Y si papá (morir) _____[2] mientras tú estás allá?

PATI: (Mirar: tú)_____,[3] Juan, yo no soy responsable de esto. Yo no tengo la culpa de la enfermedad de nadie ni de su curación. Yo no quiero que tu papá (morirse) _____,[4] pero tampoco puedo hacer nada para curarlo. Mira, yo sí voy a Nueva York. Voy a resolver mi problema. Y en cuanto lo (hacer: yo) _____,[5] regreso a México. Pero si tú no (querer) _____[6] tener una mujer profesionista en tu vida, eso es otro asunto.

Ahora escucha la cinta para verificar tus respuestas.

Paso 2

Ahora completa la siguiente conversación entre Pati y Mercedes que también se enfoca en los problemas de Juan y su esposa.

PATI: Juan no entiende... Yo tengo que ir a Nueva York.

MERCEDES: Bueno, Juan siempre (ser) _____[1] un poco...

PATI: Egocéntrico.

MERCEDES: Pues, para decirlo francamente, sí.

PATI: Por fin, alguien (comprender) _____.[2]

MERCEDES: Mira, Pati. Yo creo que tú (tener) _____[3] toda la razón en querer regresar a Nueva York si tu trabajo lo requiere.

PATI: ¿Y Juan?

MERCEDES: Ya (reponerse: él) _____.⁴ La enfermedad

de papá lo (estar) _____⁵ afectando

mucho, claro. Pero hay que ser optimista.

Ahora escucha la cinta para verificar tus respuestas.

Actividad C.   Hablando de novios...

Completa la siguiente conversación entre Ángela y Raquel con las frases apropiadas.

1. yo no tengo derecho a meterme
   debes permitir que me meta
2. es mala idea
   me haga bien
3. cómo lo conociste
   cómo lo conocías
4. Nos conocíamos
   Nos conocimos
5. era muy simpático
   no me cayó bien
6. salí con él
   salía con él
7. no te gustó mucho
   fue muy rápido
8. han hablado de casarse
   hablarán de casarse
9. Cuando nos casamos
   Cuando nos casemos
10. lo quiero tanto
    me quiere tanto

ÁNGELA: Raquel... te debo pedir disculpas. Actué muy mal contigo, allá en Puerto

Rico, la última vez que hablamos de Jorge.

RAQUEL: Ángela, la verdad es que _____¹ en tus asuntos. Si lo prefieres,

no hablamos más de Jorge.

ÁNGELA: No, al contrario, tú eres una buena amiga. Tal vez _____²

hablar de él contigo... si no te aburres.

RAQUEL: Tenemos un largo camino por delante. ¿Por qué no me cuentas

_____³?

ÁNGELA: Jorge era amigo de un amigo de mi hermano.

RAQUEL: ¿Sí?

ÁNGELA: _____⁴ en una fiesta que dieron unos amigos de la universidad.

Me parecía que _____.⁵ Y esa misma semana

_____.⁶ Fuimos al teatro. Y luego seguimos viéndonos. Pronto

nos hicimos novios.

RAQUEL: Parece que _____.⁷

ÁNGELA: Sí, en cierto sentido, sí. Pero ahora no podría imaginar mi vida sin Jorge.

RAQUEL: ¿Ya _____⁸?

ÁNGELA: Bueno, cuando le enseñé la copa de bodas de la abuela Rosario, ¿sabes lo

que me dijo? Me dijo: «_____,⁹ vamos a brindar con esta copa.»

RAQUEL: ¡Qué romántico!

ÁNGELA: Sí, así es Jorge. Por eso _____.¹⁰ Es una persona muy

romántica.

Ahora escucha la cinta para verificar tus respuestas.

5

UN POCO DE TODO

Actividad A. Opiniones y experiencias

Paso 1

Indica si son ciertas (**C**) o falsas (**F**) para ti las siguientes oraciones.

C F 1. Me he enamorado a primera vista.
C F 2. Creo que es imposible que haya una amistad platónica entre un hombre y una mujer.
C F 3. He participado en una boda muy grande.
C F 4. Le he tomado cariño a una persona que después se portó muy mal conmigo.
C F 5. Nunca siento celos de nada ni de nadie.
C F 6. Creo que debe ser más difícil casarse que divorciarse.
C F 7. Cuando uno está enamorado, también está ciego... especialmente al principio.
C F 8. Creo que un hombre y una mujer que viven juntos deben casarse.
C F 9. Algún día tendré (mis hijos tendrán) una gran boda muy elegante.
C F 10. Nunca me casaré (divorciaré).

Paso 2

Ahora explica tu respuesta a dos de las oraciones anteriores. (Worksheet)

Actividad B. «S.U.» («Sala de urgencia» ["*Emergency Room*"])

Completa el siguiente diálogo con la forma correcta de los verbos entre paréntesis. ¡OJO! Usarás todas las formas verbales que has estudiado en las Lecciones 27–35, incluyendo el subjuntivo, los tiempos perfectos, el futuro y los mandatos formales e informales.

ENFERMERO 1: ¡Doctor! ¡Doctor! ¡(Ud.: Venir) _____[1] pronto!

DOCTOR: ¿Qué (haber/pasar) _____[2]? (Tú: Traer) _____[3] al paciente por aquí.

ENFERMERO 1: Este señor (haber/tener) _____[4] un accidente en su coche. Es necesario que usted lo (examinar) _____[5] pronto. No creo que (poder) _____[6] respirar.

DOCTOR: (Tú: Darle) _____[7] oxígeno y (llevarlo) _____[8] a la sala de rayos X.

ENFERMERA 2: ¡Doctor! Es probable que esta mujer (tener) _____[9] una fractura.

DOCTOR: Prefiero que le (ellos: sacar) _____[10] los rayos X primero. La (yo: examinar) _____[11] en cuanto (yo: recibir) _____[12] los resultados.

ENFERMERA 3: ¡Doctor! ¡Doctor! Necesito que (Ud.: ver) _____[13] a este hombre. Insiste en que Ud. lo (ayudar) _____[14] inmediatamente.

DOCTOR: (*Al paciente*): Ay, ¿otra vez, Sr. De Tal? ¿Qué lo (haber/traer) _____[15] hoy? (*A la enfermera*) Bueno, dudo que (tener)

_____[16] algo serio. (Tú: Ponerlo) _____[17] en la sala D. No (él: querer) _____[18] quedarse más de una hora. (Volver) _____[19] a la calle pronto. Este hombre nos (haber/ visitar) _____[20] muchas veces.

ENFERMERO 4: ¡Doctor! ¡Doctor! Es posible que este hombre (sufrir) _____[21] de una infección. ¡Es urgente que le (Ud.: poner) _____[22] una inyección.

DOCTOR: No, hombre. (Tú: Llamar) _____[23] a otro médico. (Yo: Haber/llegar) _____[24] al fin de mi turno.[a] Los (yo: ver) _____[25] a todos mañana. Espero que (ser) _____[26] un día menos ocupado que el día de hoy. ¡Buenas noches!

[a]fin... _end of my shift_

Actividad C.   La familia Castillo

A lo largo de (_Throughout_) la telenovela _Destinos_, has visto a los miembros de la familia Castillo en una serie de situaciones diarias y también—en algunos casos—en circunstancias extraordinarias. De momento, ¿cuáles son para ti los acontecimientos y relaciones que los definen mejor? Escoge por lo menos a seis miembros de la familia Castillo y escribe dos o más oraciones sobre cada uno. (Worksheet)

Como modelo, aquí hay unas oraciones sobre Raquel. Trata de usar las partes indicadas de las oraciones modelo al escribir tus oraciones.

MODELOS: Raquel _es la persona a quien_ Pedro llamó para hacer la investigación.

Raquel _es una persona que_ ha viajado por varios países del mundo hispánico en busca de los parientes de don Fernando.

Raquel _es una persona a quien le gusta_ mucho su trabajo.

Lo que más le preocupó a Raquel en los últimos episodios fue el accidente de Roberto en la excavación.

Una reunión con un antiguo novio _es lo que_ espera a Raquel en los próximos episodios.

Actividad D.   ¿Y tú?

Contesta las preguntas de por lo menos dos de los siguientes grupos. Da todos los detalles que puedas al contestarlas y agrega (_add_) otros detalles si quieres. (Worksheet)

1. Piensa en un accidente, una enfermedad grave u otra crisis que haya ocurrido en tu familia o en la familia de un amigo (una amiga). ¿Qué pasó? ¿Cómo se sentían todos cuando se enteraron de lo ocurrido? ¿Qué hicieron para resolver la situación? ¿Cómo salió todo (_How did everything turn out_) por fin?
2. Piensa en algunas relaciones especiales que hayas tenido con alguien: una amistad única, un noviazgo, tu matrimonio. Describe las etapas por las cuales (_through which_) pasaron en sus relaciones. Debes comentar tanto lo bueno como lo malo.
3. Piensa en los consejos que te han dado varias personas (tus padres, tus amigos, tus consejeros en asuntos académicos) sobre tus metas (_goals_) profesionales. ¿Qué te han dicho que hagas o estudies? ¿Estás de acuerdo con sus recomendaciones?
4. Piensa en un gran secreto que hayas guardado en tu vida. ¿Cuál fue? ¿Por qué tuviste que guardar el secreto? ¿A quién se lo revelaste por fin? ¿Qué pasó cuando todos lo supieron?

PARA ESCRIBIR

In this activity, you will practice narrating events in the past, forming a cohesive account of what has happened in *Destinos* since Raquel and Ángela arrived in Mexico. You will be writing for a classmate who has missed some of the video episodes and needs to catch up on the plot before watching **Episodio 37**. Your composition should be no less than 300 words and no more than 500 words long.

Thinking About What You Will Write

In order to write this composition, the first thing you must do is think about what information you will include. A good place to begin is with your Textbook and Workbook.

Look back at **¿Tienes buena memoria?** and at **Actividad A** in **Repaso de los Episodios 27–35** of **Lección 36** and listen to the taped materials again. They will help you remember the main events of those video episodes. What events will you focus on in your composition? Make a list of them (don't be concerned about chronology for the moment), then decide which you will include in your composition.

If you want more information, you may wish to look back at the **¿Tienes buena memoria?** sections of each lesson in **Episodios 27–35**. There you will find much more detail, perhaps more detail than you really need to write your composition. Add some details to the list of main events you are creating. If you eventually delete or add events and information later on, that is fine. For the moment, you are just trying to create a bank of ideas from which to draw.

Organizing Your Composition

In order to write this composition, you must decide if you will address your classmate directly in the composition. If so, think about whether you will use **tú** or **Ud.** to address him or her.

The next thing you need to do is to spend some time thinking about the organization (order) of the events you have selected. If you included events about different characters, which events will you present first? Will you go back and forth from character to character, or focus exclusively on one character, then go on to another? Which approach makes the most sense to you at the moment? Write a brief outline of that appproach.

Finally, since this composition involves narrating in the past, look over the **Gramática** sections in **Lecciones 18** and **25** of your Workbook. There you will find a review of the forms of the preterite and imperfect, as well as of their major uses.

Drafting

Paso 1

Now draft your composition. At this stage, you should not worry about grammar and spelling. Your goal is to get your ideas down on paper.

If you wish, you may select one of the following as the opening sentence in your composition. Doing so may help you get started.

Cuando Raquel y Ángela estaban para salir para México, llegó el tío Jaime con la mala noticia del accidente.

Lo del accidente de Roberto en la excavación fue una experiencia difícil para las dos mujeres. Raquel y Ángela reaccionaron de maneras muy diferentes. Raquel...

Paso 2

After you have completed your draft, look over what you have done. Have you kept to the goal of the composition, which was to narrate the main events of what happened to Raquel and Ángela since arriving in Mexico? Have you presented the sequence of events coherently, regardless of the overall approach you took in the composition? Are you still satisfied with the information you selected? Do you want to add some things and delete others, or go into more detail about certain events? Have you included a few interesting details about some characters or events? (Keep in mind that you are writing for someone who knows something about the events but not everything.) If you decided to do so, did you address your classmate in the composition? How?

Finalizing Your Composition

If you are satisfied with the information contained in your draft, it is time to look it over for style and language.

Paso 1

First, look at your composition for style. Have you been consistent in the way you have addressed your classmate throughout (if you decided to address him or her directly)? Does the composition flow, or is it disjointed and choppy? Does it contain words and phrases that connect events, or is it mostly an accumulation of sentences?

Paso 2

Now review the use of past tenses in your composition. In **Episodios 27–35**, you have been reviewing the uses of the preterite and the imperfect, and Raquel has been using those tenses in her end-of-show reviews. In your composition, check to see that

_____   events that were in progress when something else happened are in the imperfect. These include feelings and background events (such as the weather, who was present, what time it was) in addition to actions.

_____   events that are contained within a definite period of time, no matter how long, are in the preterite. For example, if you indicated that Raquel and Ángela were at the excavation site for several days, you would write *estuvieron* **en el sitio de la excavación por unos días**, because you have limited the time they spent there by specifying *several days*.

Paso 3

Review your composition for the following language elements as well.

_____   adjective agreement
_____   agreement of subjects and verbs
_____   use of object pronouns

Paso 4

Prepare a clean copy of the final version of your composition for your instructor.

Have you completed the following sections of the lesson? Check them off here.

_____   **Gramática**   _____   **Para escribir**

_____   **Un poco de todo**

There is no Self-Test for this lesson of the Textbook and Workbook. In preparation for a unit test or just as a general review, take a moment to scan back over the Self-Tests in **Lecciones 27–35** and the activities in the previous lesson. Then you will be ready to continue on with **Lección 37** in the Textbook.

LECCIÓN 37 : LLEVANDO CUENTAS

OBJETIVOS

Whereas the materials in the Textbook all had to do with the video episode, the materials in the Workbook will help you expand your knowledge of the Spanish language in general, as well as give you opportunities for self-expression in Spanish. In this lesson you will learn

- how to form the past subjunctive **(Gramática 95)**
- how to begin to use those forms to talk about the past **(95)**

In the **¡A leer!** section you will work with an authentic reading and on reading skills.
   Remember to listen to the tape for **Lección 37** when you see the cassette symbol and to check your answers in Appendix 1.

GRAMÁTICA

95. *PEDRO QUERÍA QUE YO LE DIERA UNOS PAPELES:* THE PAST SUBJUNCTIVE (FORMS)

> La familia quería que Arturo **hablara** de Rosario. Luego todos le decían a Arturo que **regresara** a México. Querían que **conociera** más el país.

As you know, Spanish has two simple indicative past tenses, the preterite and the imperfect. However, it has only one simple subjunctive past tense, **el imperfecto del subjuntivo** (the past subjunctive).

Forms
The past subjunctive endings **-a, -as, -a, -amos, -ais,** and **-an** are identical for **-ar, -er,** and **-ir** verbs.* These endings are added to the third-person plural of the preterite indicative, minus its **-on** ending. For this reason, the forms of the past subjunctive reflect the irregularities of the preterite.

---

*An alternate form of the past subjunctive (used primarily in Spain) ends in **-se: hablase, hablases, hablase, hablásemos, hablaseis, hablasen.** These forms will not be practiced in *Destinos.*

Here are the past subjunctive forms of some verbs that demonstrate both regular and irregular stems in the third-person plural of the preterite. Note the accent mark on the **nosotros** forms.

sacar: sacaron → sacar-		abrir: abrieron → abrier-	
sacara	sacáramos	abriera	abriéramos
sacaras	sacarais	abrieras	abrierais
sacara	sacaran	abriera	abrieran

leer: leyeron → leyer-		decir: dijeron → dijer-	
leyera	leyéramos	dijera	dijéramos
leyeras	leyerais	dijeras	dijerais
leyera	leyeran	dijera	dijeran

Guidelines for Forming the Past Subjunctive

Because the past subjunctive is based on the third-person plural preterite form, it should be easy for you to predict spelling changes and irregularities in the past subjunctive. The following questions will help you think this question through.

- Is there a stem change in the third-person plural preterite of -**ar** and -**er** stem-changing verbs?

  Answer: No.

  > **empezar (ie):** empezaron → **empezara, empezaras,** etc.
  > **volver (ue):** volvieron → **volviera, volvieras,** etc.

- Is there a stem change in the third-person plural preterite of -**ir** stem-changing verbs?

  Answer: Yes.

  > **dormir (ue, u):** durmieron → **durmiera, durmieras,** etc.
  > **sentir (ie, i):** sintieron → **sintiera, sintieras,** etc.
  > **pedir (i, i):** pidieron → **pidiera, pidieras,** etc.

- Is there an **i** to **y** change in verbs such as **caer, leer,** and so on?

  Answer: Yes.

  > **creer:** creyeron → **creyera, creyeras,** etc.

- The following verbs have irregular stems in the preterite. Can you supply the missing forms?

  > **dar:** dieron → **diera, dieras...**
  >
  > **decir:** dijeron → **dijera, dijeras...**
  >
  > **estar:** _____ → _____, _____...
  >
  > **hacer:** hicieron → **hiciera, hicieras...**
  >
  > **ir:** _____ → _____, _____...
  >
  > **poder:** _____ → _____, _____...
  >
  > **poner:** pusieron → **pusiera, pusieras...**
  >
  > **querer:** quisieron → **quisiera, quisieras...**

saber: _____ → _____, _____...

ser: fueron → **fuera, fueras**...

tener: _____ → _____, _____...

venir: _____ → _____, _____...

- How is the past subjunctive of **hay** formed?

  Answer: The past subjunctive of **hay**, derived from **hubo**, is **hubiera**.

Uses

Arturo quería que Raquel lo **esperara** un minuto. Era probable que le **quisiera** dar algo.	*Arturo wanted Raquel to wait for him for a minute. It was likely that he wanted to give her something.*
Justo antes de que Arturo **regresara**, Raquel recibió un mensaje.	*Just before Arturo got back, Raquel got a message.*

Generally speaking, the past subjunctive is required in the same situations as the present subjunctive, but is used when referring to *past* events. The exact English equivalent depends on the context in which it is used.

In this section, you will practice mainly the forms of the past subjunctive. You will learn more about its uses in later lessons.

Actividad A. Al principio

¿Te acuerdas de los primeros episodios de *Destinos*? ¿Qué quería cada persona de la primera lista que otra persona hiciera? Completa las oraciones con frases de la segunda lista.

1. _____ Pedro llamó a Raquel a Los Ángeles porque quería que ella
2. _____ Cuando Miguel Ruiz habló con su madre, Teresa Suárez, ella insistió en que Raquel
3. _____ Alfredo, el reportero, quería que Raquel
4. _____ Teresa Suárez mandó a su hijo Federico al hotel donde se alojaba Raquel en Madrid porque quería que la abogada
5. _____ Al despedirse de Raquel, Teresa Suárez le dijo que

a. le dedicara más tiempo al corazón
b. la ayudara a buscar a la maestra de Sevilla
c. le diera información sobre el caso de don Fernando
d. le llevara unas fotos a Rosario
e. fuera a Madrid para verla allí
f. hiciera una investigación
g. cenara con ellos esa noche
h. se reuniera con ella en un bar

Actividad B. La llamada de Pedro

Paso 1

Imagina la conversación entre Raquel y Pedro cuando éste le explicó a la abogada lo que quería que hiciera. ¿Es probable (**P**) o improbable (**I**) que Pedro le dijera a Raquel lo siguiente?

Pedro le dijo a Raquel

P I 1. que no se preocupara por el dinero, porque no le importaban los gastos
P I 2. que hiciera la investigación de una manera discreta
P I 3. que no tratara de ponerse en contacto con Teresa Suárez en seguida
P I 4. que lo llamara con frecuencia para darle información sobre la investigación
P I 5. que no se diera prisa (*to be in a rush*) en concluir la investigación

P   I   6. que disfrutara de (*she enjoy*) su estancia en España, visitando lugares turísticos cuando pudiera

P   I   7. que sacara fotos de personas y lugares que pudieran interesarle a don Fernando

P   I   8. que no buscara papeles que apoyaran (*would prove*) los resultados de su investigación

P   I   9. que fuera luego a otro país si era necesario

P   I   10. que por ningún motivo fuera a Sudamérica

 Ahora escucha la cinta para verificar tus respuestas.

Paso 2

Ahora, toma las oraciones que son probables y para cada consejo de Pedro, escribe una oración que describa una cosa que hizo Raquel que tiene que ver con el consejo de Pedro. (Worksheet)

Actividad C.   Quejas (*Complaints*) y más quejas

¿Conoces a alguien que se queje de todo? Completa estas quejas de un nuevo estudiante sobre los directores de su residencia (*dormitory*). En el primer espacio en blanco, escribe el pretérito del verbo entre paréntesis. En el segundo espacio en blanco, escribe el imperfecto de subjuntivo.

MODELO: No me _____ con el equipaje. Era importante que me _____. (ayudar) →

No me ___ayudaron___ con el equipaje. Era importante que me ___ayudaran___ .

1. No me _____ ninguna información. No podía creer que no me _____ nada. (mandar)

2. _____ de darme una llave (*key*) a mi habitación. Era increíble que _____ de eso. (olvidarse)

3. No me _____ una buena habitación. Insistí en que me _____ una habitación más grande y cómoda. (dar)

4. No me _____ la primera mañana. Yo les dije que me _____ a las ocho. (despertar)

5. No me _____ cuál era el mejor profesor de español. Quería que me _____ el nombre del mejor profesor. (decir)

6. No _____ comida vegetariana en la cafetería. Les pedí que _____ platos sin carne en la cafetería. (servir)

7. Me _____ sobre los gastos mensuales (*monthly*). No creía que me _____ sobre los gastos. (engañar)

8. No me _____ las reglas de la residencia. Tuve que pedir que me las _____ . (explicar)

Actividad D.   ¿Y tú?

Paso 1

A continuación hay una descripción de las cosas que María, la madre de Raquel, deseaba que hiciera, o no hiciera, su hija. Primero, completa la descripción con la forma correcta del verbo entre paréntesis. Luego indica si tus padres también querían lo mismo para ti. Usa las frases de abajo para dar tu respuesta.

1. _____ María siempre quería que Raquel (ir) _____ a la universidad y que (seguir) _____ una buena carrera.

2. _____ María no quería que Raquel (tener) _____ animales en casa.

3. _____ No quería que Raquel (casarse) _____ hasta que ya (tener) _____ una profesión.

4. _____ Quería que Raquel (quedarse) _____ en Los Ángeles a estudiar. Es decir, no quería que (irse) _____ lejos de sus padres.

5. _____ María siempre insistía en que Raquel (ahorrar) _____ dinero y que no lo (gastar) _____ en «tonterías» (*foolish things*).

a. Ninguno de los dos lo quería.
b. Lo quería mi madre; mi padre, no.
c. Lo quería mi padre; mi madre, no.
d. Lo quería mi padre/madre.
e. Ambos lo querían.

Paso 2

Ahora escribe cinco oraciones sobre otras cosas que tus padres querían—o no querían—que hicieras cuando eras niño/a o joven. Usa las siguientes sugerencias si quieres. (Worksheet)

(no) sacar buenas notas
jugar con ciertas personas
escribirles cartas a los abuelos
regresar a casa inmediatamente después de las clases
no ver mucho la televisión
leer mucho
ayudar con los quehaceres (*chores*) todos los días
hacer la tarea antes de jugar

Actividad E.   ¿Y tú?

Seguro que, a lo largo de *Destinos*, había algo que querías que uno de los personajes hiciera... y no lo hizo. Escribe por lo menos dos oraciones sobre este tema. (Worksheet)

MODELO: Yo quería que Arturo acompañara a Raquel a Puerto Rico. No entiendo por qué tenía que esperar.

· ·

6

¡A LEER!

ANTES DE LEER

Actividad A.

Look at the title of the reading in this section. Based on the information in it, what is the article most likely about?

a. _____ how children are better at math than adults
b. _____ how boys are better at math than girls
c. _____ how children's math skills are improving

Verify your answer by reading the first sentence of the article. Were you right?

Actividad B.
Now that you have a general idea of what this reading is about, indicate the specific kinds of information you think it will contain.

a. _____ información sobre los resultados de un estudio o una investigación
b. _____ ideas para ayudar a los chicos con sus estudios
c. _____ ideas para ayudar a los adultos con las matemáticas
d. _____ una explicación de la situación presentada en el título del artículo

Actividad C.
Before you begin to read, look at the following list of words. Knowing them ahead of time will help you understand the reading more fully.

dotados	gifted
ambiental	environmental
sometido	submitted
zurdo	left-handed

You should be able to guess the meaning of many unfamiliar words in the reading, either from the context or based on your knowledge of Spanish. For example, you may not know the meaning of the word **juguetes**, but you do know the meaning of **jugar**. Keep that in mind as you read.

LECTURA

Actividad A.
Scan through the article quickly. Can you verify your answers in **Actividad B** of **Antes de leer**?

Los niños son mejores en matemáticas

Aunque nadie tenga razones muy claras para explicarlo, los niños están más dotados para las matemáticas que las niñas. Un estudio realizado sobre más de 100.000 niños americanos durante quince años lo ha ratificado. Por supuesto, en lo primero que se pensó fue en la posibilidad de que hubiera alguna razón ambiental determinada. No había ni mayores ni mejores estímulos en el caso de los niños. Y, desde luego, se eliminó la posibilidad de que niños y niñas tuvieran en su infancia diferencia en aficiones e incluso en juguetes. La misma prueba se aplicó a estudiantes alemanes y chinos. Y todos señalaban que los varones estaban mejor dotados para las matemáticas. Según la profesora **Benbow**, de Iowa, la razón puede estar en la testosterona. Y afirma que si antes de nacer un niño está sometido a altos niveles de testosterona es más fácil que, además de dotado para las matemáticas, sea zurdo y alérgico. También demostró que entre los número uno en matemáticas, el porcentaje de zurdos o de alérgicos era mucho mayor. La razón última parece estribar en que la testosterona influye en el hemisferio derecho del cerebro, que, además de desarrollar y controlar las funciones del lado izquierdo del cuerpo, es donde reside la capacidad lógica.

Tiempo, 21 de julio de 1986

Actividad B.
Locate the following words in the reading and see whether you can guess their meaning based on how they are used in context.

1. ratificado
2. alérgicos
3. estribar

Actividad C.
Now read the article at your own pace. Here are the main topics covered in the reading. As you read, write a few sentences or key words that will help you recall the main ideas of each section. Try to use your own words, not only the words you find in the reading.

El estudio: *la chicos de matematicas*

La explicación ambiental:

La razón, según la profesora Benbow:

ESTRATEGIA

Transition words and phrases tell you something about the relationship between two pieces of information. Often they are used to mark the transition from one paragraph to the next. Sometimes they facilitate the transition from one sentence to another, alerting the reader to what is coming next.

In this article, the words **aunque**, **por supuesto**, **y**, **según**, and **también** all fulfill the function of relating two pieces of information. Can you match each transition word or phrase with its function?

1. _____ aunque
2. _____ por supuesto
3. _____ y
4. _____ según
5. _____ también

a. signals additional information
b. links two ideas in a simple way
c. introduces a contrast
d. precedes self-evident information
e. reports the source of information

Now go back to the reading and find the two pieces of information that the preceding transition words and phrases link.

DESPUÉS DE LEER

Actividad A.
If you are male, are you good at math? If so, are you left-handed and/or do you have allergies? Whether you are male or female, what do you think of the study and of the possible explanations offered? In a short paragraph (50 to 100 words), state your opinion. Keep the study in mind, but don't feel that you must agree with it.

Actividad B.

The negative aspects of being left-handed are more frequently discussed than are the positive ones. However, the article states that men who are left-handed are often better at math. Can you cite any other positive effects of being left-handed? If you aren't left-handed, you might want to ask a few questions of someone who is.

Have you completed the following sections of the lesson? Check them off here.

_____ **Gramática**

_____ **¡A leer!**

Now scan the words in the **Vocabulario** list to be sure that you understand their meaning.

VOCABULARIO

Los verbos

darse prisa   to be in a rush
disfrutar (de)   to enjoy

Now that you have completed the Textbook and Workbook for **Lección 37**, take the Self-Test for that lesson. (It is on page 224.) Remember to listen to the tape when you see the cassette symbol and to check your answers.

_____ **Self-Test**

Now that you have worked through the Textbook and the Workbook and taken the Self-Test, here are some of the things you have accomplished in Spanish.

- You can use and understand words that have to do with financial questions of many kinds.
- You can use the forms of the past subjunctive to talk about events in the past.
- You have continued to improve your listening and reading skills.

You are now ready to continue on with **Lección 38** in the Textbook.

---

38 OCULTANDO LA VERDAD

OBJETIVOS

Whereas the materials in the Textbook all had to do with the video episode, the materials in the Workbook will help you expand your knowledge of the Spanish language in general, as well as give you opportunities for self-expression in Spanish. In this lesson you will learn

- how to use the past subjunctive to talk about events and situations in the past (**Gramática 96**)

In the **¡A leer!** section you will work with an authentic reading and on reading skills.

Remember to listen to the tape for **Lección 38** when you see the cassette symbol and to check your answers in Appendix 1.

5

MÁS ALLÁ DEL EPISODIO

Actividad A.   Carlos y Gloria

PARA PENSAR...

La familia Castillo parece ser una familia muy unida, especialmente cuando se trata de ayudarse mutualmente. ¿Por qué será que Carlos no ha buscado la ayuda—o los consejos—de sus hermanos cuando la situación en la oficina de Miami es tan seria?

Las consecuencias del problema han llegado a un punto bastante delicado. Es imposible seguir ocultándolo.

Ya sabes que Carlos ha sacado mucho dinero de la cuenta de la sucursal en Miami... más de $l00.000,00. Y también sabes que la familia está al tanto[1] de todo. Bueno, por lo menos saben que la sucursal anda muy mal de dinero y que tal vez haya que cerrarla. Lo que no saben es el porqué.

Carlos cree que ya es hora de enfrentarse con la realidad, pero le cuesta decírselo todo a sus hermanos. Por supuesto, no es falta de confianza ni de cariño. Carlos realmente no sabe muy bien por qué no ha hablado con ellos. Probablemente porque esperaba que todo se solucionara fácilmente. Toda esta situación le disgusta mucho. Para él, su familia tiene mucha importancia; es lo primero. Y, además, siempre ha tratado de ser una persona honesta. «¿Cómo ha podido pasar todo esto?», se pregunta.

Lo irónico es que pusieran a Carlos a cargo de la sucursal precisamente por su honestidad. «Pedro», le dijo don Fernando una vez a su hermano, «quiero que mandes a Carlos a Miami. Es por la distancia, ¿sabes? Tenemos que tener allí a un miembro de la familia... una persona en quien podamos confiar para dirigir la oficina.»

Al principio, Carlos no quería aceptar el cargo. No creía ser la persona indicada para llevar tanta responsabilidad. Además, estaba muy contento con su vida en la capital, y la idea de vivir en el extranjero no le gustaba mucho. Viajar al extranjero... pasar las vacaciones fuera de México... eso sí. Pero, ¿criar[2] a los niños en otro país? Eso ya era otra cosa. Pero como su padre insistía, por fin aceptó.

Al principio, todo anduvo bien. La oficina prosperaba y a Carlos le iba gustando más cada día el trabajo de dirigirla. Empezó entonces el problema de Gloria. Al principio, Carlos creyó que el problema de ella sería algo pasajero,[3] una extravagancia nada más. Pensó qué podría ser una reacción a alguna otra crisis personal de ella. Tal vez él mismo era culpable, por estar tan ocupado con los negocios y no dedicarle a Gloria mucha atención. Quizás se debía a la influencia de sus amigas.

Carlos ya no sabe qué pensar. Ha tratado de resolver su problema con grandes cantidades de dinero. Y hay que admitir que ha pagado otro precio también: ha violado la confianza que tenía en él su familia. Todo por su esposa. ¿Cuál es el problema que tiene Gloria?

[1]está... *is aware* [2]*to raise, bring up* [3]*temporary*

Actividad B.

Paso 1

En la cinta vas a escuchar dos veces una serie de oraciones sobre Carlos y Gloria. No son ciertas algunas de las oraciones. Hasta es posible que ninguna sea cierta. Pero escríbelas aquí de todas formas.

1. _____

   _____

2. _____

   _____

3. _____

   _____

Paso 2

Ahora escribe tu opinión sobre por lo menos una de las oraciones. ¿Crees que eso es probable? ¿improbable? ¿Estás de acuerdo con lo que dice? ¿Por qué sí o por qué no? (Worksheet)

GRAMÁTICA

96. *PEDRO QUERÍA QUE YO LO LLAMARA A SU CASA*: USES OF THE SUBJUNCTIVE (PART 7)

¿Qué querían todos de Raquel? Arturo quería que Raquel **pensara** en él. La madre de Raquel no quería que su hija **estuviera** con «el gaucho». Y Pedro quería que lo **llamara**... Raquel no sabía por qué.

As you know, the past subjunctive is generally required in the same situations as the present subjunctive, but is used when referring to the past. Its exact English equivalent depends on the context in which it is used.

Here is a summary of the uses of the subjunctive in noun clauses, along with examples of the use of both the present and past subjunctive.

The subjunctive is used in the second (dependent) clause in the following situations.

- to express events that are desired, required, preferred, and so on

Arturo va a querer que Raquel **tome** una decisión sobre el futuro de los dos.	*Arturo will want Raquel to make a decision about their future.*
Quería que **pensara** en él cuando ella salió de la Argentina.	*He wanted her to think about him when she left Argentina.*

- to express psychological and emotional reactions: what someone feared, regretted, was happy about, and so on

A María, la madre de Raquel, no le gusta que Arturo **esté** en México.	*María, Raquel's mother, doesn't like the fact that Arturo is in Mexico.*
En cambio, María se alegraba de que Luis **pudiera** ir a la capital.	*On the other hand, María was happy that Luis could go to the capital.*

- to express doubt or denial

No me parece que Raquel **esté** segura de lo que quiere decirle a Arturo.	*It doesn't seem to me that Raquel is sure about what she wants to tell Arturo.*
Yo dudaba que el mensaje de Pedro **tuviera** que ver con don Fernando.	*I doubted that Pedro's message had to do with don Fernando.*

Actividad A. ¿Qué dudas tenían?

De momento, los hermanos Castillo están muy preocupados por los problemas familiares que están enfrentando. Completa las oraciones de una manera apropiada según lo que recuerdas de sus preocupaciones y dudas.

1. __*a*__ Al saber que había problemas en la sucursal en Miami, Mercedes no creyó que
   a. los problemas pudieran ser muy graves si económicamente todo andaba bien en los Estados Unidos
   b. Pedro y Ramón quisieran cerrar la oficina

2. __*b*__ Mercedes dudó que Carlos
   a. estuviera de acuerdo con el reporte de los auditores
   b. supiera manejar bien el dinero

3. __*r*__ Mercedes tampoco creyó que Carlos
   a. engañara a la familia
   b. supiera del problema

4. __b__ En cuanto a Juan, a Pedro no le parecía que los hermanos
   a. debieran decírselo a don Fernando
   b. debieran entrometerse en su vida

5. __a__ Carlos dudaba que Gloria
   a. le hablara sinceramente cuando le preguntó si tenía otra mujer
   b. tuviera interés en los problemas de la oficina en Miami

Ahora, cuando escuches la pregunta, di la respuesta que escogiste. Escucharás la respuesta correcta en la cinta.

Actividad B. Situaciones y reacciones

¿Puedes emparejar lo que sentían los personajes (**Situaciones**) con lo que ellos—u otra persona—dijeron (**Reacciones**)?

Situaciones

1. _____ María se alegró de que Luis tuviera unas semanas de vacaciones.
2. __f__ Carlos temía que sus hermanos pensaran mal de él por lo que pasaba en la oficina en Miami.
3. _____ A Juan no le gustó que Pati volviera a Nueva York ahora.
4. _____ A Arturo le molestó que Raquel no pensara mucho en él.
5. _____ A Ángela le parecía lamentable que ella no supiera manejar el dinero.
6. _____ A Raquel le parecía extraño que Pedro le dejara un mensaje.
7. _____ Ángela no esperaba que su hermano creyera la historia que le iba a contar.

Reacciones

a. «¿Le habrá pasado algo a don Fernando?»
b. «No te puedes ir ahora, mientras papá está en el hospital.»
c. «¿Cómo es posible que tenga solamente diez dólares en la cuenta?»
d. «No recuerdo nada. ¿Qué pasó?»
e. «¿Por qué no vas a México entonces?»
f. «No puedo ocultar ya la verdad.»
g. «Yo he pensado mucho en vos... y en nuestro futuro.»

Actividad C. Asuntos importantes

Paso 1

¿Te acuerdas de todas las situaciones que se están desarrollando en *Destinos*? Indica la descripción apropiada para cada situación.

1. __b__ el viaje de Luis a México
   a. Él insistió en ir, aunque los padres de Raquel no creían que fuera buena idea.
   b. María le sugirió que fuera a México, diciéndole que eso le gustaría a Raquel.

2. __a__ el mensaje de Pedro que Raquel recibió esta noche
   a. Pedro quería que Raquel lo llamara en cuanto llegara al hotel.
   b. Pedro quería que Raquel se reuniera con él mañana en su oficina.

3. __b__ la conversación de Ángela con su hermano dormido
   a. Ángela lamentaba que Roberto todavía durmiera.
   b. Ángela sentía que su situación económica fuera tan mala.

4. __a__ la conversación de Raquel con su madre esta noche
   a. A Raquel le molestaba que su madre le llamara «gaucho» a Arturo.
   b. A Raquel le gustaba que su madre tuviera tanto interés en Arturo.

5. _____ la conversación que Arturo tuvo con Raquel esta noche
   a. Raquel sentía que Arturo no quisiera conocer a sus padres.
   b. Arturo quería que Raquel pensara en su futuro.

6. _____ la conversación que Carlos tuvo con Gloria
   a. Carlos quería que Gloria hablara con sus hijos sobre la situación en Miami.
   b. Carlos quería que los dos fueran honestos con sus hermanos.

Paso 2

¡Un desafío! ¿Te acuerdas de las siguientes situaciones en episodios previos? Completa las oraciones. (Worksheet)

1.   2.   3.   4.

1. La Sra. Suárez insistía en que Raquel...
2. A Raquel le gustaba que Arturo...
3. En cuanto a Jorge, Raquel le dijo a Ángela que...
4. En el sitio de la excavación, Ángela temía que los obreros no...

Actividad D.   Los negocios y sus peligros (*dangers*)

¿Has tenido experiencia en dirigir un negocio? Completa la narración de las experiencias de esta persona, quien se encontró en una situación imposible. Escribe la forma correcta de los verbos entre paréntesis.

E l año pasado, me llamó mi tío y recibí una gran sorpresa. Él me pidió que (aceptar) *aceptara*[1] un trabajo en su puesto de perritos calientes.[a] Al principio pensé que él quería que yo (ser) *fuera*[2] un dependiente y que le (vender) *vendiera* perritos al público. Pero no era sólo eso. Quería que yo (dirigir) *dirijiera*[4] todas las operaciones diarias del negocio porque él iba a México por un año.

Me alegraba de que (tener) *tuviera*[5] tanta confianza en mí, pero era imposible que me (poner) *pusiera*[6] a cargo de todo un negocio. Francamente, yo no sabía lo que hacía.

Primero, llamé a un auditor que me dijo que era importante que todos nosotros (empezar) *empezáramos* a economizar inmediatamente. Según él, era imposible que la empresa (andar) *anduviera*[8] bien si no se daba ese paso. También me recomendó que nosotros (abrir) *abriéramos*[9] una nueva sucursal en el centro comercial.[b]

Bueno, en resumidas cuentas,[c] después de unos meses los ingresos ya no cubrían[d] ni los gastos de los salarios de los empleados. Mi tío regresó de su viaje a México y cuando descubrió lo que había pasado, era imposible que no me (despedir) *despidiera*[10], y así fue. ¡Qué horror!

[a]puesto... *hot dog stand*   [b]centro... *mall*   [c]en... *to make a long story short*   [d]cover

Actividad E.   ¿Y tú?

Paso 1
Indica con qué frecuencia te pasaba a ti lo siguiente cuando eras niño/a (joven).

5 = Muy frecuentemente.
4 = Frecuentemente.
3 = A veces.
2 = Casi nunca.
1 = Nunca.

1. _____ Dudaba que los demás—sobre todo mis padres—me comprendieran.
2. _____ Temía que hubiera una guerra nuclear.
3. _____ Tenía miedo de que no me aceptaran en la universidad.
4. _____ Me parecía imposible que los adultos se preocuparan tanto como los niños (adolescentes).
5. _____ Mis padres me decían que estudiara más.
6. _____ No me gustaba que tuviéramos que economizar tanto.
7. _____ Mis padres me prohibían que saliera con un chico (una chica) en particular.
8. _____ Me parecía terrible que mi padre (mi madre) se enojara tanto conmigo.

Paso 2
Ahora inventa cinco oraciones parecidas. Las oraciones deben estar basadas en situaciones reales de tu niñez o juventud. ¿No te gustaría saber si eso mismo les pasaba a otras personas también? (Worksheet)

• •

7

¡A LEER!

ANTES DE LEER

The article on the next page appeared several years ago in a popular magazine for Spanish speakers. As you read, think of all that has changed since the article was written, such as the institution of NAFTA, the crash of the **peso**, and the unstable political climate of Mexico. What do you think about the article's affirmations?

Actividad A.
Look at the title of the reading. What kinds of information do you think you'll find in this article?

a. _____ la historia política de Latinoamérica
b. __✗__ un análisis de la situación económica de Latinoamérica
c. _____ sugerencias para viajar económicamente por Latinoamérica

Actividad B.
What overall sentiment is expressed by the title?

_____ una actitud optimista
_____ una actitud pesimista

Actividad C.
The original article from which this reading was taken contained information about all Latin American countries. You will read only the part about Mexico. What do you already know about the Mexican economy? Indicate the statements that you believe to be true.

_____ En México se produce mucho petróleo.
__✗__ México exporta más de lo que importa.

_____ La inflación en México es menos del 10%.

_____ Muchas empresas mexicanas pertenecen (*belong*) al estado.

_____ ¿ ?

Actividad D.

Before you begin to read, look at the following list of words. Knowing them ahead of time will help you understand the reading more fully.

la deuda	*debt*
las tasas	*rates*
el préstamo	*loan*
las barreras	*barriers*

LECTURA

Actividad A.

Before you read the article, take a look at the box that accompanies it. How many items in **Actividad C** of **Antes de leer** can you verify based only on the information in the box?

INFORME ESPECIAL

América Latina 1991: ¡En el camino de la integración económica!

POR JOSÉ M. ILLÁN

A pesar de los problemas económicos que confrontan los países latinoamericanos, hay optimismo con respecto al futuro.

MÉXICO

México es la segunda potencia de América Latina en volumen de PIB (US$219 mil millones), superada únicamente por Brasil. Es, asimismo, la segunda productora en barriles de petróleo diarios (2,9 millones de barriles diarios) en América, sólo superada por los Estados Unidos (que son importadores netos, en tanto México es exportador neto). En caso de emergencia, puede producir entre 100 ó 200 mil barriles diarios adicionales.

A principios del año 1990 el gobierno de México, bajo la dirección del Presidente Carlos Salinas de Gortari, logró un importante reajuste de su deuda externa, cuando los bancos internacionales aceptaron reducir el capital de esta deuda en US$7 mil millones y, además, rebajar las tasas de interés de sus créditos de forma que México recibe una reducción en sus pagos anuales de intereses de US$1.600 millones. De esta forma la

deuda externa total se rebajó a US$93 mil millones.

El Banco Mundial concedió a México un préstamo de US$2.000 millones para ayudar en el plan de reducción de la deuda externa con los bancos internacionales. El Presidente del Banco Mundial reconoció que México había efectuado un cambio impresionante (en sus políticas financiero-económicas) mediante las reformas realizadas, y que más de 700 corporaciones propiedad del Estado habían sido privatizadas (o cerradas, cuando eran inoperables), a la vez que se redujeron las barreras (arancelarias) al comercio exterior.

Otro paso importante dado por el gobierno de México fue el anuncio de

la ya esperada privatización de la Banca Comercial. En el caso de México es una re-privatización. Por otra parte crece el interés del gobierno mexicano en la consideración de la posibilidad de un acuerdo de libre comercio con los Estados Unidos y el Canadá. Sin duda, en la medida que la economía de México ha sido saneada y modernizada, existe más confianza en el acercamiento al vecino industrializado. Según estadísticas de Estados Unidos en 1989, el comercio entre México y los Estados Unidos alcanzó a US$52.000 millones (exportación-importación), lo que hace que México sea el tercer socio comercial de los Estados Unidos (después del Japón y Canadá).

Hombre de Mundo, Vol. 15, No. 12

MÉXICO	
Territorio (en kms²):	1.967.183
Población (1990):	89.001.000 habitantes
Población urbana:	70,3%
Crecimiento anual población:	2,4%
Producto Interno Bruto (1988):	US$219.649 millones
PIB per cápita (1988):	US$2.588
Tasa de crecimiento anual PIB (1989):	2,9%; (1990): est. 3,5%
Inflación anual (1989):	24,5%; (1990): est. 3,5%
Deuda Exterior:	US$93.600 millones
Exportaciones (1989):	US$22.820 millones
Importaciones (1989):	US$22.660 millones

Actividad B.
Quickly scan the article to verify the remaining items in **Actividad C** of **Antes de leer**. Were your answers correct?

Actividad C.
Locate the following words in the reading and see if you can guess their meaning based on how they are used in context.

1. PIB (*first paragraph*)   2. alcanzó (*fourth paragraph*)   3. socio (*fourth paragraph*)

Actividad D.
Now read the article paragraph by paragraph at your own pace. In each, try to underline one key word or phrase that will help you remember the information it contains.

Actividad E.
Can you explain the relationship between **Exportaciones** and **Importaciones** in Mexico? (Is one larger or smaller than the other, or are they equal? Is this good or bad? Why?)

ESTRATEGIA

As you know, there are words in Spanish, as in English, that have double or multiple meanings. For example, the word **tiempo** can mean *weather* or *time*, depending on the context in which it is used. In addition, there are homonyms in both languages: words that sound alike but that are spelled differently and that have different meanings: *bear* versus *bare* in English, **botar** (*to discard*) versus **votar** (*to vote*) in Spanish, **tú** versus **tu**, and so on. Note that, as in the last example, the only difference between the written form of two words in Spanish may be an accent mark. Similarly, some Spanish nouns are identical in form except for their gender: **el radio** (*the radio set*) versus **la radio** (*a means of communication*).

The words in the right-hand column of the following list are taken from the reading. The words on the left sound the same or are very similar. Can you explain the difference in meaning in each case?

el capital	*money*	la capital	*city*
la tasa	*rate*	la taza	*cup*
el banco	*bank*	la banca	*banking*

DESPUÉS DE LEER

Actividad A.
Complete the following table with information from the reading.

Dos problemas económicos de México
exportatic noda reducción en anuales pagos de $1.6 M // 24% inflación

Dos aspectos positivos de la economía de México
2.0 concedio de Banco Mundial mas de 700 corps

Actividad B.

Write a short paragraph (50–100 words) to explain what has happened in Mexico to encourage an optimistic economic future. ¡OJO! Don't look back at the reading in detail as you write. However, before beginning to write, you may wish to scan the reading to look for the key words or phrases you underlined in **Actividad D** of **Lectura**.

Have you completed the following sections of the lesson? Check them off here.

_____ **Más allá del episodio**   _____ **¡A leer!**

_____ **Gramática**

Now scan the words in the **Vocabulario** list to be sure that you understand their meaning.

• •

VOCABULARIO

Los verbos

tener que ver con   to have to do with, be related to (*a topic*)

Las palabras adicionales

en cambio   on the other hand

Now that you have completed the Textbook and Workbook for **Lección 38**, take the Self-Test for that lesson. (It is on page 226.) Remember to listen to the tape when you see the cassette symbol and to check your answers.

_____ **Self-Test**

Now that you have worked through the Textbook and the Workbook and taken the Self-Test, here are some of the things you have accomplished in Spanish.

• You can understand and use words related to businesses and business arrangements.
• You have learned more about using the past subjunctive to talk about events in the past.
• You have continued to improve your listening and reading skills.

You are now ready to continue on with **Lección 39** in the Textbook.

39

LA MISMA SONRISA

OBJETIVOS

Whereas the materials in the Textbook all had to do with the video episode, the materials in the Workbook will help you expand your knowledge of the Spanish language in general, as well as give you opportunities for self-expression in Spanish. In this lesson you will learn

- more about using the past subjunctive to talk about events and situations in the past **(Gramática 97)**

Remember to listen to the tape for **Lección 39** when you see the cassette symbol and to check your answers in Appendix 1.

5

MÁS ALLÁ DEL EPISODIO

Actividad A.   Juan

¿Podrá Juan aceptar el éxito de Pati sin resentimiento?

> ### PARA PENSAR...
>
> Desde el principio de esta mitad de *Destinos*, has visto que Juan y Pati tienen problemas en su matrimonio. También has escuchado a algunas personas dándole consejos a Juan o tratando de hacerle ver el problema desde otra perspectiva. ¿Qué opinas de la manera en que Juan ha reaccionado? ¿Qué opinión tienes de Juan? ¿Crees que es comprensivo (*understanding*)? ¿que es sensible a los sentimientos de los demás? ¿Por qué crees que él es así?

Ahora escucha la narración en la cinta.

Actividad B.

Paso 1

Sabes que en este episodio Juan ha ido a La Gavia con sus hermanos. Allí en la hacienda, tiene la siguiente conversación con Lupe. Léela ahora para conocer mejor a Juan.

LUPE:	Niño Juan, se le ve[1] muy triste.
JUAN:	¿Eh? No. No es nada...
LUPE:	¡Ándele! Está callado como una piedra.[2]
JUAN:	Lupe... tú nunca te casaste, ¿verdad?
LUPE:	Juanito, no es necesario casarse ni estudiar en la universidad para saber de las cosas del matrimonio... Ud. tiene problemas con su señora, ¿no es así?
JUAN:	Pues...
LUPE:	Mire, cuando yo era una niña, un día mi padre nos dijo que se iba a buscar trabajo.
JUAN:	¿Solo?
LUPE:	Pues sí. Prometió regresar por nosotros. En esos tiempos las cosas no estaban bien allá en mi pueblo... y él se fue a buscar mejor suerte.
JUAN:	¿Y Uds.?
LUPE:	Mi mamacita trabajó haciendo de todo, cosiendo, limpiando... Ella trabajó para mantenernos a todos.
JUAN:	¿Y tu padre nunca regresó?
LUPE:	No. Él... tenía mucho orgullo.[3] Nunca volvimos a saber de él. Nunca regresó.
JUAN:	¿Por qué me cuentas esto?
LUPE:	Pos,[4] porque creo que a veces hay que hacer de lado[5] el orgullo.
JUAN:	¿Orgullo?
LUPE:	Sí, orgullo. Mire... ¿qué es más importante para Ud.? ¿Su matrimonio con la señora Pati... o su orgullo?
JUAN:	¿Mi orgullo? Pero, Lupe, realmente no entiendo lo que me estás diciendo.
LUPE:	Yo creo que mi papá nunca regresó por orgullo. A muchos hombres no les gusta que las mujeres ayuden a mantener a la familia. Digo[6]... por lo menos así ha sido mi experiencia.
JUAN:	Lupe, me has dado mucho en qué pensar.
LUPE:	Me alegro. Ahora Ud. tiene que pensar en que si puede hacer de lado el orgullo... y dejar que la señora Pati tenga sus propios éxitos. Tiene que entenderla como una persona, no como su señora.
JUAN:	No sé si soy capaz de eso...

[1]se... *you look* [2]callado... *as quiet as a stone* [3]*pride* [4]Pos (*dialectical*) = Pues [5]hacer... *set aside, forget* [6]*I mean*

Paso 2

Ahora contesta por lo menos una de las siguientes preguntas. (Worksheet)

1. ¿Qué quiere decir (*means*) Lupe cuando dice que Juan tiene que entender a Pati «como una persona, no como su señora»?

2. ¿Estás de acuerdo con lo que Lupe le dice a Juan? ¿Por qué sí o por qué no? ¿Crees que Juan será capaz de aceptar el éxito de Pati sin resentimiento? ¿Qué harán en los próximos episodios?

● ●

6

GRAMÁTICA

97. *RAQUEL IBA A RECOGER SU CARTERA EN CUANTO PUDIERA*: USES OF THE SUBJUNCTIVE (PART 8)

En cuanto Roberto se **despertara**, Ángela

quería llamar a la familia en Puerto Rico
quería consultar con él sobre los problemas que ella tiene en manejar el dinero
iba a hablarle sobre el apartamento
deseaba contarle la historia de lo que le pasó con Raquel... y lo de su padre

Pero **hasta que** él no **se despertara**, no podía decirle nada de eso.

You have already learned to use the present subjunctive to express future (unrealized) actions in adverbial clauses and nonexistent or indefinite antecedents in adjective clauses. The following examples compare the use of the present subjunctive with the past subjunctive in these cases.

Adverbial Clauses of Time

When the action in the second (dependent) clause is still unrealized—that is, has not happened yet from the point of view of the main verb—the subjunctive is used.

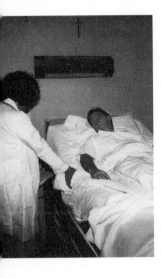

Carlos promete explicárselo todo a Ramón **en cuanto encuentre** a Gloria.	*Carlos promises to explain everything to Ramón as soon as he finds Gloria.*
Carlos prometió explicárselo todo a Ramón **en cuanto encontrara** a Gloria.	*Carlos promised to explain everything to Ramón as soon as he found Gloria.*

The conjunction **en cuanto** was used in the preceding examples. Be sure that you remember the meaning of the following conjunctions that fall into the same category: **antes (de) que, después (de) que, hasta que, tan pronto como.**

Here is another set of examples. Read through them and think about how the last example in the set is different from the first two.

Ángela va a llamar a su familia **tan pronto como** Roberto **se despierte.**	*Ángela is going to call her family as soon as Roberto wakes up.*
Ángela iba a llamar a su familia **tan pronto como** Roberto **se despertara.**	*Ángela was going to call her family as soon as Roberto woke up.*
Raquel llamó a la familia en Puerto Rico por Ángela **tan pronto como** Roberto **se despertó.**	*Raquel called Ángela's family in Puerto Rico for her as soon as Roberto woke up.*

As you probably noticed, the indicative (**se despertó**) is used in the second clause in the last example. What makes this sentence different from the others is that it describes a realized event, something that actually happened, not something anticipated or still pending (as in the first two sentences).

¡OJO! The conjunction **antes (de) que** is an exception. It is always followed by the subjunctive (present or past).

Finally, note that adverbial clauses with the subjunctive may also be introduced with **cuando.**

¿Qué le va a decir Carlos a Gloria **cuando la encuentre?**	*What is Carlos going to tell Gloria when he finds her?*
¿Qué le quería decir Carlos a Gloria **cuando la encontrara?**	*What did Carlos want to tell Gloria when he found her?*

Adjective Clauses

In sentences with these kinds of clauses, as long as the antecedent is still unknown, the subjunctive (present or past) is used. When the antecedent is known, the indicative is used.

No hay nadie que sepa cuál es el problema de Gloria.	*There is no one who knows what Gloria's problem is.*
No había nadie que supiera cuál era el problema de Gloria.	*There was no one who knew what Gloria's problem was.*
Sólo había **una persona que sabía** la verdad... su esposo.	*There was only one person who knew the truth . . . her husband.*

Actividad A.   La investigación de Raquel

Piensa un momento en todo lo que le ha pasado a Raquel durante los episodios previos de *Destinos*. Luego empareja los acontecimientos de los dos grupos para formar oraciones completas que describan su viaje.

1. _____ Antes de que Raquel pudiera hablar con Teresa Suárez,
2. _____ Antes de que Raquel y Arturo conocieran a Héctor Condotti,
3. _____ Antes de que Raquel saliera para Puerto Rico,
4. _____ Antes de que Ángela pudiera salir para México con Raquel,
5. _____ Antes de que las dos mujeres pudieran salir para México juntas,
6. _____ Antes de que los obreros rescataran a Roberto,

a. tuvo que comprar el boleto para la Argentina
b. recibieron malas noticias sobre Roberto
c. Arturo le dijo que la iba a extrañar mucho
d. hablaron con varias personas y les mostraron una foto de Ángel
e. regresó al cementerio para ver la tumba de sus padres otra vez
f. tuvo que consultar con su familia, sobre todo con la abuela
g. Raquel y Ángela tuvieron que pasar mucho tiempo esperando
h. visitaron la casa de Jorge Luis Borges y el Teatro Colón de Buenos Aires
i. tuvo que hablar primero con su hijo, Miguel Ruiz

Actividad B.   ¿Cierto o falso?

Indica si las siguientes oraciones son ciertas (**C**) o falsas (**F**) según los últimos episodios de *Destinos*.

C F 1. Ángela quería vigilar a Roberto hasta que él se despertara.
C F 2. Don Fernando dijo que quería ver a sus nuevos nietos tan pronto como regresara a La Gavia.
C F 3. Luis se iba a México sólo después de que Raquel lo llamara desde la capital.
C F 4. Arturo dijo que no quería conocer a Roberto hasta que el joven conociera a su abuelo primero.
C F 5. Carlos se lo iba a explicar todo a Ramón tan pronto como encontrara a Gloria.
C F 6. Los hermanos decidieron vender La Gavia en cuanto dieran de alta a don Fernando.
C F 7. Arturo vio a su sobrino Roberto antes que conociera a Ángela.

Ahora escucha la cinta para verificar tus respuestas.

Actividad C.   ¿Dónde... ?

¿Te acuerdas dónde ocurrieron estos incidentes? Identifica cada incidente con el lugar apropiado.

Lugares: Buenos Aires, la capital, la carretera de San Germán, la estancia Santa Susana, Madrid, un pueblo cerca del sitio de la excavación, San Juan, Sevilla

1. Al principio, no había nadie que reconociera al joven de veinte años de la foto.   _____

2. En el hospital no había nadie que tuviera noticias del hermano de una joven.   _____

3. No había nadie que supiera del accidente ocurrido en la excavación.   _____

4. No había ningún miembro de la familia que pudiera decirle algo a Raquel sobre una carta.   _____

5. No había nadie que pudiera ayudar a las mujeres cuando se les descompuso el carro.   _____

Actividad D. Un día de frustración

¿Tienes días en que todas las cosas te salen mal? Completa este párrafo en que una agente de bienes raíces le cuenta a su marido los acontecimientos del día que tuvo hoy. Escribe la forma correcta del verbo de la lista. ¡OJO! No todos requieren el subjuntivo.

¡**A**y, querido! Hoy no tuve mucha suerte. Es que un estudiante universitario quería buscar un apartamento antes de que (llegar) _____[1] todos los otros estudiantes. Me llamó y le pedí que (venir) _____[2] a la oficina tan pronto come (poder) _____[3].

En cuanto (llegar) _____[4] él, comenzamos a mirar en la computadora las fotos de los apartamentos disponibles.[a] Yo pensaba llevarlo a ver un apartamento tan pronto como (él: encontrar) _____[5] uno que le (interesar) _____[6]. Pero al principio no encontró ninguno que le (gustar) _____[7]. Tuve que esperar hasta que, por fin, (él: decidir) _____[8] ir a ver algunos.

En cuanto (nosotros: hallar[b]) _____[9] tres posibilidades, salimos. Pues, el primero que vimos era pequeño y el segundo costaba mucho. El tercero le encantó a mi cliente, pero antes de que lo (alquilar) _____[10], la persona que vivía al lado se asomó[c] a ver qué pasaba. Resulta que el vecino era un amigo de mi cliente. Después de que los dos (hablar) _____[11] un rato, el vecino pidió a mi cliente que (él: compartir) _____[12] el apartamento en que él vivía. ¡Pobre de mí![d] ¡Total, que volví a la oficina sin cliente y sin comisión!

[a]*available*   [b]*to find*   [c]se... *looked out*   [d]¡Pobre... *Poor me!*

Actividad E.   ¿Cuánto sabes de historia?

Paso 1

Primero empareja cada frase de la primera lista con una de la segunda escribiendo la letra apropiada en el espacio en blanco.

1. _____ Colón no podía hacer su viaje hasta que la reina Isabel le...
2. _____ En la época de Colón no había muchas personas que...
3. _____ La civilización azteca dominaba en el valle central de México antes de que...
4. _____ Los embajadores aztecas siempre visitaban una ciudad antes de que los soldados la...
5. _____ Los mayas desaparecieron antes de que Cortés...
6. _____ Cuando llegaron a México no había ningún ejemplo de la civilización maya que...
7. _____ Después de la conquista pasaron unos tres siglos antes de que las colonias españolas...

a. (hacer) _____ su viaje a México.

b. (dar) _____ los fondos necesarios.

c. (ganar) _____ la independencia de la madre patria (*motherland*).

d. (tomar) _____ por la fuerza (*by force*).

e. (poder) _____ estudiar los españoles.

f. (llegar) _____ los conquistadores españoles.

g. (creer) _____ que la Tierra era plana (*flat*).

Paso 2

Ahora escribe la forma correcta del verbo entre paréntesis para completar la oración.

Actividad F.   ¿Y tú?

¿Dónde vivías cuando eras niño/a? ¿Dónde querías vivir? ¿Cómo se compara la casa de tus sueños de niño/a con la casa (el apartamento, el cuarto, la residencia) donde vives ahora? ¿Qué aspiraciones tienes todavía en cuanto a la vivienda? Completa las siguientes oraciones con información verdadera. (Worksheet)

1. Cuando yo era niño/a, vivíamos en una casa que tenía (era, estaba...)... Siempre quise vivir en una casa que tuviera (fuera, estuviera...)...
2. Ahora que soy mayor, vivo en una casa (un apartamento, ...) que... Quiero vivir en una casa (un apartamento...) que...

Have you completed the following sections of the lesson? Check them off here.

_____ **Más allá del episodio**

_____ **Gramática**

Now scan the words in the **Vocabulario** list to be sure that you understand their meaning.

• •

VOCABULARIO

Los verbos
agradecer*   to thank

Los conceptos
el orgullo   pride

Now that you have completed the Textbook and Workbook for **Lección 39**, take the Self-Test for that lesson. (It is on page 228.) Remember to listen to the tape when you see the cassette symbol and to check your answers.

_____ **Self-Test**

Now that you have worked through the Textbook and the Workbook and taken the Self-Test, here are some of the things you have accomplished in Spanish.

- You can use and understand words that have to do with real estate transactions, especially buying and selling houses.
- You have learned more about using the past subjunctive to talk about events in the past.
- You have continued to improve your listening skills.

You are now ready to continue on with **Lección 40** in the Textbook.

---

*Note the irregular first-person form of this verb: **agradezco**.

40

ENTRE LA ESPADA Y LA PARED

OBJETIVOS

Whereas the materials in the Textbook all had to do with the video episode, the materials in the Workbook will help you expand your knowledge of the Spanish language in general, as well as give you opportunities for self-expression in Spanish. In this lesson you will learn

- more about using the conditional to talk about what *would* happen (**Gramática 98**)

Remember to listen to the tape for **Lección 40** when you see the cassette symbol and to check your answers in Appendix 1.

5

MÁS ALLÁ DEL EPISODIO

Actividad A.   Pati

PARA PENSAR...

Pati es una persona que tiene ideas muy claras y firmes y sabe sostenerlas. Si cree en algo, defiende su opinión hasta el extremo. ¿Cómo llegó a ser una persona tan fuerte?

¿Es el carácter tan fuerte de Pati lo que contribuye a crear los problemas que tiene con Juan?

Pati es una persona muy independiente. Tuvo una infancia muy distinta de la de Juan. Viene de una familia de la clase obrera, y nunca supo lo que es tenerlo todo, como Juan. Al contrario, desde muy niña, aprendió el valor de las cosas. En su casa no había sitio para mimos.[1] Ella era la segunda de tres hermanos, y en todo caso era su hermano mayor, el único varón de la familia, quien recibía algún trato especial.

Para Pati, nada ha sido fácil. Es realista, práctica y luchadora.[2] Siempre tuvo que esforzarse mucho[3] para conseguir lo que quería. Mientras estudiaba en la universidad, también tuvo que trabajar. Y como mujer en una profesión tradicionalmente dominada por los hombres, ha tenido que luchar para poder triunfar.

[1] *spoiling, special treatment*   [2] *a fighter*   [3] *esforzarse... exert a lot of effort*

Comenzó su carrera profesional como ayudante de un director, así como Guillermo lo es ahora de ella. Un día el director se enfermó y Pati se presentó al teatro con la intención de dirigir los ensayos en lugar de él. Al llegar, descubrió que el productor le había dado esa oportunidad a otra persona, a un hombre. Pati nunca ha olvidado esta buena lección en el arte de la política.

Pati está muy enamorada de su esposo. También quiere mucho a toda la familia Castillo, especialmente a Mercedes. Para ella, Mercedes es mucho más que su cuñada; es una verdadera hermana y amiga. Pero, con todo, su trabajo es lo fundamental. No es por dinero, como a veces se lo reprocha Juan. Ella sabe que los dos podrían vivir sin que ella tuviera que trabajar. (Pero hay que admitir que viven cómodamente[4] por su salario.)

Lo que pasa es que Pati necesita trabajar para su realización personal. Por eso no comprende cómo Juan es incapaz de valorar su trabajo, a pesar de todo lo que significa para ella y todo el esfuerzo que le ha costado llegar adonde está. Desde luego, no está dispuesta a dejarlo por la cabezonería de Juan. ¿Tendrá Pati que elegir entre su trabajo y su esposo? ¿De quién depende la respuesta a esta pregunta? ¿de ella... o de Juan?

[4]*comfortably*

Actividad B.

Paso 1

Ahora sabes algo de Pati y de los problemas que tiene con la producción de su obra, pero no sabes ni el nombre ni el tema de la obra. Según lo que sabes de la personalidad de Pati, ¿cuál de las siguientes podría ser la obra que ella dirige? ¿Por qué? No hay respuestas correctas.

_____ Es una obra experimental que tiene que ver con la discriminación contra la comunidad puertorriqueña en Nueva York.

_____ Es una versión nueva de obra del teatro clásico español en la que Pati incorpora el nudismo (*nudity*) y el sexo en una forma audaz (*daring*).

_____ Es una obra ultrafeminista que tiene que ver con la tiranía que el hombre impone sobre la mujer y la violación (*rape*) sicológica y física de la que la mujer es víctima en la sociedad contemporánea.

Paso 2

Escucha en la cinta la descripción de una obra teatral. La segunda vez que la escuches, escribe la descripción. ¡OJO! **la víspera** = *the night before*. (Worksheet)

Paso 3

Según lo que sabes de Pati, ¿crees que ella tendría interés (*would be interested*) en hacer una producción de la obra que aparece en el **Paso 2**? ¿Por qué sí o por qué no? Explica. (Worksheet)

GRAMÁTICA

98. *CAMBIAR CUALQUIER ESCENA DE LA OBRA SERÍA MUTILARLA:* THE CONDITIONAL; USES OF THE CONDITIONAL (PART 1)

A don Fernando le **gustaría** mucho regresar a La Gavia en vez de ir a Guadalajara. Todavía no sabe nada del proyecto que la agente de bienes raíces les ha presentado a sus hijos. Según ella, a su cliente le **gustaría** convertir La Gavia en un lugar turístico. El edificio principal **sería** transformado en un hotel de lujo, con todas las comodidades.... ¿Qué opinión crees que **tendría** don Fernando de ese proyecto?

The English conditional, like the English future (*I will speak*), is formed with an auxilliary verb: *I would speak.* The Spanish conditional, like the Spanish future, consists of a simple (one-word) verb form.

Forms

The conditional, like the future, is formed by adding one set of endings (the same for **-ar**, **-er**, and **-ir** verbs) to most *infinitives*. (This is different from other verb forms you have learned so far, in which endings are added to the verb *stem*.)

Here are some examples of the conditional forms of regular verbs.

-ar: buscar		-er: correr		-ir: subir	
buscaría	buscaríamos	correría	correríamos	subiría	subiríamos
buscarías	buscaríais	correrías	correríais	subirías	subiríais
buscaría	buscarían	correría	correrían	subiría	subirían

Note that all of the endings contain an accented **i**.

¡OJO! The conditional endings are identical to those used to form the imperfect indicative of **-er** and **-ir** verbs. As you know, the indicative endings are added to the verb *stem.* Compare these verb forms: **comería** versus **comía**, **viviríamos** versus **vivíamos**.

Verbs that form the future on an irregular stem use the same stem to form the conditional. The same endings are used: **-ía, -ías, -ía, -íamos, -íais, -ían.**

decir: **diría, dirías...**

hacer: **haría, harías...**

poder: **podría, podrías...**

poner: **pondría, pondrías...**

querer: **querría, querrías...**

saber: **sabría, sabrías...**

salir: **saldría, saldrías...**

tener: **tendría, tendrías...**

venir: **vendría, vendrías...**

Compound verbs that contain one of these verbs will show the same irregularity: **contener → contendría, imponer → impondría.**

The conditional of **hay** (**haber**) is **habría.**

Uses

El doctor le preguntó a Mercedes si **podría** tenerlo todo preparado para el viaje.	*The doctor asked Mercedes if she would be able to have everything ready for the trip.*
Pati dijo que no **haría** los cambios que quería el productor.	*Pati said that she would not make the changes that the producer wanted.*

The conditional is used to tell what someone *would* do* in a particular situation, given a particular set of circumstances. You will learn more about using the conditional in **Lecciones 41** and **42.**

---

*Do not confuse the conditional *would* with the term *would* meaning *used to* in the translation of the imperfect tense.

Iban a La Gavia todos los veranos.	*They would go (used to go) to La Gavia every summer.*

Actividad A. ¿Qué harían?

Indica si cada persona haría o no las siguientes cosas. Si quieres, puedes contestar con una de estas oraciones. No hay respuestas correctas.

a. Es verdad. (Persona) nunca haría eso.
b. Creo que sí. (Persona) nunca haría eso.
c. No es cierto. (Persona) sí haría eso.

1. _____ Raquel nunca se iría a vivir a Buenos Aires con Arturo.
2. _____ Ángela nunca se quedaría a vivir en México con sus nuevos parientes.
3. _____ Pati nunca permitiría que otra persona la controlara.
4. _____ Arturo nunca se iría a vivir a Los Ángeles con Raquel.
5. _____ Carlos nunca les revelaría los detalles de su situación con Gloria a sus hermanos.
6. _____ Roberto nunca permitiría que Ángela vendiera el apartamento de sus padres.
7. _____ Raquel nunca se enojaría con su madre en serio.
8. _____ Don Fernando nunca permitiría que sus hijos vendieran La Gavia.
9. _____ Juan nunca diría que Pati tenía razón en regresar a los Estados Unidos.
10. _____ María (la madre de Raquel) nunca aceptaría a Arturo como novio de Raquel.

Actividad B. ¿Quién lo dijo?

Paso 1

Identifica al personaje que dijo lo siguiente.

Fáciles

1. _____ ¿Quién dijo que nunca volvería a la Argentina?
   a. Raquel   b. Ángel   c. Rosario

2. _____ ¿Quién dijo que tendría que aprender a manejar mejor su dinero?
   a. Pedro   b. Carlos   c. Ángela

3. _____ ¿Quién dijo que no seguiría ocultando la verdad?
   a. Arturo   b. Carlos   c. Raquel

Difíciles

4. _____ ¿Quién prometió que regresaría a México tan pronto como pudiera?
   a. Pati   b. Luis   c. Ángela

5. _____ ¿Quién dijo que sería buena idea que alguien hiciera un viaje?
   a. Arturo   b. María   c. don Fernando

6. _____ ¿Quién dijo que alguien no debería hacer un viaje?
   a. titi Olga   b. doña Carmen   c. María

7. _____ ¿Quiénes decidieron que pasarían una tarde en un parque (aunque a uno de ellos no le gustaba mucho la idea)?
   a. Juan y Pati   b. Ángela y Roberto   c. Arturo y Raquel

Más difíciles

8. _____ ¿Quién dijo que no podría revelar informes sobre un señor mexicano?
   a. Teresa Suárez   b. Raquel   c. Roberto

9. _____ ¿Quién dijo que Raquel y Arturo tendrían que hablar con Héctor si querían saber algo de Ángel?
   a. Mario   b. doña Flora   c. José

10. _____ ¿Quiénes dijeron que se encontrarían en una torre?
    a. Miguel y Jaime   b. Raquel y Elena   c. Juan y Pati

 Ahora escucha la cinta para verificar tus respuestas.

¿Puedes indicar las circunstancias o la situación en que se escucharon las oraciones del Paso 1?

Actividad C.   Las cartas perdidas

¿Has pasado por momentos desagradables? Completa la historia que esta persona le cuenta a su esposo sobre un susto (*scare*) que tuvo. Escribe la forma condicional de los verbos entre paréntesis.

Ayer tuve un susto muy grande. Mi jefe me dijo que yo (tener) _____[1] que echar al correo[a] unas cartas muy importantes. Yo le dije que las (llevar) _____[2] al correo después del trabajo. Me dijo él que las (dejar) _____[3] en mi mesa al irse.

Pues, metí[b] las cartas en mi bolsa pensando que (hacer) _____[4] las compras en el mercado y que después (pasar) _____[5] por el correo. Pensaba que (echar) _____[6] las cartas y al mismo tiempo (comprar) _____[7] las estampillas para mandar[c] las cuentas. En ese momento, nuestra hija llamó por teléfono para decirme que ella y sus amigas no (venir) _____[8] a casa a cenar. Luego, tú me llamaste para decirme que (llegar) _____[9] tarde para la cena. Como tenía tiempo de sobra,[d] fui a varias tiendas antes de ir al correo. Pero cuando llegué allí, ¡me di cuenta de que[e] ya no tenía las cartas de mi jefe! ¿Dónde (estar) _____[10] las cartas? ¡Él me (despedir) _____[11]! Pensé que (tener) _____[12] que volver a todas las tiendas para buscarlas. ¡Pero muchas de las tiendas ya (estar) _____[13] cerradas porque ya eran las seis de la tarde!

Volví a mi carro y, ¡qué suerte! Las cartas estaban al lado de las cuentas. (Poder) _____[14] volver a la oficina sin miedo. ¡Y tampoco (ser) _____[15] necesario irme a vivir al extranjero!

[a]echar... *to mail*   [b]*I put*   [c]*to send*   [d]de... *to spare*   [e]me... *I realized that*

Actividad D.   ¿Y tú?

Todo el mundo hace promesas... que no siempre se cumplen. ¿Te ha pasado a ti eso alguna vez? Completa las siguientes oraciones. (Worksheet)

1. Una vez dije que _____, pero _____.

2. Una vez prometí que nunca _____, y hasta la fecha (*up until now*)

    _____.

3. Mis padres (hijos) me dijeron una vez que ellos _____, pero/y

    _____.

4. Mi esposo/a (novio/a, mejor amigo/a) me dijo que _____, pero/y

    _____.

Have you completed the following sections of the lesson? Check them off here.

_____ **Más allá del episodio**

_____ **Gramática**

Now scan the words in the **Vocabulario** list to be sure that you understand their meaning.

• •

VOCABULARIO

Las palabras adicionales

hasta la fecha   up until now

Now that you have completed the Textbook and Workbook for **Lección 40**, take the Self-Test for that lesson. (It is on page 230.) Remember to listen to the tape when you see the cassette symbol and to check your answers.

_____ **Self-Test**

Now that you have worked through the Textbook and the Workbook and taken the Self-Test, here are some of the things you have accomplished in Spanish.

- You can use and understand words related to postal services and banking needs, especially those you might need when traveling abroad.
- You have learned more about using the conditional to talk about what would happen.
- You have continued to improve your listening skills.

You are now ready to continue on with **Lección 41** in the Textbook.

41 ALGO INESPERADO

OBJETIVOS

Whereas the materials in the Textbook all had to do with the video episode, the materials in the Workbook will help you expand your knowledge of the Spanish language in general, as well as give you opportunities for self-expression in Spanish. In this lesson you will learn

- how to use the conditional, including how to talk about what people said they would do (**Gramática 99**)

Remember to listen to the tape for **Lección 41** when you see the cassette symbol and to check your answers in Appendix 1.

5

MÁS ALLÁ DEL EPISODIO

Actividad A.   Gloria

> **PARA PENSAR...**
>
> Ahora que sabes cuál es el problema de Gloria, ¿qué opinión tienes de su manera de comportarse hasta ahora? ¿Te molesta el hecho de que (*the fact that*) deja a los niños con Carlos para irse a jugar? ¿Qué opinas acerca de que Carlos y Gloria no le hayan dicho nada a la familia sobre su problema? ¿Crees que Carlos tiene por lo menos parte de la culpa, por no obligarla a buscar tratamiento?

Gloria tiene un problema serio: el juego. Como el alcohol o cualquier droga, es una adicción que no puede superar.[2] Pero antes Gloria no tenía este problema.

Gloria descubrió el juego poco tiempo después de casarse. Carlos y ella fueron a pasar una semana a Puerto Rico y allí, por primera vez, entró en un casino. Esa noche, jugó tímidamente, pero al jugar experimentó algo que nunca había sentido hasta entonces. Una curiosa sensación se apoderó de[3] ella. Más tarde, en el hotel, pensando en todas las cosas bonitas que había visto, recordó las luces del casino, la gente y el ruido[4] de la ruleta. De nuevo sintió que aquel vértigo se apoderaba de ella.

De regreso a casa, todo volvió a la normalidad. Un día, unas amigas convencieron a Gloria para que pasara un fin de semana con ellas en Atlantic City. Fue entonces cuando verdaderamente descubrió su pasión por el juego. Las máquinas tragamonedas[5] la hipnotizaron. Y desde entonces empezó a jugar sin descanso, cayendo en una seria adicción.

Aquella noche perdió todo el dinero que llevaba además del que les pidió prestado[6] a sus amigas. Empeñó[7] el reloj e incluso la alianza[8] para poder seguir jugando. Cuando se despertó a la mañana siguiente, se dio cuenta de lo que había hecho. Desesperada, llamó a Carlos. Su esposo vino a buscarla y recuperó lo que ella había empeñado. Pero nunca pensó seriamente que su esposa se había convertido en una jugadora.

Poco tiempo después, Gloria fue a Las Vegas, sola. Ya no necesitaba que la convencieran las amigas... y tampoco quería que ellas la acompañaran. Sus amigas iban a jugar para pasar el rato,[9] para divertirse, para charlar jugando. Gloria iba para jugar en serio, porque sentía la compulsión de jugar. Allí en Las Vegas pasó toda una semana jugando y fue entonces cuando empezaron los otros problemas. Gloria, ya completamente adicta al juego, empezó a firmar cheques sin fondos y a hacer promesas que no podía cumplir. Otra vez, Carlos fue a buscarla y a sacarla del apuro.[10]

Por suerte para Gloria, Carlos siempre ha ido a buscarla. Pero las cosas han llegado demasiado lejos. El problema de Gloria ya se ha convertido, en cierto sentido, en el problema de todos, por la conexión con lo de la oficina en Miami. Para curarse Gloria necesitará ayuda profesional. Como pasa con todas las adicciones, el problema de Gloria se basa en su personalidad. ¿Podrá Gloria dejar de jugar? ¿Tendrá coraje para llamar a Jugadores Anónimos?

Gloria tiene el vicio del juego.[1]
¿Qué debe hacer para curarse?

[1]*gambling* [2]*control* [3]*se... took control of* [4]*sound, noise* [5]*máquinas... slot machines* (lit. *coin swallower*)
[6]*pidió... she borrowed* [7]*She pawned* [8]*wedding ring* [9]*pasar... to while away time* [10]*sacarla... get her out of trouble*

Actividad B.

Paso 1

En la cinta vas a escuchar dos veces una serie de oraciones sobre Gloria. Escribe las oraciones aquí. Luego indica si crees que las oraciones son ciertas (**C**) o falsas (**F**).

C F 1. _____

_____

_____

C F 2. _____

_____

_____

C F 3. _____

_____

_____

Paso 2

Ahora escribe tu opinión sobre por lo menos una de las oraciones. ¿Crees que es probable? ¿improbable? ¿Por qué? (Worksheet)

GRAMÁTICA

99. ÁNGELA PENSABA QUE SERÍA MEJOR VENDER EL APARTAMENTO: USES OF THE CONDITIONAL (PART 2)

Like many people, don Fernando is not very patient about aspects of his hospital stay. In his new hospital room in Guadalajara, he asked a lot of questions.

Don Fernando quería saber

> cuánto tiempo **estaría** en el hospital
> cuándo **podría** conocer a sus nietos
> cuándo le **darían** comida decente
> si el especialista lo **vería** pronto, porque quería regresar a La Gavia

As with the future, the conditional also expresses the idea of a projected event, one that happens later. However, the temporal frame of reference of the conditional is the past. Note the relationship between tenses in the following examples, one of which is in the present, the other in the past.

Temporal frame of reference: Present

> Ángela **dice** que **venderá** el apartamento en San Juan.

Temporal frame of reference: Past

> Ángela **dijo** que **vendería** el apartamento en San Juan.

The future is used to express what Ángela says (now) she *will* do (later), the conditional to express what she said (in the past) she *would* do (later). As you can see, the use of tenses is similar to that of English.

The preceding examples show how to quote what someone said in the present or the past. The sequence of tenses is the same when you wish to express what someone thought, decided, believed, knew, and so on.

Ángela **decidió** que **vendería** el apartamento sin consultar con su hermano.	*Ángela decided that she would sell the apartment without consulting with her brother.*
Todos **creían** que don Fernando **estaría** en su habitación en el hospital.	*Everyone thought that don Fernando would be in his hospital room.*

Remember, however, that the subjunctive—not the conditional—is used to express what would happen in certain contexts: when someone feared, was happy, did not believe . . . that something would happen.

Mercedes **temía** que el doctor no **llegara** pronto a examinar a su padre.	*Mercedes was afraid that the doctor would not arrive promptly to examine her father.*
Juan realmente **no creía** que Pati **saliera** para Nueva York... pero ella lo hizo.	*Juan did not really believe that Pati would leave for New York . . . but she did.*

Actividad A.   Lo que sabía Raquel

En los primeros episodios de *Destinos*, Raquel no tenía ni idea de lo que pasaría más tarde, como resultado de su investigación. Completa las siguientes oraciones con una frase de la segunda columna para expresar lo que Raquel no sabía.

En los primeros episodios, Raquel no sabía

1. ____ que tendría que viajar		a.	una persona importante en su vida
2. ____ que estaría buscando		b.	a la Argentina y a Puerto Rico también
3. ____ que encontraría		c.	a Rosario
4. ____ que la investigación sería		d.	tan complicada
5. ____ que Arturo llegaría a ser		e.	al hijo de don Fernando en un barrio de Buenos Aires
		f.	a los nietos de don Fernando

Actividad B.   En el hospital

En este episodio Raquel, Arturo y sus sobrinos puertorriqueños fueron al hospital para ver a don Fernando. ¿Qué creían ellos? Contesta completando las oraciones.

1. ____ Todos creían que el encuentro entre nietos y abuelo
   a. sería muy emocionante para todos
   b. le haría pensar en Rosario
   c. sería demasiado para el viejo

2. ____ Raquel entró primero, antes de los demás. ¿Por qué?
   a. Así estaría segura de que don Fernando estaba en la habitación.
   b. Así vería si los otros miembros de la familia estaban con él.
   c. Así podría decirle que sus nietos estaban allí.

3. ____ Ángela dijo que estaba nerviosa. Probablemente se sentía así porque
   a. no sabía cómo don Fernando reaccionaría
   b. creía que don Fernando le recordaría a su padre
   c. no sabía lo que haría su hermano

4. ____ Después de salir del hospital, todos fueron a un café. Allí Roberto dijo que, si vendieran el apartamento en San Juan, Ángela
   a. seguramente se casaría con Jorge
   b. le daría a Jorge parte del dinero
   c. se vendría a vivir a México

Actividad C.   ¿Quién lo dijo?

Paso 1

Indica quién es el personaje de *Destinos* que dijo lo siguiente.

a.   b.   c.   d.

1. _____ dijo que no haría los cambios que *otra persona* quería que hiciera.

2. _____ dijo que *otra persona* regresaría en unos días.

3. _____ dijo que sería mejor hablar después de *una decisión importante*.

4. _____ dijo que pensaba que podría devolver *algo* antes de que se descubriera.

5. _____ dijo que saldría pronto para *otro país*.

6. _____ dijo que haría cualquier cosa por ayudar a *otra persona.*

7. _____ dijo que se encontraría con *otra persona* en quince minutos para cenar.

Ahora escucha la cinta para verificar tus respuestas.

Paso 2
Ahora lee las oraciones de nuevo, tratando de dar la información *indicada.*

Actividad D.   Un viaje inolvidable
¿Alguna vez has hecho un viaje organizado con un grupo? Este hombre lo ha hecho y parece que no lo pasó muy bien. Completa la siguiente narración con la forma correcta de los verbos en el imperfecto de subjuntivo o en el condicional, según el contexto.

El año pasado conduje[a] una excursión al Gran Cañón para algunos adolescentes de la ciudad. Fue una experiencia inolvidable por el hecho de que casi nada nos salió bien...

Primero, cuatro de los chicos tenían que venir desde otra ciudad para tomar el tren de la excursión. Yo <u>no creía</u> que (ellos: llegar) _____[1] a tiempo pero dijeron que (ellos: tomar) _____[2] el primer autobús de la mañana y que (llegar) _____[3] antes de mediodía. Fui a la estación esperando que (hacer) _____[4] lo que prometieron[b]. (Ellos: Tener) _____[5] que estar en la estación de autobuses antes de las doce para tener tiempo de ir a la otra estación antes de que (salir) _____[6] el tren.

Cuando por fin llegaron, sólo nos quedaban cinco minutos para llegar a la estación de trenes. Por supuesto, era preciso que nosotros (moverse) _____[7] con mucha prisa. Buscamos un taxi que nos (llevar) _____[8] a la otra estación. El primer taxista dijo que no (llevar) _____[9] a cinco personas en su taxi y el segundo sólo lo (hacer) _____[10] por veinte dólares más. ¡Estábamos entre la espada y la pared! Decidimos pagar la tarifa extra porque lo importante era que no (nosotros: perder) _____[11] el tren. Llegamos al andén[c] en el preciso momento en que salía de la estación, y era necesario que (nosotros: correr) _____[12] detrás del tren hasta alcanzarlo.[d] ¡Y no me vas a creer cuando te diga que éste fue uno de los mejores momentos del viaje!

[a]*I led*   [b]*they promised*   [c]*platform*   [d]*catching it*

Actividad E.   ¿Y tú?
Paso 1
¿Qué sabías hace diez años y qué *no* sabías? Completa todas las oraciones que puedas. (Worksheet)

MODELO: Hace diez años, yo no sabía que estudiaría español en la universidad con una telenovela.

1. Hace diez años, yo no sabía que...
2. Hace diez años, sí sabía que...
3. Hace diez años pensaba que...
4. Hace diez años creía que...

Paso 2

Ahora inventa oraciones como las del **Paso 1**, pero pensando en una persona (unas personas) a quien(es) conoces muy bien: tu novio/a, esposo/a o mejor amigo/a, tus hijos/padres, etcétera. (Worksheet)

MODELO: Hace diez años, mis hijos no sabían que...

Have you completed the following sections of the lesson? Check them off here.

_____ **Más allá del episodio**

_____ **Gramática**

Now scan the words in the **Vocabulario** list to be sure that you understand their meaning.

· ·

VOCABULARIO

Las palabras adicionales

cualquier cosa   anything

Now that you have completed the Textbook and Workbook for **Lección 41**, take the Self-Test for that lesson. (It is on page 232.) Remember to listen to the tape when you see the cassette symbol and to check your answers.

_____ **Self-Test**

Now that you have worked through the Textbook and the Workbook and taken the Self-Test, here are some of the things you have accomplished in Spanish.

- You can use and understand words related to air and train travel, and especially to traveling abroad.
- You have learned more about using the conditional, including its use to refer to what people said, thought, decided, and so on.
- You have continued to improve your listening skills.

You are now ready to continue on with **Lección 42** in the Textbook.

42

Yo invito

OBJETIVOS

Whereas the materials in the Textbook all had to do with the video episode, the materials in the Workbook will help you expand your knowledge of the Spanish language in general, as well as give you opportunities for self-expression in Spanish. In this lesson you will learn

- how to use the past subjunctive and the conditional to talk about what would happen if . . . **(Gramática 100)**
- how to express situations that are contrary to fact **(100)**

In the **¡A leer!** section you will work with an authentic reading and on reading skills.
    Remember to listen to the tape for **Lección 42** when you see the cassette symbol and to check your answers in Appendix 1.

5

MÁS ALLÁ DEL EPISODIO

Actividad A.   Luis

Luis era—y sigue siendo—un hombre muy ambicioso. ¿Cómo es que esto ha afectado su vida personal?

PARA PENSAR...

No sabes mucho de Luis todavía, pero lo has visto hablando con los padres de Raquel y, en este episodio, escuchaste su conversación con Raquel y Arturo. Según lo que sabes ahora, ¿en qué se parecen y en qué son diferentes Luis y Arturo? ¿Tienen metas (*goals*) parecidas? ¿Les interesa mucho el poder (*power*)? ¿Cómo tratan a Raquel los dos hombres?

 Ahora escucha la narración en la cinta.

Actividad B.

Paso 1

En tu opinión, ¿son ciertas (**C**) o falsas (**F**) las siguientes oraciones? No hay respuestas correctas.

C F 1. Luis piensa que Arturo no va a ser un rival poderoso en la lucha por el amor de Raquel.

C F 2. A Luis le molestó muchísimo que Raquel pagara la cuenta en El Refugio.

C F 3. Luis va a pedirle a Raquel que se case con él.

C F 4. Luis está tan seguro de sí mismo que no admite la posibilidad de que Raquel ya no tenga ningún interés romántico en él.

Paso 2

Ahora escoge una de las oraciones del **Paso 1** y explica por qué crees que es cierta (o falsa). (Worksheet)

● ●

6

GRAMÁTICA

100. *SI SE CASARAN, RAQUEL SERÍA NUESTRA TÍA*: SENTENCES WITH SI (*IF*) (PART 1)

At the end of **Episodio** 42 Raquel's telephone rings just as she is preparing to go to bed. Who is calling? Who would Raquel like it to be? Select the answer you think is most appropriate.

Raquel **estaría** más contenta

_____ si la **llamara** Luis

_____ si la **llamara** Arturo

_____ si **fuera** Pedro, con noticias de don Fernando

_____ si **fuera** su madre

Hypothetical Situations with *si* Clauses

Hypothetical situations are those that exist only in the imagination: They may be contrary to fact. Here is an example of a hypothetical situation in English: *If I were president, I wouldn't do that.*

Hypothetical situations are expressed in Spanish with a similar construction: a dependent clause (introduced with **si** [*if*]) and an independent clause.

si (*if*) Clause	Independent Clause
PAST SUBJUNCTIVE	CONDITIONAL
Si don Fernando **estuviera** mejor, **tendría** un papel más activo en los problemas familiares.	*If don Fernando were better, he would play a more active role in the family problems.*
Si no **tuviera** problemas con su obra, Pati todavía **estaría** con Juan, en México.	*If she didn't have problems with her play, Pati would still be with Juan, in Mexico.*
Si Raquel **fuera** la esposa de Arturo, **sería** la tía de Ángela y Roberto.	*If Raquel were Arturo's wife, she would be Ángela and Roberto's aunt.*

The **si** clause can also come at the end of the sentence.

Don Fernando tendría un papel más activo en los problemas familiares **si estuviera mejor.**

When a **si** clause construction asks a question, the question is always posed by the independent clause (with the conditional).

> Si don Fernando estuviera mejor, ¿tendría un papel más activo en los problemas familiares?

¡OJO! When *if . . . then . . .* situations are posed in the present tense, the present indicative and a form of the future are used.

si (*if*) Clause   Independent Clause

Si Pati no **llega** a casa pronto, Juan **va a estar** (**estará**) muy preocupado.

Contrary-to-Fact Situations with *como si...*

The expression **como si...** (*as if . . .*) is used to introduce contrary-to-fact statements about things that are happening or have happened. It is always followed by the past subjunctive.

Ángela y Roberto hablan **como si** Raquel ya **fuera** su tía.

Ángela and Roberto talk as if Raquel were already their aunt (but she is not).

María habló con Luis **como si supiera** lo que quería Raquel.

María spoke with Luis as if she knew what Raquel wanted (but she did not).

Learn to recognize this structure when you see it and hear it.

Actividad A.   ¿De quiénes se habla?
Paso 1
Indica a qué situación se refieren las siguientes oraciones.

MODELO: Si una persona no se metiera tanto en la vida de otra persona, ésta (*the latter*) no estaría ahora en una situación difícil. →
Se refiere a la situación de Raquel con su madre.

1.   Si esta persona tuviera más confianza en su familia, no tendría ahora dificultades económicas y problemas con otra persona.

   _____

2.   Si esta persona no fuera tan egoísta y cabezona, no tendría dificultades con su esposa.

   _____

3.   Si esta persona tuviera más paciencia con su condición física, otra persona no estaría tan preocupada por él y por su comportamiento.

   _____

4.   Si esta persona consultara siempre con los demás antes de actuar, otra persona no estaría enojada con ella.

   _____

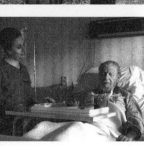

5.   Si esta persona fuera más sensible (*sensitive*), sabría que otra persona no siente ahora por él lo que sentía antes.

   _____

6.   Si esta persona pudiera ver a otra persona por los ojos de los demás, sabría por qué los demás critican a esa persona.

   _____

7.   Si no fuera por la distancia y el poco tiempo que se conocen, estas personas se casarían en seguida.

   _____

Paso 2

Escribe las oraciones del **Paso 1** con los nombres apropiados. (Worksheet)

> MODELO: Si María no se metiera tanto en la vida de Raquel, ésta no estaría ahora en una situación difícil.

Actividad B. ¿Qué harías tú?

Paso 1

Escucha las siguientes suposiciones en la cinta y escribe la solución que escuchas. (En el **Paso 2**, vas a seleccionar la respuesta más apropiada.)

1. Si tú fueras Pati, ¿qué harías con la obra de teatro?

    _____ _____

    _____

    _____ No haría ningún cambio.
    _____ Haría los cambios que piden para poder estrenar la obra.
    _____ Dejaría esta obra y buscaría otra que dirigir.

2. Si tú fueras Gloria, ¿qué harías?

    _____ _____

    _____

    _____ Llamaría a Jugadores Anónimos.
    _____ Seguiría jugando como si no hubiera ningún problema.
    _____ Trataría de convencer a Carlos de que no se preocupara.

3. Si tú fueras Arturo, ¿qué pensarías de la situación con Luis?

    _____ _____

    _____

    _____ Estaría muy seguro de mí y de lo que Raquel siente por mí.
    _____ No sabría qué pensar todavía, pues acabo de conocer a Luis.
    _____ Trataría de averiguar algo más de la vida de Luis, pues él habla como si fuera una persona muy importante... y sobre eso tengo muchas dudas.

4. Si tú fueras Juan, ¿en qué pensarías mientras esperabas a Pati?

    _____ _____

    _____ Estaría preparándome para pedirle perdón.
    _____ Estaría preparándome para pedirle el divorcio.
    _____ Pensaría en don Fernando.

5. Si tú fueras don Fernando, ¿cómo te sentirías mientras esperabas al especialista?

    _____ _____

    _____ Estaría muy enojado con mis médicos, pues no me dejan regresar a casa. ¡Es como si fuera prisionero!
    _____ Estaría muy preocupado porque creo que la familia tiene problemas serios y nadie me habla de ellos.
    _____ Estaría muy contento con mi tratamiento médico.

Paso 2

Ahora lee todas las soluciones del **Paso 1** e indica la más apropiada en tu opinión. No hay respuestas correctas y puede haber más de una respuesta apropiada en algunos casos.

Actividad C. ¿Qué harías?

Paso 1

¿Sabes lo que harías en estas circunstancias? Escribe algunas preguntas que le harías a un compañero/una compañera de clase sobre estos acontecimientos hipotéticos. (Worksheet)

> MODELO: Robert de Niro / hacer una película en tu ciudad →
> ¿Qué harías si Robert de Niro hiciera una película en tu ciudad?

1. Van Halen / dar un concierto en tu ciudad
2. el presidente / hablar en tu universidad
3. Michael Jordan / jugar en el gimnasio de tu universidad
4. tus padres (hijos) / venir a visitarte sin decírtelo antes

Paso 2

Ahora contesta las preguntas con tus propias opiniones. ¡OJO! El verbo en el tiempo condicional generalmente no será **hacer** y se necesitarán otros cambios para las respuestas. (Worksheet)

> MODELO: ¿Qué harías si Robert de Niro hiciera una película en tu ciudad? →
> Si Robert de Niro hiciera una película en mi ciudad, yo visitaría los escenarios (*sets*).

Actividad D. ¿Y tú?

¿Qué cosas quisieras cambiar en tu vida? Escoge cuatro de las siguientes situaciones y explica qué cambio te gustaría que ocurriera. (Worksheet)

> MODELOS: tu edad (*age*) →
> Si fuera posible, me gustaría tener 20 años otra vez. Tendría toda mi vida profesional por delante (*ahead of me*).
>
> Si fuera posible, me gustaría tener 30 años. Así tendría mi profesión y estaría establecido/a.

1. tu edad
2. el lugar donde tú vives
3. tu nombre
4. tu apariencia física
5. tu familia
6. tu carrera (o tus estudios universitarios)
7. tus habilidades físicas o mentales
8. tu animal doméstico

• •

7

¡A LEER!

ANTES DE LEER

Actividad A.

In what American cities can you find many authentic Mexican restaurants? Has Mexican cooking become a standard part of the fast-food industry in the United States? In what way?

Actividad B.

Which of the following words do you associate with Mexican restaurants in the United States?

_____ simples	_____ comida clásica	_____ refinamiento
_____ baratos	_____ hacer reservaciones	_____ caros
_____ comida rápida	_____ vino	_____ pescado
_____ tacos		

Actividad C.

Before you begin to read, look at the following list of words. Knowing them ahead of time will help you understand the reading more fully.

disponible *available*
casera *home, made at home*
saborear *to savor, to taste*

yucateco *from the Yucatan Peninsula area*
copadas *taken, filled up*

LECTURA

Actividad A.

Skim the entire article. How many of your choices in **Actividad B** from **Antes de leer** can you find mentioned?

Restaurantes mexicanos

Hasta hace poco, la única cocina mexicana disponible en Los Ángeles era la industrial, hecha masivamente para las grandes cadenas, o la casera, desde los sencillos tacos hasta la compleja birria. Pero una cocina mexicana urbana, sofisticada y tradicional, se empieza a saborear en Los Ángeles.

En **La Serenata de Garibaldi** (213/265-2887) los Rodríguez, una familia comprometida con la comunidad mexicana, ha extendido ese compromiso a lo culinario. Las tortillas son hechas a mano y el mole es casero. La salsa para el pescado a la veracruzana se hace para cada plato. Y los camarones al cilantro vienen de una auténtica receta del siglo XIX adaptada de la alta cocina europea.

Balo's Place (213/255-2878) es un restaurante yucateco de apariencia casual, pero de gran seriedad culinaria. La salsa habanera es un fuego divino. Los huevos motuleños son una versión señorial de los clásicos huevos rancheros. El pavo relleno viene en un caldo sazonado con chile negro acompañado de una albóndiga de cerdo con menta que esconde una yema de huevo adentro: un contraste de colores dramático.

El Emperador Maya (818/288-7265) es también yucateco, aunque más formal. Las reservaciones están copadas con días de anticipación, debido a la popularidad de platos como la cochinita pibil, el filete San Andrés y poc chuc Don Belos, una chuleta de cerdo cubierta con especies aromáticas. Para postre, hay un flan de banano que algunos serios gourmets consideran el mejor de la ciudad.

Más, Verano 1990 Vol. 1 No. 4

Actividad B.

Locate the following words in the reading and see whether you can guess their meaning based on how they are used in context.

1. industrial (*first paragraph*)
2. señorial (*third paragraph*)
3. yema (*third paragraph*)

Actividad C.

Now read the article at your own pace. As you read, try to find information to fill in the following chart. The information will help you compare and contrast the three restaurants described in the article.

NOMBRE	NÚMERO DE TELÉFONO	ESPECIALIDADES DE LA CASA	OTROS DATOS
_____	_____	_____	_____
_____	_____	_____	_____
_____	_____	_____	_____
_____	_____	_____	_____
_____	_____	_____	_____
_____	_____	_____	_____

DESPUÉS DE LEER

Actividad A.

Which group of words best represents Mexican restaurants as described in the article? ¡OJO! More than one answer may be possible.

a. _____ una cocina urbana y refinada
b. _____ tacos sencillos, *drive-thru*, plástico
c. _____ corbatas, *chef*, reservaciones
d. _____ comida rápida, barata y americanizada
e. _____ recetas tradicionales

Actividad B.

How do these three restaurants compare with *El Refugio*, where Raquel, Arturo, and Luis had dinner? Think about the restaurant scenes from the video episode and scan this menu from *El Refugio*. Can you provide information on the next page for *El Refugio* that is similar to what you gleaned for **Actividad C** of **Lectura**?

SERVICIO A LA CARTA

Guacamole	8,000.–	Queso frito estilo Rubén Romero	15,000.–
Tacos sudados (3)	10,000.–	Chicharrón en salsa verde	19,000.–
Quesadillas	10,000.–	Salpicón estilo Puebla	20,000.–
Sopes	16,000.–	Chiles rellenos	24,000.–
Chalupas	16,000.–	de picadillo y de queso	
Garnachas	16,000.–	Chuleta de cerdo al pastor	24,000.–
Gorditas de manteca pellizcadas	16,000.–	Longaniza en chile verde	21,000.–
Tostadas de pollo	18,000.–	Pollo de plaza estilo Morelia	25,000.–
Tacos de carne deshebrada	19,000.–	Puntas de filete a la mexicana	25,000.–
con salsa borracha (3)		Plato surtido con carne asada	29,000.–
Tacos de pollo con guacamole (3)	19,000.–	Plato surtido con chile relleno	27,000.–
Enchiladas de pollo verdes o coloradas	19,000.–	Carne asada con rajas y frijoles	29,000.–

NOMBRE	NÚMERO DE TELÉFONO	ESPECIALIDADES DE LA CASA	OTROS DATOS
_____	_____	_____	_____
_____	_____	_____	_____

Actividad C.

Write a short paragraph (50–100 words) explaining at which of the four restaurants (the three from the reading and *El Refugio* from the video episode) you would prefer to dine.

Have you completed the following sections of the lesson? Check them off here.

_____ **Más allá del episodio**   _____ **¡A leer!**

_____ **Gramática**

Now scan the words in the **Vocabulario** list to be sure that you understand their meaning.

● ●

VOCABULARIO

Las palabras adicionales
como si   as if

Now that you have completed the Textbook and Workbook for **Lección 42**, take the Self-Test for that lesson. (It is on page 234.) Remember to listen to the tape when you see the cassette symbol and to check your answers.

_____ **Self-Test**

Now that you have worked through the Textbook and the Workbook and taken the Self-Test, here are some of the things you have accomplished in Spanish.

- You can use and understand words related to eating out at a restaurant.
- You have learned to use several verb forms to express what would happen if . . .
- You can express situations that are contrary to fact using **como si**.
- You have continued to inprove your listening and reading skills.

You are now ready to continue on with **Lección 43** in the Textbook.

43

LECCIÓN

SEREMOS CUATRO

OBJETIVOS

Whereas the materials in the Textbook all had to do with the video episode, the materials in the Workbook will help you expand your knowledge of the Spanish language in general, as well as give you opportunities for self-expression in Spanish. In this lesson you will learn

- how to express what *had* happened in Spanish (**Gramática 101**)

In the **¡A leer!** section you will work with an authentic reading and on reading skills.
   Remember to listen to the tape for **Lección 43** when you see the cassette symbol and to check your answers in Appendix 1.

4

MÁS ALLÁ DEL EPISODIO

Actividad A.   Más sobre Raquel

> ### PARA PENSAR...
>
> ¿Qué piensa Raquel ahora de su antiguo novio? ¿Es el mismo de antes? ¿O ha cambiado? ¿Son tristes todos los recuerdos que tiene Raquel de su noviazgo? ¿O es que hubo momentos alegres... momentos que ella recuerda ahora con cierta nostalgia?

Se dice que todo se olvida con el tiempo. Y Raquel, como muchas personas, al pensar en el pasado, se acuerda más de las cosas positivas que de las negativas.

Anoche Raquel pasó una velada[1] muy difícil. Sentada entre Arturo y Luis, a ratos[2] no podía evitar sentirse ajena[3] a todo; su mente estaba muy lejos de allí, en otro tiempo, en otro lugar. Trataba de recordar qué fue lo que tanto le atrajo[4] a Luis.

El Luis que ella conoció era un joven agradable, trabajador y seguro de sí mismo. Ambicionaba grandes cosas y le gustaba hablar de sus aspiraciones. Raquel, aunque también tenía sus ambiciones y una carrera por delante,[5] era un poco inocente. La manera en que Luis la trataba le hacía incapaz de ver la cara[6] negativa de su personalidad.

Además Luis era muy divertido y siempre estaba lleno de sorpresas. Recordó que una vez para su cumpleaños, Luis consiguió una orquesta de mariachis para llevarle una serenata.[7] Pero la sorpresa no terminó ahí. El mismo Luis estaba cantando entre los músicos. En sus recuerdos Raquel todavía podía ver la cara risueña[8] de Luis mientras cantaba. Se divertía, pero más que eso, estaba muy contento de sí mismo por haber arreglado una sorpresa tan estupenda para su novia. Y además, era una sorpresa que todo el mundo podía ver, no sólo ella.

A veces Raquel intuía cierta distancia entre Luis y ella, pero no le daba gran importancia. Desde luego, jamás se dio cuenta de la faceta calculadora de su novio. Confiaba plenamente[9] en él. Si ocurría algo que le molestaba o que le parecía raro, Raquel se decía que sólo eran pequeñas nubes en el cielo brillante de su amor. Siempre pensaba que, con el tiempo, las cosas se arreglarían.[10]

Raquel tampoco ha olvidado el día en que Luis le dijo que se iba a Nueva York. Estaban charlando, durante el almuerzo, cuando él le comentó que le habían ofrecido un puesto muy bueno y que lo había aceptado. Se quedó perpleja, mirándolo fijamente. Después de un rato consiguió que las palabras salieran de su boca. «¿Y qué pasa con nosotros? Todavía me falta un año para graduarme.» A lo que él contestó sin darle mayor importancia: «No quiero perder esta oportunidad.» Raquel no podía dar crédito a sus oídos, ni siquiera[11] pudo reaccionar.

Tampoco sabía si ahora, después de tanto tiempo, había conseguido asimilar todo aquello. ¿Estaba todo olvidado o es que la sorpresa había hecho renacer viejos sentimientos? ¿Qué va a hacer Raquel ahora que Luis ha vuelto a su vida? ¿Qué quiere ella de él? ¿lo mismo que antes? ¿O es que Raquel ha cambiado?

[1]*evening out* [2]*a... from time to time* [3]*distanced, separate* [4]*attracted* [5]*por... ahead of her* [6]*side* [7]*serenade* [8]*smiling*
[9]*fully* [10]*se... would get better* [11]*ni... not even*

Actividad B.

Paso 1

En la cinta vas a escuchar una serie de oraciones sobre Raquel. Algunas de ellas no son ciertas. De hecho (*In fact*), es posible que ninguna sea cierta. Pero escríbelas aquí de todas formas.

1. _____

   _____

2. _____

   _____

3. _____

   _____

Paso 2

Ahora escribe tu opinión sobre por lo menos una de las oraciones. ¿Crees que es probable? ¿improbable? ¿Estás de acuerdo con lo que dice? ¿Por qué sí o por qué no? (Worksheet)

GRAMÁTICA

---

101. *LUIS HABÍA LLEGADO DE LOS ESTADOS UNIDOS...* : THE PAST PERFECT

Antes de salir para México, Luis

> **había hablado** solamente con María, la madre de Raquel y con Pancho, su padre
> no **se había puesto** en contacto con Raquel
> no **había averiguado** si ella quería que él hiciera el viaje

In **Lección 34** you learned to form the present perfect indicative tense by combining a present-tense form of **haber** with the past participle.

Juan **ha regresado** a Nueva York para hablar con Pati.	*Juan has returned to New York to talk with Pati.*
La llegada de Luis a México **ha puesto** a Raquel en una situación difícil.	*The arrival of Luis in Mexico has put Raquel in a difficult situation.*

A few verbs have irregularities in the past participle. Do you remember what the irregular forms are?

abrir: _____   **morir:** _____

decir: _____   **poner:** _____

descubrir: _____   **resolver:** _____

escribir: _____   **ver:** _____

hacer: _____   **volver:** _____

Remember that the past participle of compound verbs based on these verbs shows the same irregularity; for example: **oponer** → **opuesto**.

The past perfect is formed similarly to the present perfect.

Forms

The past perfect (indicative) consists of the imperfect forms of **haber** plus the past participle of another verb. Note that all imperfect forms of **haber** have an accented **í**.

había escrito	*I had written*	**habíamos** escrito	*we had written*
habías escrito	*you* (tú) *had written*	**habíais** escrito	*you* (vosotros) *had written*
había escrito	*he, she, you* (Ud.) *had written*	**habían** escrito	*they, you* (Uds.) *had written*

Uses

Antes de ver a Luis, Raquel **había pensado** cenar a solas con Arturo.	*Before seeing Luis, Raquel had planned to have dinner alone with Arturo.*
Era obvio que Luis **había anticipado** una recepción mucho más amistosa.	*It was evident that Luis had anticipated a much friendlier reception.*

- In general, the use of the Spanish past perfect parallels that of the English past perfect. Use it to describe what you *had* done or what *had* happened up to or before a given point in the past.

- Note in particular the form **había habido** (*there had been*), the past perfect equivalent of **hay**.

> **Había habido** muchas especulaciones sobre la salud de Gloria entre los miembros de la familia Castillo.

> *There had been a lot of speculation about Gloria's health among the members of the Castillo family.*

- Direct object, indirect object, and reflexive pronouns precede the conjugated form of **haber**.

> Luis llegó a México por la tarde, pero Raquel no **lo había visto** hasta la noche.

> *Luis arrived in Mexico in the afternoon, but Raquel had not seen him until the evening.*

Actividad A.   ¿Por qué lo hizo?

Busca en el grupo A la explicación de las acciones del grupo B. ¡OJO! Hay más de una respuesta posible en algunos casos.

Grupo A

1. _____ En Nueva York, Pati se sorprendió al llegar a casa porque
2. _____ Luis insistía en ver a Raquel hoy porque
3. _____ La razón por la cual (*The reason why*) Raquel se encontraba en una situación difícil es porque
4. _____ La razón por la cual Ángela estaba preocupada es que
5. _____ La madre de Raquel no había consultado con Raquel sobre Luis porque
6. _____ Juan fue a Nueva York porque
7. _____ Luis se había ido a Nueva York sin Raquel porque
8. _____ Cuando Ángela habló con el tío Jaime sobre el apartamento, le dijo que

Grupo B

a. había extrañado a su mujer y quería hablar seriamente con ella
b. le habían ofrecido un trabajo estupendo
c. ella y Roberto todavía no lo habían hablado
d. una mujer desconocida había contestado el teléfono de Jorge
e. su madre le había dicho a Luis que fuera a México a verla
f. pensaba que sabía lo que ésta querría
g. no sabía que Juan había llegado
h. le había comprado algo y quería dárselo
i. ella se lo había prometido anoche
j. ella no se había graduado todavía

Actividad B.   ¿Y Luis?

Ya sabes un poco sobre las relaciones entre Luis y Raquel. También sabes algo de la historia de la vida de Luis, de su personalidad. En esta actividad vas a aprender un poco más de él.

Paso 1

Indica lo que piensas o sabes de las siguientes oraciones.

a. Creo que así fue.   b. No lo creo.   c. No sé.

1. _____ Antes de aceptar el trabajo en Nueva York, Luis le había hablado a Raquel y le había pedido su opinión.
2. _____ Cuando Luis pensaba en volver a Los Ángeles, no había pensado en Raquel en mucho tiempo.
3. _____ Cuando Luis decidió volver a Los Ángeles, ya se había puesto en contacto con la madre de Raquel.
4. _____ Luis nunca se sintió culpable de lo que había pasado entre él y Raquel.
5. _____ Luis no había pensado en la posibilidad de que Raquel tuviera interés en otro hombre.

Paso 2

Ahora escucha la cinta para saber un poco más sobre las oraciones del **Paso 1**.

Paso 3

¿Has cambiado algunas de tus respuestas en el **Paso 1**? No te olvides de verificar tus respuestas en el **Apéndice 1**.

Actividad C.   ¿Y tú?

En un momento determinado del pasado, decidiste estudiar español. ¿Qué hizo tomar esa decisión? Primero completa las oraciones con la forma correcta de los verbos entre paréntesis. Usa la forma de la primera persona singular (**yo**) si no hay otra indicación. (La primera oración está hecha como modelo.) Después indica las oraciones que tuvieron que ver con tu decisión y con tu experiencia en el curso.

1. Antes de tomar este curso de español

    a. _____ ___había estudiado___ otro idioma. (estudiar)

    b. _____ unos amigos y yo _____ español en la escuela superior. (aprender)

    c. _____ _____ a tomar clases de español en otra universidad. (comenzar)

    d. _____ mis padres _____ un poco de español en casa. (hablar)

2. Decidí tomar el curso porque

    a. _____ _____ unas personas. (recomendármelo)

    b. _____ _____ unos anuncios para *Destinos* y me parecieron interesantes. (leer)

    c. _____ _____ algunos de los episodios de *Destinos* y me gustaron. (ver)

    d. _____ _____ el consejero que era un requisito. (decir)

3. Antes de empezar el curso

    a. _____ nunca _____ con nadie en español. (hablar)

    b. _____ nunca _____ un programa de televisión en español. (ver)

    c. _____ _____ varias experiencias con el idioma. (tener)

4. Para la mitad del curso (*Halfway through the course*)

    a. _____ _____ más de lo que creía posible. (aprender)

    b. _____ todos nosotros _____ mucho. (practicar)

    c. _____ _____ en español con varias personas. (conversar)

    d. _____ los estudiantes de la clase _____ varias composiciones en español. (escribir)

    e. _____ _____ artículos de varias revistas. (leer)

    f. _____ todos nosotros _____ a Raquel por varios países hispanos. (acompañar)

Actividad D.   ¿Y tú?

Usando algunas de las ideas de la **Actividad C**, escribe un breve párrafo sobre tu decisión de estudiar español. Puedes agregar otras ideas si quieres. (Worksheet)

6

¡A LEER!

ANTES DE LEER

Actividad A.

Look at the title of the reading in this section and read the lead paragraph (**Con el encanto...**). What do you think a **paraíso turístico** is? What sorts of things might you find in one? What different types of activities might you engage in while there? ¡OJO! Keep in mind what you read in the lead paragraph.

_____   _____   _____

_____   _____   _____

Actividad B.

Before you begin to read, look at the following list of words. Knowing them ahead of time will help you understand the reading more fully.

la privacidad   *privacy*
la arcilla bruta   *unworked clay*
pesquera   *fishing* (adjective)
trazadas   *planned, designed*

LECTURA

Actividad A.

Scan the reading to determine whether the activities you listed in **Actividad A** of **Antes de leer** are available in Ixtapa. Write **Sí** next to the activity if it is available, **No** if it is not, and **No estoy seguro/a** if the activity is not mentioned.

IXTAPA:
paraíso de México en el Pacífico

Por RICARDO CROW

La naturaleza puso la materia prima, y luego las computadoras hicieron el resto: una playa deshabitada de increíble belleza natural; aguas transparentes; y arena fina y limpísima, a unos 200 kilómetros al norte de la famosa Acapulco, se convirtieron en el milagro que hoy se llama Ixtapa. Los artífices de la extraordinaria transformación que ha tenido lugar en ese paraíso mexicano en el Pacífico fueron los planificadores y trabajadores de la Agencia de Turismo Mexicano FONATUR. Hasta hace no muchos años, Ixtapa era como una especie de porción de arcilla bruta que esperaba ser moldeada; finalmente, el proyecto fue convertido en una realidad que hoy disfrutan turistas de todo el mundo que acuden al lugar en busca de un "México muy especial y diferente."

La población más cercana a Ixtapa es Zihuatanejo, un centro urbano que en menos de diez años se ha transformado de una pequeña población pesquera en una activa ciudad de 20,000 habitantes. Ixtapa a su vez ha evolucionado con la afluencia del turismo, adaptándose a las necesidades de un crecimiento que FONATUR había previsto desde que el proyecto se hallaba en pañales, lo que ha permitido que todo este desarrollo haya seguido pautas que habían sido previamente trazadas para mantener la armonía del lugar. Así han surgido grandes hoteles y centros comerciales que se hallan integrados a la belleza del lugar, los cuales ofrecen las comodidades que el visitante más exigente espera encontrar en este fabuloso *resort* mexicano.

Entre estos hoteles se halla el famoso *Camino Real*, un símbolo predominante de los hoteles ixtapeños. Simbólicamente, está situado aparte de los otros siete grandes hoteles del complejo turístico, y su construcción desafía la imaginación. Siguiendo la tradición de los primeros mexicanos, el *Camino Real* es otra pirámide, sólo que esta vez alberga seres humanos de todas las nacionalidades que acuden a Ixtapa dispuestos a divertirse y a disfrutar no sólo de las bellezas naturales de esta playa-sin-igual, sino de todas las posibilidades que ofrece. La concepción de esta maravilla arquitectónica es obra del Arquitecto mexicano Ricardo Legoretta, y la construcción no solamente impacta visualmente desde la playa sino que es un verdadero símbolo de la zona... incluye siete restaurantes, once tiendas, cuatro piscinas, y un transporte que facilita el movimiento de *los más cansados* desde el hotel hasta las áreas de tenis, cine, y las demás instalaciones recreativas.

Ixtapa no solamente es un lugar que conserva las bellezas naturales sino que también ofrece al visitante un excelente clima durante todo el año, así como platos gourmet de la cocina tradicional mexicana e internacional.

Cerca del *Camino Real* se encuentran las instalaciones del *Club Med*, en *Playa Quieta*, unos pocos kilómetros al norte del hotel. Allí también se disfruta de canchas de tenis, de una enorme piscina, excelentes restaurantes, cabarets, bulliciosas discotecas, y muy especialmente, de una forma casi infantil de divertirse en la que los huéspedes participan en juegos colectivos que estimulan la fraternidad entre todos los que deciden tomar parte en ellos. Otras playas naturales ixtapeñas son las llamadas *La Ropa* y *Las Gatas*, verdaderos hallazgos para el viajero que desea explorar por su cuenta el área todavía virgen de esta fabulosa zona de México.

Con el encanto de las playas mexicanas y la privacidad de un área que mantiene su aspecto natural, Ixtapa ya forma parte de los paraísos turísticos del Pacífico. Y en ese maravilloso lugar hay para todos los gustos... ¡y para celebrar cualquier ocasión! ¿Para descansar solo o acompañado...? ¡Magnífica idea! ¿Una reunión de negocios? ¡Excelente! ¿Para su luna de miel? ¡Puede ser la mejor elección!

¿Cómo se llega a Ixtapa...? Muy fácilmente. Muchos prefieren volar a Acapulco, donde existe un aeropuerto con todas las facilidades, que conecta la ciudad con el resto del país. Pero también es accesible por tierra y por mar. Desde el punto de vista del presupuesto, este centro turístico se ajusta a todas las economías y se halla al alcance de todos... se pueden encontrar hoteles económicos muy agradables y confortables, pero también están aquéllos que tienen el *standard* internacional, con precios más competitivos que los que pueden ser hallados en otras partes del mundo.

¡No hay duda de que México es el país de las playas lindas! Y, entre éstas, Ixtapa merece una mención muy especial. Afortunadamente, su desarrollo está siendo controlado para evitar que el *boom* turístico actual convierta la región en un Acapulco o un Cancún de la noche a la mañana. Ese ambiente especial de Ixtapa es lo que buscan los visitantes que ya han descubierto este paraíso del Pacífico mexicano.

Hombre de mundo, Vol. 14, No. 13

Actividad B.
Locate the following words in the reading and see whether you can guess their meaning based on how they are used in context.

1. materia prima (*first paragraph*)
2. canchas (*fifth paragraph*)
3. hallazgos (*fifth paragraph*)

Actividad C.
Now read the article at your own pace. As you read, try to determine what distinguished Ixtapa from other resort areas in Mexico. Find one key word to help you remember each difference and write the words here.

Actividad D.
In the **Estrategia** section of **Lección 31**, you learned about non-concrete references and metaphors. A simile resembles a metaphor, except that a comparison is drawn using the words *like*, *as*, and so on. Can you find and explain the following simile, which appears in the reading?

...era como una especie de porción de arcilla bruta que esperaba ser moldeada...

ESTRATEGIA

As you know, underlining words and phrases as you read can help you remember or find important information later. Another useful technique is to read one paragraph at a time. As you complete each paragraph, stop and ask yourself, "What do I remember?" Then write down key words, phrases, or a summary sentence from the paragraph. This active processing of the information will help you to recall it more easily later on.

In addition, with descriptive readings such as this one, it also helps to visualize the information you have just read. As you complete each paragraph, try to picture what was described. Compare it in your imagination to other, similar scenes and events with which you are already familiar.

You have already practiced the key-word strategy in **Actividad C** of the **Lectura** section. Go back now to the words you wrote there and see whether you can write a sentence based on each one. When you have finished, you will have a summary of the most important information in the reading.

DESPUÉS DE LEER

Actividad A.

Based on what you know about Ixtapa, which of the following people would most likely want to go there? You may select more than one.

_____ a group of college students on spring break
_____ members of a bird-watching society
_____ businesspeople at an annual shareholders' meeting
_____ a retired couple
_____ a family with six children

Actividad B.

One of the things you may have inferred about Ixtapa from the reading is that it does not have an airport. Can you explain why, based on what you have read?

Actividad C.

Based on what you have read, write a short paragraph (50–100 words) in which you explain why Ixtapa does or does not appeal to you. Here are a few model sentences to use, if you wish.

MODELOS: (No) Me interesa ir a Ixtapa.

(No) Me gusta _____ y en Ixtapa _____.

También se puede _____.

Have you completed the following sections of the lesson? Check them off here.

_____ **Más allá del episodio**   _____ **¡A leer!**

_____ **Gramática**

Now scan the words in the **Vocabulario** list to be sure that you understand their meaning.

VOCABULARIO

Las palabras adicionales

la razón por la cual   the reason why

Now that you have completed the Textbook and Workbook for **Lección 43**, take the Self-Test for that lesson. (It is on page 236.) Remember to listen to the tape when you see the cassette symbol and to check your answers.

_____   **Self-Test**

Now that you have worked through the Textbook and the Workbook and taken the Self-Test, here are some of the things you have accomplished in Spanish.

- You can use and understand words related to staying at hotels.
- You have learned to express what *had* happened in Spanish.
- You have continued to improve your listening and reading skills.

You are now ready to continue on with **Lección 44** in the Textbook.

44

UNA PROMESA Y UNA SONRISA

OBJETIVOS

Whereas the materials in the Textbook all had to do with the video episode, the materials in the Workbook will help you expand your knowledge of the Spanish language in general, as well as give you opportunities for self-expression in Spanish. In this lesson you will learn

- more about how to use the past perfect with other tenses you know **(Gramática 102)**
- how to form adverbs in Spanish **(103)**

In the **¡A leer!** section you will work with an authentic reading and on reading skills.

Remember to listen to the tape for **Lección 44** when you see the cassette symbol and to check your answers in Appendix 1.

5

MÁS ALLÁ DEL EPISODIO

Actividad A.   La Gavia

> #### PARA PENSAR...
>
> El cliente de la Sra. López Estrada está dispuesto a mejorar su oferta por la hacienda. Por lo visto, tiene mucho interés en ser el dueño de la hacienda histórica. ¿Por qué le interesó a don Fernando comprarla?

 Ahora escucha la narración en la cinta.

La Gavia, cerca de la ciudad de Toluca. Aquí, don Fernando piensa en su pasado... y en su futuro.

Actividad B.

Paso 1

¿Cierto (**C**), falso (**F**) o no se sabe (**NSS**)? ¿Son ciertas las siguientes oraciones sobre La Gavia, según la narración? Si no había información sobre la oración, indica que no se sabe.

C F NSS 1. Según la narración, Ramón ya decidió que es buena idea vender la hacienda.
C F NSS 2. Porfirio Díaz visitó La Gavia una vez.
C F NSS 3. La hacienda fue destruida durante la Revolución mexicana.
C F NSS 4. La Gavia le recordó a don Fernando los horrores de la Guerra Civil en España.
C F NSS 5. Casi todo el trabajo de la reconstrucción está terminado.

 Ahora escucha la cinta para verificar tus respuestas.

Paso 2

Todos se interesan mucho en la cuestión de la venta de La Gavia. Si lo supiera, es seguro que don Fernando también tendría una opinión. Contesta la siguiente pregunta aplicada a cada uno de los personajes. (Worksheet)

Pregunta: En tu opinión, ¿qué opina el personaje de la posibilidad de vender La Gavia?

Personajes: Ramón, Lupe, Mercedes, Pati, Juan, Pedro

• •

 6 ## GRAMÁTICA

---

102. *YO LE HABÍA PROMETIDO QUE HABLARÍA CON ÉL HOY:* USES OF THE PAST PERFECT

Antes del almuerzo,

> Luis le **había llamado** a Raquel varias veces
> Raquel le **había prometido** que hablaría con él
> también le **había dicho** que no podía hablar con él cuando él quería
> por fin le **había prometido** que los dos podrían comer juntos

In **Lección 43**, you learned to form the past perfect tense, whose use often parallels that of the English past perfect. Note the following ways in which the past perfect is used in relation to other verb forms.

• The past perfect expresses an event that occurred before another event in the past. The other past event will generally be expressed with the preterite.

Cuando Luis **habló** con Raquel, ya él había comprado los pasajes para ir a Zihuatanejo.	*When Luis talked with Raquel, he had already bought the tickets for Zihuatanejo.*

• The past perfect can also be used with the imperfect (to describe a condition) or the conditional (to tell what someone would do).

Luis le había dicho a Raquel que le **tenía** una sorpresa.	*Luis had told Raquel that he had a surprise for her.*
Raquel le había prometido a Luis que **hablaría** con él hoy.	*Raquel had promised Luis that she would speak with him today.*

Actividad A.

¿Quién lo dijo? ¿Quién lo hizo? Indica el nombre del personaje que hizo o dijo lo siguiente. ¡OJO! Hay más de una respuesta posible en algunos casos.

a. Raquel   c. Juan   e. Luis   g. Roberto
b. Arturo   d. Pati   f. Ángela   h. Jorge

1. __b__ Dijo que había perdido contacto con su hermano hace muchos años.
2. __f__ Confesó que se había alejado de su hermano.
3. __e__ Se había mudado al sur de California antes de ponerse en contacto con la familia de alguien.
4. __c__ Le confesó a una persona querida que le había tenido envidia.
5. __h__ Dijo que la persona que había contestado su teléfono era una amiga.
6. __a e__ Había estado en una agencia de viajes, sin saber que una persona conocida también había estado antes allí.
7. __e__ Había comprado boletos para un viaje antes de consultar con alguien.
8. __d__ Había salido antes de que otra persona se despertara.

Actividad B. ¿Qué crees?

Paso 1

Lee las siguientes preguntas e indica tu respuesta.

Sí No   1. Las relaciones entre Pati y Juan ya se habían deteriorado mucho cuando éste por fin se dio cuenta de que le tenía envidia a su esposa. ¿Habían hablado antes de un posible conflicto entre sus respectivas carreras?

Sí No   2. Gloria había podido ocultar su problema de los demás hasta que Carlos decidió hablar honestamente con la familia. ¿Habían buscado ayuda profesional antes Carlos y Gloria?

Sí No   3. María, la madre de Raquel, le sugirió a Luis que fuera a México sin consultar con Raquel. ¿Había hecho ella algo parecido (*similar*) antes, es decir, actuar sin consultar con su hija?

Sí No   4. Luis había comprado boletos para un viaje a Zihuatanejo sin haber consultado con Raquel. ¿Había hecho algo parecido Luis en el pasado, es decir, tomar una decisión importante sin consultar antes?

Paso 2

Ahora escucha la opinión de la persona en la cinta. ¿Están Uds. de acuerdo?

1. Sí No   2. Sí No   3. Sí No   4. Sí No

Actividad C. ¿Cuánto recuerdas?

Indica lo que recuerdas de algunos aspectos de los episodios previos de *Destinos*, completando las siguientes oraciones con información lógica y verdadera. (Worksheet)

MODELO: Cuando Luis decidió ir a México, ya →
había hablado con la madre de Raquel pero no había hablado con Raquel.

1. Cuando Raquel por fin volvió a México con Ángela, ya...
2. Antes de volver a ver a Raquel en México, Arturo...
3. Carlos tuvo que confesar su secreto a la familia porque...
4. Juan fue a Nueva York porque...
5. Cuando Luis vio a Raquel en México, ésta ya...
6. Cuando la agente de bienes raíces llamó a Ramón, su cliente en los Estados Unidos...

Actividad D. ¿Cuál es la historia?

¿Puedes adivinar (*guess*) en qué historias ocurren estas escenas (*scenes*)? Completa las oraciones según el modelo.

MODELO: Los tres cerditos ___admitieron___ que ___se habían alojado___ primero en una casa de paja (*straw*). (admitir/alojarse)

1. Un chico _____ que _____ la vaca por unos frijoles. (confesar/cambiar)

2. El oso padre _____ que alguien _____ su sopa. (gritar/probar)

3. La niña vestida de rojo _____ que _____ a un lobo camino a la casa de su abuela. (revelar/ver)

4. Una joven _____ que _____ el zapato en el baile del príncipe. (confirmar/perder)

5. Una joven _____ que una araña (*spider*) _____ al lado de ella. (ver/sentarse)

6. Una joven _____ con el príncipe después que _____ en la casa de los siete enanos (*dwarves*). (casarse/vivir)

7. Un chico _____ que él y una chica _____ la montaña juntos para conseguir agua. (explicar/subir)

103. *DEBEMOS HABLAR CLARAMENTE:* ADVERB FORMATION

You already know some of the more common Spanish adverbs: **bien, mal, mejor, peor, mucho, poco, más, menos, muy, pronto, a tiempo, tan, tarde, temprano, siempre, nunca, sólo, solamente,** and so on. The form of adverbs is invariable; that is, they do not change to show number and gender agreement, as adjectives do. Another group of Spanish adverbs ends in **-mente.**

Forms

Adverbs that end in *-ly* in English usually end in the suffix **-mente** in Spanish. When an adjective ends in **-o/-a,** the suffix **-mente** is added to the feminine singular form of the adjective.

ADJECTIVE	ADVERB	ENGLISH
fácil	**fácilmente**	*easily*
frecuente	**frecuentemente**	*frequently*
rápido	**rápidamente**	*rapidly*
lento	**lentamente**	*slowly*

Adverbs ending in **-mente** have two spoken stresses: one on the adjective stem and the other on **-men-.** The stress on the adjective stem is the stronger of the two.

Uses

In Spanish, adverbs modifying a verb are placed as close to the verb as possible, generally right after it. When Spanish adverbs modify adjectives or other adverbs, they are placed directly before them.

Luis cree que comprende **perfectamente** a Raquel.	*Luis thinks that he understands Raquel perfectly.*
Raquel está **tremendamente** enojada con su madre.	*Raquel is tremendously angry with her mother.*
Para Juanita, la natación es **poco** interesante.	*For Juanita, swimming is not very interesting.*
De niño, Carlos practicaba los deportes **muy poco.**	*As a child, Carlos didn't play sports very much.*

Actividad A. ¿Cómo?

Completa las oraciones lógicamente con adverbios basados en los siguientes adjetivos.

injusto   perfecto   posible
económico   preciso   real
cariñoso   solo   desgraciado

1. Arturo comprendió _____ la curiosidad que todos tenían por saber algo de su madre, Rosario.

2. Al revisar sus cuentas, Ángela no comprendía cómo era posible que en su cuenta corriente tuviera _____ $10.00.

3. Para Mercedes, los problemas financieros de la compañía Castillo Saavedra eran difíciles de entender porque todo andaba muy bien _____ en los Estados Unidos.

4. A Roberto le gustaba el apartamento porque tenía recuerdos de sus padres. Ángela lo quería vender _____ por eso.

5. Luis pensaba que Raquel lo iba a recibir _____.

6. Carlos pensaba que _____ podría devolver el dinero sin que nadie supiera que lo había tomado.

7. En la opinión de Ángela, todos critican a Jorge _____.

 Ahora escucha la cinta para verificar tus respuestas.

Actividad B. ¿Y tú?

Escribe oraciones completas para indicar algo que haces o que has hecho de la manera indicada. (Worksheet)

1. rápidamente
2. pacientemente
3. constantemente
4. muy mal
5. estupendamente bien

• •

7

¡A LEER!

ANTES DE LEER

Actividad A.
The reading in this section is about windsurfing. Can you answer the following questions regarding this sport? If you don't know any specifics, indicate what you think is involved by making logical guesses.

Where is this sport practiced? _____

Who can do it? _____

What equipment is needed? _____

Actividad B.

Look at the title of the reading and the boldfaced subtitle. Do they reveal anything new to you about windsurfing? Explain.

Actividad C.

What information do you think this article will contain?

____ La historia del *windsurf*
____ El equipo necesario para practicarlo
____ Lo que le hace al cuerpo
____ Los nombres de personas famosas que lo practican
____ Las reglas oficiales que uno tiene que saber si quiere ser un experto

____ _____

Actividad D.

Before you begin to read, look at the following list of words. Knowing them ahead of time will help you understand the reading more fully.

la tabla	*board*		**la seda**	*silk*
la vela	*sail*		**la soga**	*rope*
la aleta	*rudder*			

LECTURA

Actividad A.

Scan the reading to check your answers to **Actividad C** of **Antes de leer**. Were all of your ideas included to some extent in the article?

El *windsurf*, que ya tiene categoría de deporte olímpico, sigue ganando adeptos alrededor del mundo.

Texto: Luis Ignacio Larcada

WINDSURF

El *windsurf* es uno de los deportes que más popularidad han alcanzado en los últimos años, y ciertamente es un excelente ejercicio físico, ya que todo el cuerpo debe mantenerse en tensión para no perder el equilibrio: abdomen, piernas y brazos. Además, es divertido, ya que son varios los elementos con los que se debe jugar: el viento, el agua y la propia iniciativa del que lo practica, que establece su trayectoria.

↪ La historia del *windsurf* o *tablavela*, como le llaman en España, comenzó cuando dos californianos, Jim Drake, que practicaba la navegación a vela, y Hoyle Schweitzer, que dedicaba al *surf* sus mejores esfuerzos, decidieron unirse para crear un nuevo deporte acuático. En este empeño, varias fueron las complicaciones que tuvieron que vencer: la *tabla* se hundía en uno de sus extremos y la vela era difícil de recoger una vez que caía al agua.

↪ Hoy en día, sin embargo, el equipo necesario para practicar este deporte se ha perfeccionado en detalle. Entre los componentes necesarios, está una tabla *deslizante* de 3,65 m, casi siempre rellena de polietileno y cubierta por ciertos materiales, como la fibra de carbón o la resina epóxica, entre otros. Algunas tablas tienen una *rugosidad* en la zona donde se apoyan los pies, lo que ayuda a mantener el equilibrio. La parte de la tabla que se mantiene en contacto con el agua lleva una **aleta** pequeña. La vela se afianza en un mástil, que debe **engarzar** en un orificio de la tabla, con cierta **holgura** para permitir el movimiento.

↬ El material de la vela varía entre distintos tipos de mezcla de poliéster. La **seda**, utilizada en los paracaídas y en otros deportes que tengan que ver con el viento, no es aconsejable en este caso, ya que, si se moja, pesa extraordinariamente.

La vela tiene a su alrededor dos tubos cóncavos que sirven para conducirla, y una **soga**, cuya función es ayudar a levantarla cuando se ha caído.

Geomundo, Vol. 11, No. 4

Actividad B.

Locate the following words in the reading and see whether you can guess their meaning based on how they are used in context.

1. empeño (*second paragraph*)
2. equipo (*third paragraph*)
3. se moja (*last paragraph*)

Actividad C.

Now read the article for details. While reading, keep these questions in mind.

1. En España, ¿cómo le llaman al *windsurf*?
2. ¿Quién inventó el *windsurf*?
3. ¿De qué material está hecha la vela?
4. ¿Por qué no se usa la seda para las velas?

ESTRATEGIA

Reading involves obtaining information and meaning from a written text. Within a text, information can be presented in an explicit or implicit manner. In order to extract implicit information, good readers rely on a strategy called inferencing.

Drawing inferences (inferencing) involves coming to logical conclusions based on the explicit information at hand, or taking the information a step beyond what is presented in the text. By being an active reader one can learn not only from what the text does say, but also from what it does not say.

Reread "*Windsurf*," keeping this strategy in mind. Doing so will prepare you for **Actividad B** in **Después de leer**.

 DESPUÉS DE LEER

Actividad A.

Based on what you know about the sport of windsurfing, do you think you would be good at it? Why or why not?

Actividad B.

The subtitle of the reading tells you that windsurfing is an Olympic event. Speaking in general terms, and without specific knowledge of Olympic rules, can you explain why? Keep in mind the reading strategy of inferencing. Nowhere in the text is the question explicitly answered, but the answer can be inferred.

Have you completed the following sections of the lesson? Check them off here.

_____ **Más allá del episodio**   _____ **¡A leer!**

_____ **Gramática**

Now scan the words in the **Vocabulario** list to be sure that you understand their meaning.

• •

VOCABULARIO

Los adjetivos
parecido/a   similar

Now that you have completed the Textbook and Workbook for **Lección 44**, take the Self-Test for that lesson. (It is on page 238.) Remember to listen to the tape when you see the cassette symbol and to check your answers.

_____ **Self-Test**

Now that you have worked through the Textbook and the Workbook and taken the Self-Test, here are some of the things you have accomplished in Spanish.

- You can use and understand words related to many kinds of sporting activities.
- You have learned about the relationship between the past perfect and other verb forms.
- You have learned how adverbs are formed in Spanish and how they are used to describe activities.
- You have continued to improve your listening and reading skills.

You are now ready to continue on with **Lección 45** in the Textbook.

LECCIÓN

45 ¡Estoy harta!

OBJETIVOS

Whereas the materials in the Textbook all had to do with the video episode, the materials in the Workbook will help you expand your knowledge of the Spanish language in general, as well as give you opportunities for self-expression in Spanish. In this lesson you will learn

- how to form the past perfect subjunctive and some of the ways it is used **(Gramática 104)**
- how to express strong reactions **(105)**

Remember to listen to the tape for **Lección 45** when you see the cassette symbol and to check your answers in Appendix 1.

MÁS ALLÁ DEL EPISODIO

Actividad A. Raquel y su madre

PARA PENSAR...

Ya has visto la discusión entre Raquel y su madre sobre lo de Luis. ¿Te parece que lo que pasa entre ellas es típico de los conflictos que ocurren entre padres e hijos? ¿En qué sentido(s)? ¿En qué se parecen Raquel y su madre y en qué son diferentes? ¿Es que esas semejanzas y diferencias influyen en sus relaciones?

Como pasa en las relaciones entre muchas madres e hijas, las cosas entre Raquel y María Rodríguez a veces andan bien y a veces andan mal. Se quieren mucho, eso sí, y son muy unidas. Pero las diferencias en cuanto a lo que valoran en la vida las llevan de vez en cuando a tener serias discusiones.

No hay que olvidar que son de dos generaciones distintas y que fueron educadas en forma diferente. Como resultado, tienen personalidades muy distintas.

Para María, Raquel es lo primero. Y Raquel también quiere muchísimo a su mamá. Pero eso no significa que no tengan discusiones... y con cierta frecuencia.

Raquel es una mujer moderna cuyo[1] concepto del mundo se formó de acuerdo con los valores de la sociedad mayoritaria de los Estados Unidos. Es muy inteligente y ha tenido buena formación[2] profesional. Precisamente por su profesión, sabe tratar a la gente cortésmente y, lo que es más, sabe obtener lo que quiere de los otros, a veces sin que éstos se den cuenta de ello. Esta sutileza[3] en su trato con los demás le ha ayudado mucho a Raquel en su vida profesional.

María, en cambio, es una mujer cuyas ideas se formaron en la cuna[4] de la familia mexicana tradicional. Sus padres se fueron de México durante la Revolución, pero llevaron consigo[5] todo un sistema de valores. Por eso, los valores de María son muy diferentes de los de Raquel; sus principios son más bien los de la cultura mexicana, los de la generación anterior.[6]

Podría describirse[7] bien la personalidad de María con dos palabras: dominante y cabezona. Es decir, a María le gusta mandar a los demás, hacer que hagan lo que ella quiere. «Flexible» no es una palabra que describa a María. Cuando se le mete una idea en la cabeza o se forma una opinión, no hay manera de hacerla cambiar de opinión. «Me equivoqué» es algo que María jamás ha dicho en la vida.

Un incidente en particular demuestra la clase de relaciones que han existido entre María y Raquel. A los dieciséis años, Raquel se preparaba para su primer baile de etiqueta[8] en la escuela secundaria. A la hora de buscar un vestido, María la llevó a un almacén en el centro de Los Ángeles. Mientras Raquel miraba unos vestidos, María miraba otros en otra parte del almacén.

Pronto Raquel encontró el vestido que más le gustaba. Era de color rosa, con pequeñas flores de seda y un tanto *sexy*. Cuando iba a mostrárselo a María, ésta llegó con el vestido que había encontrado. «¡Mira!», exclamó. «Éste es el vestido para ti. Parece hecho para ti.» Era un vestido azul, sencillo y de estilo muy conservador, serio. Cuando Raquel le mostró el que ella había encontrado, su mamá le dijo, sin detenerse[9] a mirarlo. «Éste que he encontrado yo es más bonito. Anda. Pruébatelo.[10]»

Raquel se probó los dos vestidos. Aunque le encantaba el vestido color rosa, dio la casualidad que le quedaba un poco grande. El azul le quedaba como un guante.[11] «¿Ves?» dijo María. «¿No te dije yo que era perfecto para ti?» La empleada les dijo que podrían arreglar el vestido rosa dentro de unos días si querían. Por un momento Raquel tenía esperanzas. Pero María no le dio ninguna oportunidad de hablar. «No», le dijo a la empleada. «Nos llevamos el azul.» Y así fue.

Quizá te parezca que el incidente del vestido tenga poca importancia. Pero demuestra cómo se fue desarrollando la manera en que María y Raquel se han relacionado a lo largo de los años. Sus relaciones no han cambiado mucho. Y ahora, no se trata de un vestido, sino[12] de un novio...

[1]*whose*   [2]*training*   [3]*subtlety*   [4]*cradle*   [5]*with them*   [6]*previous*   [7]*be described*   [8]*de... formal*   [9]*stopping*
[10]*Try it on.*   [11]*glove*   [12]*but rather*

Actividad B.

Paso 1

Indica si las siguientes oraciones son probables (**P**) o improbables (**IMP**) según lo que ya sabes de las relaciones entre Raquel y su madre.

P   IMP   1. María le tiene envidia a Raquel por el éxito que ha tenido en su profesión.

P   IMP   2. Raquel ya no tiene ninguna esperanza de que su madre cambie en su manera de tratarla.

Paso 2

Ahora escucha la narración en la cinta. Después de escuchar, cambia tus respuestas en el **Paso 1** si es necesario.

Paso 3

Da tu opinión sobre las relaciones entre Raquel y su madre completando una de las siguientes oraciones. (Worksheet)

1. En el incidente del vestido, creo que
   su madre tenía razón, porque...
   Raquel debería haber insistido, porque...

2. En el incidente con Arturo, creo que
   María se portó muy mal, porque...
   Raquel no tenía ningún derecho de enfadarse porque...

GRAMÁTICA

---

104. *A PAPÁ LE HUBIERA GUSTADO VER ESTO*: THE PAST PERFECT SUBJUNCTIVE

A Ángel, el padre de Ángela, le **hubiera gustado**

> conocer a su padre
> tener relaciones más estrechas con su hermano Arturo
> ver el Museo de Antropología con sus hijos

In the **Un poco de gramática** section of this lesson in the Textbook, you learned to use the **haber** plus **-do** combination with the conditional of **deber** to express what someone *should have done.* In this section you will learn to use the **haber** plus **-do** combination to form the past perfect subjunctive. With it you can express, among other things, what someone would have done, liked, said, and so on. In later chapters you will learn additional uses of this structure.

You have already learned to form three versions of the Spanish perfect: the present perfect indicative, the present perfect subjunctive, and the past perfect indicative. Here is the past perfect subjunctive.

Forms

The past perfect subjunctive consists of the imperfect subjunctive forms of the auxiliary verb **haber** plus the past participle of another verb.

hubiera llamado	*I had called*	**hubiéramos** llamado	*we had called*
hubieras llamado	*you* (tú) *had called*	**hubierais** llamado	*you* (vosotros) *had called*
hubiera llamado	*he, she, you* (Ud.) *had called*	**hubieran** llamado	*they, you* (Uds.) *had called*

Uses

A María no le gustó la idea de que Raquel **hubiera tenido** relaciones serias con «ese gaucho» Arturo.

María did not like the idea that Raquel might have had a serious relationship with "that gaucho" Arturo.

A Roberto le parecía imposible que Ángela **hubiera vendido** el apartamento sin consultar con él.

Roberto thought it was impossible that Ángela would have sold the apartment without consulting with him.

- In general, the use of the Spanish past perfect subjunctive parallels that of the English past perfect, but is used when the Spanish subjunctive is required. Use it to describe what someone wanted to have happened, hoped would or would not have happened, and so on.
- The past perfect subjunctive is often used in single clause sentences to tell what someone would—or would not—have done, liked, said, and so on.

  Yo no **hubiera dicho** eso.

  I would not have said that.

  A Rosario le **hubiera gustado** conocer a los hijos de Ángel.

  Rosario would have liked to meet Ángel's children.

- Remember that direct object, indirect object, and reflexive pronouns precede the conjugated form of **haber**: **se hubiera acostado, se lo hubiera dado,** and so on.

Actividad A.

¿A qué situación se refiere? Indica la situación a que, lógicamente, cada oración se podría referir. ¡OJO! Hay más de una respuesta posible en algunos casos.

1. _____ Jamás en su vida esperó Raquel que tal cosa le hubiera pasado.
   - a. sus relaciones con un psiquiatra argentino
   - b. su carrera como abogada
   - c. su amistad con una joven puertorriqueña

2. _____ A Roberto no le parecía posible que Ángela hubiera pensado hacer esto.
   - a. irse a vivir a México
   - b. romper (*to break off*) sus relaciones con Jorge
   - c. vender el apartamento

3. _____ Para Raquel, era increíble que Luis hubiera hecho esto.
   - a. ir a México
   - b. comprar pasajes para pasar las vacaciones con ella
   - c. llamar a sus padres

4. _____ A Raquel le parecía fatal que su madre hubiera hecho esto.
   - a. sugerirle a Luis que viniera a México
   - b. tratar de hablar con don Fernando
   - c. tratar a Arturo sin ninguna cortesía

5. _____ Juan casi no pudo creer que Pati hubiera hecho esto.
   - a. negarse a (*to refuse*) hacer cambios en la obra
   - b. salir a tomar café con su asistente
   - c. regresar a Nueva York mientras don Fernando todavía estaba en el hospital

6. _____ Al principio los hermanos Castillo no creían que Carlos hubiera hecho esto.
   - a. no acompañar a Mercedes a Guadalajara
   - b. mentirles
   - c. no llevar bien las cuentas

Actividad B. Reacciones

¿Cómo han reaccionado los personajes de *Destinos* ante los incidentes mencionados en los episodios previos? Empareja una frase del **Grupo A** con otra del **Grupo B**.

Grupo A

1. __a__ Mercedes se molestó con la posibilidad de que Carlos
2. __c__ Raquel no estaba nada contenta de que Luis
3. __b__ A Roberto no le gustó nada que Ángela
4. __e__ A Ramón y sus hermanos les sorprendió que Gloria
5. __f__ A la agente de bienes raíces le parecía curioso que los hermanos
6. __d__ A Raquel le enfadó que su madre

Grupo B

a. hubiera engañado a su familia
b. hubiera pensado darle parte de su dinero a su novio
c. hubiera venido a México a verla
d. hubiera tratado tan mal a su amigo argentino
e. hubiera salido de casa por la noche
f. no hubieran aceptado ya la oferta de su cliente

Ahora escucha la cinta para verificar tus respuestas.

Actividad C.   Una cita desastrosa

¿Has tenido citas difíciles? Completa esta descripción que relata un estudiante que finalmente tiene una cita con la mujer de sus sueños. Usa el tiempo perfecto de los verbos entre paréntesis. Algunos requieren el subjuntivo y otros el indicativo.

Yo había convencido a la nueva estudiante de que saliera conmigo. Pero lo difícil era decidir qué podíamos hacer juntos.

Yo quería ver la nueva película de Kevin Costner y dudaba que ella la (ver) _____[1].
Pero ella me dijo que ya (ir) _____[2] a verla. Yo no creía que ella (conocer) _____[3]
el nuevo museo pero ella me dijo que lo (visitar) _____[4] la semana pasada. Pensé que
no era posible que ella (comer) _____[5] en el nuevo restaurante español que abrieron
recientemente. Pero me dijo que precisamente (almorzar) _____[6] allí hoy.

Me pareció que ella ya (hacer) _____[7] todo lo que podíamos hacer juntos. Ella, en
cambio, me dijo que dudaba que nunca antes (tener) _____[8] una cita más aburrida.
Semanas después, yo (pensar) _____[9] pedirle otra vez que saliera conmigo, pero era
imposible que ella (olvidarse) _____[10] de la mala experiencia de la primera cita.

Actividad D.   Especulaciones

¿Qué les hubiera gustado a estos personajes? Si ya no viven, piensa en algo que les hubiera gustado hacer antes de morir. Si todavía viven, piensa en algo de su pasado que les gustaría cambiar ahora. Escribe una oración para por lo menos cuatro de los siguientes personajes. (Worksheet)

MODELO: Rosario → A Rosario le hubiera gustado conocer a los hijos de Ángel.

1. Rosario
2. Ángel
3. doña Carmen (segunda esposa de don Fernando)
4. Martín Iglesias (padre de Arturo y segundo esposo de Rosario)
5. doña Carmen (abuela de Ángela y Roberto)
6. Teresa Suárez
7. Arturo

Actividad E.   ¿Y tú?

Piensa en algunos incidentes de tu vida en que alguien no te creyó o dudó de lo que tú le decías. Escribe por lo menos cuatro oraciones. (Worksheet)

MODELO: Recuerdo que, una vez en la primaria, mi profesora no creía que mi perro se hubiera comido mi tarea. ¡Pero era verdad!

105. ¡QUÉ MANERA DE COMENZAR UN VIAJE!: EXCLAMATIONS

As you learned in the **Conversaciones** section of **Lección 24** in the Textbook, strong reactions can be expressed in Spanish with a simple formula: **¡Qué** + *noun/adjective/adverb*!

Nouns:

¡Qué complicaciones!	*What complications!*
¡Qué lata!	*What a nuisance!*
¡Qué bonita hacienda!	*What a lovely hacienda!*

Adjectives:

¡**Qué** bonitos (son)!   *How pretty (they are)!*

¡**Qué** malo eres, Carlitos!   *What a bad boy you are, Carlitos!*

¡**Qué** fatal!   *How awful!*

Adverbs:

¡**Qué** bien!   *How great! That's great!*

¡**Qué** rápido vas!   *How fast you're going!*

Note that the English equivalent of these expressions varies, and that *a* (as in *What a . . .*) is not explicitly expressed in Spanish.

Here are some additional variations on exclamations that you have heard in the video episodes of *Destinos*.

- To add even greater emphasis, use **más** or **tan**.

   ¡**Qué** hacienda **más** bonita!

   ¡**Qué** hacienda **tan** elegante!

- The ¡**Qué**... ! structure can also be used as part of a phrase at the beginning of a sentence. Here are some sentences you have heard in Raquel's reviews.

   Hablando de la noche en casa de Pedro:

   ¡**Qué bien** lo pasamos con la familia!   *What a nice time we had with the family!*

   Hablando de la foto que Arturo le dio:

   ¡**Qué** bonita salió la foto!, ¿no? ¡Y qué lindo marco le ha puesto Arturo!   *How pretty the photo came out, right? And what a lovely frame Arturo has put on it!*

Actividad A. Más reacciones lógicas

A lo largo de los episodios hasta ahora, has visto y escuchado cómo reaccionaron los personajes a lo que hacen o dicen los otros. Ahora te toca a ti (*it's your turn*) expresar tu reacción. Escoge la frase que para ti expresa la reacción más lógica en cada situación. En cada caso, una de las posibilidades es repetir lo que dijo un personaje, pero eso no implica que sea la única respuesta posible. No hay respuestas correctas.

1. _____ Arturo les contó a los hermanos Castillo que no supo más de Ángel desde que su madre murió.
   a. ¡Qué bien!
   b. ¡Qué curioso!
   c. ¡Qué triste!

2. _____ Luis llamó a María para decirle que ya había comprado el boleto para ir a México.
   a. ¡Qué complicación para Raquel!
   b. ¡Qué feo!
   c. ¡Qué bien!

3. _____ Carlitos estaba enfermo, pero ya se sentía un poco mejor.
   a. ¡Qué tonto es ese chico!
   b. ¡Qué rápido se ha recuperado!
   c. ¡Qué horribles son los resfriados!

4. _____ Carlitos dijo delante de todos que había visto a Arturo y a Raquel besándose en el jardín.
   a. ¡Qué chistoso!
   b. ¡Qué tontería!
   c. ¡Qué vergüenza para Raquel!

5. _____ Raquel llamó a la familia en Puerto Rico para decirles que Roberto ya se había despertado.
   a. ¡Qué divertido!
   b. ¡Qué tragedia!
   c. ¡Qué alegría!

Actividad B. Lo bueno y lo malo

Raquel ha pasado buenos y malos momentos durante su investigación. En tu opinión, ¿cuándo lo pasó muy bien? ¿y cuándo lo pasó muy mal? Completa cada oración de dos maneras por lo menos. (Worksheet)

1. ¡Qué bien lo pasó en/cuando... !
2. ¡Qué mal lo pasó en/cuando... !

Actividad C. ¿Y tú?

Expresa tus reacciones personales a las siguientes noticias hipotéticas. Usa una de las sugerencias o cualquier otra palabra o frase que quieras.

MODELOS: ¡Viene Yanni a dar un concierto! →
¡Qué maravilloso (aburrido, ...)!

¡Hay un nuevo programa con Michael J. Fox! →
¡Qué actor más talentoso (divertido, ...)!

1. ¡Los Yanquis ganaron la Serie Mundial! (bueno/malo/inesperado)

   _____

2. ¡Hay examen esta semana en la clase de español! (bien/horror/sorpresa)

   _____

3. ¡Hay una nueva película con Mel Gibson! (guapo/magnífico/divertido)

   _____

4. ¡Una mujer ganó $10 millones en la lotería! (suerte/envidia/injusto)

   _____

5. ¡Hay pescado y mariscos para la cena! (desagradable/rico/horrible)

   _____

6. ¡Tu mejor amigo se va a casar mañana! (alegría/triste/chistoso)

   _____

7. ¡Ganaste un viaje a Moscú! (interesante/miedo/chistoso)

   _____

8. ¡Tu amiga cree que va a sacar una «A» en español! (optimista/tonta/esperanza)

   _____

Have you completed the following sections of the lesson? Check them off here.

_____ **Más allá del episodio**

_____ **Gramática**

Now scan the words in the **Vocabulario** list to be sure that you understand their meaning.

● ●

VOCABULARIO

Los verbos

romper   to break (off, up)

Now that you have completed the Textbook and Workbook for **Lección 45**, take the Self-Test for that lesson. (It is on page 240.) Remember to listen to the tape when you see the cassette symbol and to check your answers.

_____ **Self-Test**

Now that you have worked through the Textbook and the Workbook and taken the Self-Test, here are some of the things you have accomplished in Spanish.

- You can use and understand words related to many types of personal relationships.
- You know how to talk about what someone should or should not have done.
- You have learned the formation of the past perfect subjunctive and some of the ways in which it is used.
- You know how to express strong reactions in Spanish by using exclamations.
- You have continued to improve your listening skills.

You are now ready to continue on with **Lección 46** in the Textbook.

46

LAS EMPANADAS

OBJETIVOS

Whereas the materials in the Textbook all had to do with the video episode, the materials in the Workbook will help you expand your knowledge of the Spanish language in general, as well as give you opportunities for self-expression in Spanish. In this lesson you will

- learn more about using the past perfect subjunctive to express what would have happened if . . . **(Gramática 106)**
- review forms of the perfect tenses **(107)**

In the **¡A leer!** section you will work with an authentic reading and practice your reading skills.
   Remember to listen to the tape for **Lección 46** when you see the cassette symbol and to check your answers in Appendix 1.

5

MÁS ALLÁ DEL EPISODIO

Actividad A.   Raquel y su padre

PARA PENSAR...

Ya sabes que las relaciones entre Raquel y su madre son un poco tempestuosas, pero... ¿cómo se lleva Raquel con su padre? Casi no los has visto hablar. ¿Cómo crees que son las relaciones entre padre e hija? ¿Por qué te imaginas que son así?

Raquel quiere mucho a su madre, pero sus relaciones con su padre son muy especiales.

Pancho, el padre de Raquel, tiene un carácter muy distinto del de su esposa. Es un hombre muy práctico y sabe aceptar la vida como viene. No le agradan[1] las discusiones y particularmente le molesta cuando ocurran en casa. Cuando madre e hija discuten, Pancho trata de calmarlas sin tomar ningún partido.[2] Prefiere que la tormenta[3] se disipe antes de dar su opinión.

Pancho sabe que su esposa es muy dominante, pero la respeta mucho por su fuerza de voluntad y su espíritu de hierro.[4] Para él, como para el resto de la familia, María ha sido un apoyo muy fuerte en los momentos difíciles. Por su parte, Pancho representa el sentido común y la serenidad. En este sentido María y Pancho hacen una buena pareja.

Pancho también ha sido siempre el conciliador de la casa. Por eso intenta que su esposa comprenda que Raquel ya es toda una mujer, y que tiene derecho a organizar su vida como quiera. «Debes de moderar esa tendencia que tienes de proteger a Raquel. Ya no es una niña.» le repite con frecuencia. María está de acuerdo y asiente en silencio, pero... al poco tiempo lo olvida y vuelve a hacer lo mismo.

Entre Pancho y Raquel ha existido siempre una relación muy cariñosa y afectuosa. Padre e hija siempre se han llevado muy bien. Para Raquel su padre es un buen amigo, y le gusta contarle todo lo que le pasa y compartir con él sus problemas y alegrías. La visión realista y pragmática de Pancho le ha servido de gran ayuda a Raquel. Por eso, para ella es importante contar con[5] la opinión de su padre. Por su parte, Pancho ha sido con frecuencia el mediador entre madre e hija, un papel que no siempre le ha sido fácil desempeñar. El mantener buenas relaciones con las dos mujeres en medio de esas crisis familiares, a lo largo de tantos años le ha costado mucho trabajo a veces, pero casi siempre lo ha podido conseguir.

[1]No... No le gustan   [2]*side*   [3]*tempest, storm*   [4]espíritu... *iron will*   [5]contar... *to have available to her*

Actividad B.

Paso 1

Según lo que sabes de las relaciones entre los tres miembros de la familia de Raquel, ¿qué crees que hizo Pancho cuando ocurrió el incidente del vestido? Vuelve a leer **Más allá del episodio** de la **Lección 45** si no te acuerdas de ese incidente.

a. _____ Pancho no intervino para nada en ese incidente.
b. _____ Pancho tomó el partido de su mujer. Además, le gustó más el vestido azul.
c. _____ Pancho tomó el partido de su hija, pero de una manera muy sutil.
d. _____ Pancho trató de hacer que las dos mujeres hablaran del incidente, lo cual motivó otro incidente.
e. _____ _____

Paso 2

Ahora escucha la narración en la cinta para saber lo que realmente pasó.

Paso 3

¿Qué opinas de lo que hizo Pancho? ¿y de lo que hizo Raquel? Escoge a uno de esos personajes y contesta la pregunta. (Worksheet)

6

GRAMÁTICA

106. *SI MAMÁ ME LO HUBIERA PREGUNTADO...* : SENTENCES WITH *SI* (PART 2)

Raquel's argument with her mother regarding her mother's actions could have been avoided if only her mother had asked. If she had, what might Raquel have said?

Si María se lo **hubiera preguntado**, Raquel

le **habría dicho** que no quería que viniera Luis
le **habría explicado** que ya no tenía interés en Luis como novio
tal vez le **habría hablado** de sus sentimientos por Arturo

Hypothetical Situations in the Present or Future: A Review

As you know, hypothetical situations exist only in the imagination of the speakers, and they may be contrary to fact. You already know how to hypothesize about present or future actions in Spanish sentences similar to the following English example: *If I were you, I wouldn't do that.* The following construction is used in Spanish.

si (*if*) clause + independent clause
past subjunctive + conditional

Hypothesizing About the Past

You can hypothesize about the past (in both English and Spanish) by using perfect forms: *If I **had been** you (in that situation), I **wouldn't have done** that.*

si (*if*) clause + independent clause
past perfect subjunctive + conditional perfect or past perfect subjunctive

Si Luis **hubiera hablado** con Raquel, ésta le **habría dicho** (**hubiera dicho**) que no viniera a México.	*If Luis had spoken with Raquel, she would have told him not to come to Mexico.*
Si Gloria **hubiera tenido** ayuda profesional, Carlos **no habría tenido** (**hubiera tenido**) que mentirles a sus hermanos.	*If Gloria had had professional help, Carlos might not have had to lie to his brothers.*

Forms

Note in the preceding examples that the past perfect subjunctive can be used in both clauses of the sentence. However, in the independent clause, the forms of the conditional perfect are more often used. As you may have guessed, the conditional perfect is formed with the conditional of **haber** plus the -**do** form.

The conditional forms of **haber** are formed with the irregular stem **habr-** plus the conditional endings.

habría llevado	*I would have taken*	**habríamos** llevado	*we would have taken*
habrías llevado	*you* (tú) *would have taken*	**habríais** llevado	*you* (vosotros) *would have taken*
habría llevado	*he, she, you* (Ud.) *would have taken*	**habrían** llevado	*they, you* (Uds.) *would have taken*

Uses

The **si** clause can also come at the end of the sentence.

Raquel le **habría dicho** (**hubiera dicho**) a Luis que no viniera a México **si éste hubiera hablado con ella.**

When a question includes a **si** clause construction, the question is always posed in the independent clause.

Si Luis hubiera hablado con Raquel, ¿**le hubiera dicho** (**habría dicho**) **ésta** que no **viniera a México?**

Hypothesizing About the Effects of Past Action

The **si** clause construction can also be used to describe the effect of a past action (the **si** clause) on a situation that exists in the present.

si (*if*) clause + independent clause
past perfect subjunctive + conditional

Si Teresa Suárez **no** le **hubiera escrito** una carta a don Fernando, Raquel **no estaría** enamorada de Arturo ahora.

If Teresa Suárez hadn't written a letter to don Fernando, Raquel wouldn't be in love with Arturo now.

Actividad A. ¿Qué habría pasado?

Los personajes de *Destinos* han tomado varias decisiones en el pasado que influyeron mucho en su vida. Pero siempre es interesante preguntarse... ¿qué habría pasado si hubieran tomado decisiones diferentes?

Paso 1

Indica si, en tu opinión, las siguientes oraciones son lógicas (**Sí**) o no (**No**).

Sí No   1. Si Raquel se hubiera ido a Nueva York con Luis, no habría terminado su carrera.

Sí No   2. Si Ángel se hubiera reconciliado con su padrastro, no se habría ido de Buenos Aires a buscar fortuna.

Sí No   3. Si Juan y Pati hubieran hablado cuando eran novios de la importancia de sus respectivas carreras, no se habrían casado.

Sí No   4. Si Gloria y Carlos no se hubieran mudado a Miami, Gloria no tendría el problema que tiene.

Sí No   5. Si don Fernando no hubiera emigrado a México, tal vez se hubiera reunido de nuevo con Rosario en España.

Paso 2

Ahora escucha la opinión de la persona en la cinta. ¿Están Uds. de acuerdo?

1. Sí No
2. Sí No
3. Sí No

4. Sí No
5. Sí No

Actividad B. ¿Cómo sería el mundo si... ?

Indica lo que tú crees que habría pasado si no hubieran ocurrido los siguientes acontecimientos. Es posible escoger más de una opinión.

1. _____ Si en los Estados Unidos no se hubiera inventado la bomba atómica,
   a. la Segunda Guerra mundial habría continuado por varios años más
   b. se habría inventado en Alemania
   c. habría más paz y seguridad en el mundo de hoy
   d. no habría habido tantos conflictos entre los Estados Unidos y la Unión Soviética

   e. _____

2. _____ Si un marinero inglés hubiera llegado al Caribe en vez de Colón,
   a. no habrían sido destruidas las civilizaciones indígenas
   b. todo el mundo hablaría inglés en Sudamérica, Centro América y México
   c. hubiera habido una guerra entre Inglaterra y España en el siglo XVI
   d. los países del hemisferio occidental formarían hoy parte de la Gran Bretaña

   e. _____

3. _____ Si el perro no hubiera evolucionado como compañero del hombre,
   a. el gato sería el animal doméstico por excelencia
   b. el cerdo sería el mejor amigo del hombre
   c. habriá hoy muchas especies de lobos (*wolves*)
   d. el desarrollo de la civilización tal como la conocemos ahora hubiera sido mucho más lento

   e. _____

4. _____ Si la raza humana hubiera evolucionado con un solo sexo,
   a. la vida sería mucho menos interesante
   b. habría menos conflictos entre la gente
   c. todos seríamos parecidos (*would resemble each other*)
   d. todos tendríamos mucho más tiempo libre

   e. _____

5. _____ Si desde el principio de la evolución el sexo dominante hubiera sido el femenino,
   a. no hubiera habido tantas guerras en la historia de la humanidad
   b. hubiera habido más guerras
   c todos seríamos vegetarianos
   d. la raza humana no sería hoy la especie dominante del planeta

   e. _____

Actividad C.   ¿Cómo habría sido si... ?

Siempre que (*Every time*) tomamos una decisión, eliminamos otras posibilidades. ¿Piensas mucho en esto? Usa un tiempo perfecto apropiado de los verbos entre paréntesis para completar estas oraciones de un estudiante que acaba de graduarse.

1. No habría conocido a mi novia mexicana si no (tomar) _____ español.

2. Si no la (conocer) _____, no habría sacado tan buenas notas en esa clase.

3. No (estudiar) _____ computación si ella no me lo hubiera sugerido.

4. Si no (decidir) _____ temprano cuál sería mi especialización, no me habría graduado este año.

5. Si no (graduarse) _____ este año, no habría conseguido el trabajo que tengo.

6. Si no hubiera conseguido trabajo, no (casarse) _____ con ella.

7. Si no me hubiera casado, no (tener) _____ que buscar trabajo.

Actividad D.   ¿Y tú?

¿Cómo sería tu vida si no hubieras tomado ciertas decisiones en el pasado? Escoge seis de los siguientes temas y escribe una oración sobre cada uno. (Worksheet)

MODELO: la decisión de conseguir un apartamento con una sola habitación en vez de dos →
Si hubiera conseguido un apartamento con dos habitaciones en vez de una sola, ahora tendría más espacio para todas mis cosas. ¡Pero también tendría que pagar más alquiler!

La decisión de (no)

1. conseguir un apartamento con (dos habitaciones) en vez de (una sola)
2. casarte
3. estudiar en la universidad
4. tomar (cierta[s] clase[s]) este semestre/trimestre
5. romper con un amigo/una amiga
6. romper con un novio/una novia
7. comprar el carro que tienes
8. vivir donde vives
9. tirar (*to throw out*) un objeto
10. tener hijos
11. reconciliarte con un amigo (pariente)
12. ¿?

107. *RESUMEN*: PERFECT FORMS

You have learned to form a number of perfect tenses and moods in Spanish. Can you complete the following table with the **yo** forms of **haber** appropriate for each?

Present perfect indicative: _____ hablado

Past perfect indicative: _____ escrito

Present perfect subjunctive: _____ vivido

Past perfect subjunctive: _____ tenido

Conditional perfect: _____ decidido

Actividad A.   Este año he hecho...

¿Recuerdas lo que hiciste este año? Completa los recuerdos de este estudiante que cuenta algunas de las cosas que hizo o no hizo. Usa uno de los tiempos perfectos (en el subjuntivo o el indicativo) de los verbos entre paréntesis.

1. Si no hubiera tenido que estudiar, (yo: mirar) _____ la televisión mucho más.

2. (yo: Practicar) _____ varios deportes durante todo este año.

3. Mis amigos y yo ya (estudiar) _____ español antes de comenzar este curso.

4. Espero que mis padres/hijos (oír) _____ las noticias de mis notas en biología.

5. No se lo habría dicho si no (yo: sacar) _____ por lo menos una «C» en esa clase.

6. Es cierto que (yo: ir) _____ a muchas fiestas los fines de semana.

7. Todos mis amigos decían que nunca en su vida (ellos: trabajar) _____ tanto como en esta universidad.

8. Es imposible que ellos (dedicarse) _____ a los libros como yo.

9. Yo no lo (hacer) _____ si mis padres no me hubieran prometido comprarme un carro si sacaba buenas notas.

Actividad B.   ¿Y tú?

Paso 1

¿Es cierto (**C**) o falso (**F**) lo siguiente con relación a ti? Cambia las oraciones falsas para que sean verdaderas.

C F 1. Siempre me he llevado bien con mis padres.
C F 2. Si hubiera prestado más atención a algo que me dijo mi padre (madre), no me habría pasado algo malo.
C F 3. Es imposible que mi mejor amigo/a me haya mentido.
C F 4. Había un pariente a quien nunca había conocido hasta el año _____.
C F 5. En mi familia, siempre hemos venerado a la gente mayor.
C F 6. Mis abuelos han tenido mucha influencia en mi vida.
C F 7. Me habría gustado más que mis padres hubieran tenido más/menos hijos.

Paso 2

Ahora escribe cinco preguntas que le harías a una persona a quien no conoces muy bien todavía, para saber algo de sus relaciones personales con otras. (Worksheet)

MODELO: ¿Cuántos novios (¿Cuántas novias) has tenido?

¡A LEER!

ANTES DE LEER

Actividad A.
Look at the title of the reading in this section and at the paragraph in bold print. Based on this information, who are the intended readers of this article?

_____ los padres   _____ los jóvenes adolescentes

Actividad B.
In which magazine would you most likely find an English language article such as this one?

_____ *Time*   _____ *Readers' Digest*   _____ *U.S. News & World Report*
_____ *Seventeen* _____ *Field and Stream*

Actividad C.
How would you answer the question posed in the title of the reading? In list form, jot down as many phrases as you can that express what the word *father* means to you. If you don't know a particular word in Spanish, feel free to write it in English.

Actividad D.
Before you begin to read, look at the following list of words. Knowing them ahead of time will help you understand the reading more fully.

| **sin cortapisa** | without restrictions | **el apoyo** | support |
| **trazan** | they create, form | **el respaldo** | support, backing |

ESTRATEGIA

As you know, a third-person singular Spanish verb form can refer to *he, she, you,* or *it.* As a reader, one of your jobs is to figure out to whom verbs refer. Often a subject pronoun—**él, ella, usted**—will clarify meaning. If not, look at the context in which the verb appears. Whereas a direct referent may not appear in a specific sentence, a reference must appear in the context of the paragraph or reading. Many times confusion about or misunderstanding of a sentence can be remedied by locating the subject to which the verb refers.

Here is a sentence taken from the reading in this section. Given what you already know about the reading, what is the subject of the sentence?

Es una persona que nos enseña a lo largo de la vida.

If you indicated **un padre**, you were correct. Because the reading is about what a father means to the young people who participate in the discussion, it is possible that most sentences in the reading that do not have an expressed subject refer to one's father.

Actividad A.
Scan the article to compare your answers in **Actividad C** of **Antes de leer** with those given in the article. Put a check next to your comments that also appear in the reading. How many check marks did you make?

¿Cuántas veces tiene el padre la oportunidad de saber lo que piensan de él, realmente, sus hijos? Como la respuesta podría ser: ¡ninguna!, decidimos reunir a un grupo de jovencitos adolescentes—y, por tanto, con una capacidad crítica ya desarrollada—y los animamos a que hablaran, sin cortapisa, de ese gran personaje que les dio la mitad de la vida.

Sus opiniones trazan un retrato bastante exacto de muchos padres actuales. ¿Se reconoce usted en él?

MELANIE: Para mí es algo diferente que para los demás, porque yo vivo con él desde hace dos años (mi mamá vive fuera de México); entonces, la única, la figura más importante que tengo es la de mi padre. En este tiempo, él se ha convertido sobre todo, en mi amigo, y siento que así debe ser un padre. Éste también es la figura económica; debiera ser un apoyo (emocional) para los hijos, pero muchas veces aunque comprenda, no sabe cómo expresar, cómo transmitir lo que está sintiendo; por eso con frecuencia uno se siente distanciado de él.

cuando lo necesito siempre me ayuda; haya hecho algo bien o mal, él está para ayudarme, no para reprocharme. Me ha enseñado muchísimas cosas ¡y qué bueno! porque no va a estar todo el tiempo conmigo y es importante que me deje su sabiduría. Él es una de las dos personas a las que quiero mucho; la otra es mi mamá. Por ningún motivo pienso enojarme con él. Además, si uno se lleva siempre bien con su papá, creo que aunque haya algún problema se llega a un arreglo.

¿QUÉ SIGNIFICA, PARA TI, TU PADRE?
Mesa redonda con jóvenes adolescentes

(Los jóvenes entrevistados fueron: Rocío Reina, Maité Pérez, Ángeles Moya, César Miranda, Melanie Meurehg, Gerardo Medina, de los colegios Moderno Americano y Francés del Pedregal.)

POR ALMA DE LIRA

GERARDO: Alguien a quien se debe respetar; es una persona que nos enseña a lo largo de la vida. También representa el apoyo económico, el papá da todo lo material. A veces, aunque uno no esté de acuerdo con él y cueste mucho trabajo, por ser su hijo debe hacer el intento de respetarlo.

CÉSAR: El padre es quien nos dio la vida, la persona que más respeto y al que más cariño se le debe tener pase lo que pase. Mis papás están separados, yo vivo con mi mamá, pero los quiero igual a los dos. Aunque mi padre no esté cerca, sigue siendo un respaldo. ¡Así debería ser un padre! No creo que haya motivos tan grandes que justifiquen perderle el cariño y el respeto.

ÁNGELES: Pienso que tengo mucha suerte porque como mi papá hay pocos. Es un buenísimo amigo y

MAITÉ: Mi papá es un amigo, siento total apoyo de él, económico y moral.

ROCÍO: Mi papá es un gran apoyo, aunque no haya una comunicación muy importante entre nosotros; él es hombre y yo mujer y tal vez por eso mis problemas los ve desde otro punto de vista y no los siente como yo. Pero en un momento dado si necesitara su ayuda, sé que no me dejaría sola. Al padre uno lo tiene en un altar, se le tiene cariño.

Hombre de mundo, edición especial, pp. 54–56.

Actividad B.
Locate the following words in the reading and see whether you can guess their meaning based on how they are used in context.

1. reprocharme (Ángeles)
2. arreglo (Ángeles)

Actividad C.

Now read the article for detail. As you read, use the following chart to note the character-
istics of a father according to the six young people who participated in the round-table
dicussion.

El padre es...

El padre da...

El padre hace...

El padre no...

DESPUÉS DE LEER

Actividad A.

Now that you have read the article, and based on what you know about the topic, which
of the following statements is true?

A father is

a. _____ different from country to country
b. _____ a fairly cross-cultural or universal figure

Actividad B.

In a previous reading strategy section, you learned about inferencing. With that strategy in
mind, what might a father infer from reading this article? Is there anything he might want
to try and improve on or change?

Actividad C.

Now it is your turn to answer, in the form of a paragraph of 100–150 words, the title question, **¿Qué significa, para ti, tu padre?** Keep in mind the following questions: What kind of support does/did he give you? Is/Was he a friend, a disciplinarian, or some other type of person? Before you begin to write, review the notes you took in **Actividad C** of the **Lectura** and circle the words or phrases that you will use in your answer.

Have you completed the following sections of the lesson? Check them off here.

_____ **Más allá del episodio**   _____ **¡A leer!**

_____ **Gramática**

Now scan the words in the **Vocabulario** list, to be sure that you understand their meaning.

• •

VOCABULARIO

Los verbos

evolucionar	to evolve
reconciliarse (con)	to make up (with)

Now that you have completed the Textbook and Workbook for **Lección 46**, take the Self-Test for that lesson. (It is on page 242.) Remember to listen to the tape when you see the cassette symbol and to check your answers.

_____ **Self-Test**

Now that you have worked through the Textbook and the Workbook and taken the Self-Test, here are some of the things you have accomplished in Spanish.

• You can use and understand words related to many kinds of leisure-time activities.
• You have learned how to use the past perfect subjunctive with other verb forms to talk about what would have happened if something else had occurred.
• You have continued to improve your listening and reading skills.

You are now ready to continue on with **Lección 47** in the Textbook.

47 TENGO DUDAS

OBJETIVOS

Whereas the materials in the Textbook all had to do with the video episode, the materials in the Workbook will help you expand your knowledge of the Spanish language in general, as well as give you opportunities for self-expression in Spanish. In this lesson you will learn

• more about using conjunctions to express the relationship between events (**Gramática 108**)

Remember to listen to the tape for **Lección 47** when you see the cassette symbol and to check your answers in Appendix 1.

GRAMÁTICA

108. *NO HAY MOTIVOS PARA QUE SE SIENTA ASÍ:* USES OF THE SUBJUNCTIVE (PART 9)

¿Qué opinas? ¿Hay motivos para que... ?

> don Fernando **tenga** dudas
> Gloria **hable** con un psiquiatra
> Roberto **viva** sospechando de Jorge
> los padres de Raquel **se preocupen**

You have already learned to use the conjunction **para que** to express the relationship between two events: one thing happened *so that* another might occur. Other Spanish conjunctions that help relate one event to another include the following:

a menos que	unless	**en caso de que**	in case
con tal (de) que	provided that	**sin que**	without

These conjunctions are always followed by the subjunctive—present or past—in the dependent clause.

| Don Fernando va a aceptar a sus nietos **con tal de que** Raquel lo **pueda** convencer con detalles de su investigación. | *Don Fernando will accept his grandchildren provided that Raquel can convince him with the details of her investigation.* |
| Raquel no quería quedarse a cenar **a menos que pudiera** avisar a sus padres. | *Raquel did not want to stay for dinner unless she could let her parents know.* |

Actividad A. Sin que...

¿Qué pudieron hacer los siguientes personajes de *Destinos* sin que otros lo supieran? Empareja frases del **Grupo A** con frases del **Grupo B** para formar oraciones completas. ¡OJO! Hay más de una respuesta posible en algunos casos.

Grupo A

1. _____ Carlos sacaba dinero de las cuentas de Castillo Saavedra, S.A., sin que
2. _____ Arturo anunció su decisión de mudarse a Los Ángeles sin que
3. _____ Luis regresó a Los Ángeles sin que
4. _____ Don Fernando sabía del sentimiento de culpabilidad que sentía Arturo sin que
5. _____ María invitó a Arturo a acompañar a la familia a Guadalajara sin que
6. _____ Gloria sufrió a causa de su vicio por mucho tiempo sin que

Grupo B

a. Raquel lo comentara con él
b. los demás miembros de la familia lo supieran
c. Raquel se despidiera de él
d. nadie sospechara nada
e. Raquel le dijera que lo hiciera
f. Arturo le dijera nada del asunto

Actividad B. ¿En qué circunstancias?

Paso 1

Los personajes de *Destinos* se están enfrentando ahora con varias decisiones que tienen que tomar o con problemas que tienen que resolver. ¿Qué van a hacer?

1. _____ la venta del apartamento en San Juan
   a. Roberto aceptará la venta del apartamento con tal de que Ángela no le dé a Jorge parte del dinero que le toca a ella.
   b. Roberto nunca aceptará la venta del apartamento.

   c. _____

2. _____ el problema de Gloria
   a. Gloria buscará ayuda profesional con tal de que Carlos la acompañe.
   b. Gloria nunca aceptará ayuda de nadie.

   c. _____

3. _____ los problemas de Juan y Pati
   a. Juan nunca estará completamente contento con Pati a menos que ésta deje de trabajar.
   b. Juan podrá aceptar el éxito de su esposa.

   c. _____

4. _____ la venta de La Gavia
   a. Don Fernando querrá que se venda La Gavia para que puedan mantener la oficina en Miami.
   b. Don Fernando no aceptará vender La Gavia en ninguna circunstancia.

   c. _____

Paso 2

Ahora escucha la opinión de la persona en la cinta. ¿Estás de acuerdo?

1. Sí   No
2. Sí   No

3. Sí   No
4. Sí   No

Actividad C.   Las ceremonias finales

¿Pones algunas condiciones para asistir a tu ceremonia de graduación? Completa estas oraciones para saber qué condiciones pone este estudiante. Combina frases de la primera lista con las de la segunda lista. Escribe la forma apropiada de los verbos en cada caso. (Worksheet)

1. _____ Yo no voy a la ceremonia a menos que
2. _____ Iré con tal que
3. _____ Insisto en sentarme cerca de la puerta en caso de que
4. _____ No me interesa ir a menos que
5. _____ No puedo ir sin que alguien
6. _____ De todos modos, voy a asistir a la ceremonia para que
7. _____ Mi amigo fue el año pasado sin que
8. _____ Sobre todo (*Above all*) no quiero pagar para no perder mi dinero en caso de que

a. estar aburrida la ceremonia
b. poder llevar mi propio sombrero
c. nadie saberlo
d. darme el diploma en la mano
e. no graduarme
f. no olvidarse de mi
g. ir mis amigos (padres, hijos) también
h. alquilarme el toga (*gown*)

Actividad D.   ¿Qué tiene que ocurrir?

Paso 1

Indica si estás de acuerdo (**Sí**) o no (**No**) con las siguientes oraciones.

Sí   No   1. Para que Arturo y Raquel sean felices en Los Ángeles, Arturo tendrá que poder seguir trabajando.

Sí   No   2. Para que su madre deje de preocuparse, Raquel tendrá que asegurarle varias veces que no se va a ir a vivir a Buenos Aires.

Sí   No   3. Para que don Fernando no tenga dudas, tendrá que haber (*there will have to be*) algún tipo de prueba.

Sí   No   4. Para que Ángela se dé cuenta de que Jorge es mujeriego, tendrá que ocurrir algún incidente.

Sí   No   5. Para que no se cierre la oficina en Miami, tendrán que vender La Gavia.

Paso 2

Ahora termina cada oración del **Paso 1** de una manera original. (Worksheet)

MODELO: Para que Arturo y Raquel sean felices, la madre de Raquel tendrá que dejarlos en paz.

Actividad E.   ¿Y tú?

Escoge por lo menos dos de las siguientes preguntas y contéstalas con información personal verdadera para ti. Da todos los detalles posibles. (Worksheet)

1. Para que estés contento/a con tu vida, ¿qué necesitarás en el futuro?
2. ¿Estás de acuerdo o no con lo siguiente? «Con tal de que no me molesten a mí, no me importa lo que hagan los demás.»

3. ¿Has hecho algo malo (o algo bueno) en tu vida sin que otros lo supieran o se dieran cuenta? Explica.
4. Para que estén contentos contigo, ¿qué quieren tus padres (o tu esposo/a, novio/a, o mejor amigo/a) que hagas?

Have you completed the following section of the lesson? Check it off here.

_____ **Gramática**

Now scan the words in the **Vocabulario** list to be sure that you understand their meaning.

VOCABULARIO

Las conjunciones

a menos que	unless
con tal (de) que	so that
en caso de que	in case
sin que	without

Now that you have completed the Textbook and Workbook for **Lección 47**, take the Self-Test for that lesson. (It is on page 244.) Remember to listen to the tape when you see the cassette symbol and to check your answers.

_____ **Self-Test**

Now that you have worked through the Textbook and the Workbook and taken the Self-Test, here are some of the things you have accomplished in Spanish.

- You have learned how to use a group of conjunctions with different forms of the subjunctive to talk about how events are related to each other.
- You have continued to improve your listening skills.

You are now ready to continue on with **Lección 48** in the Textbook.

48

Así fue (I)

OBJETIVOS

Whereas the materials in the Textbook all had to do with the video episode, the materials in the Workbook will help you expand your knowledge of the Spanish language in general, as well as give you opportunities for self-expression in Spanish. In this lesson you will review

- grammar points presented in **Lecciones 37–47 (Resumen de gramática)**
- practice with narrating in the present tense and past-tense narration using both the preterite and the imperfect **(Repaso gramatical, Para escribir)**

Remember to listen to the tape for **Lección 48** when you see the cassette symbol and to check your answers in Appendix 1.

RESUMEN DE GRAMÁTICA: LECCIONES 37–47

The Past Subjunctive

Forms

Past subjunctive endings are identical for -ar, -er, and -ir verbs: -a, -as, -a, -amos, -ais, -an. These endings are added to the third-person plural of the preterite indicative, minus its -on ending.

buscar: buscar**ón** → buscar-		creer: creyer**ón** → creyer-		salir: salier**ón** → salier-	
buscara	buscáramos	creyera	creyéramos	saliera	saliéramos
buscaras	buscarais	creyeras	creyerais	salieras	salierais
buscara	buscaran	creyera	creyeran	saliera	salieran

As in the preterite indicative, **-ar** and **-er** stem-changing verbs do not show a stem change.

> **comenzar (ie):** comenzar*ón* → **comenzara, comenzaras,...**
> **contar (ue):** contar*ón* → **contara, contaras,...**

Third-person plural preterite forms of **-ir** stem-changing verbs also show the stem change in the past subjunctive.

> **morir (ue):** murier*ón* → **muriera, murieras,...**
> **mentir (ie, i):** mintier*ón* → **mintiera, mintieras,...**
> **vestirse (i, i):** se vistier*ón* → **me vistiera, te vistieras,...**

Spelling changes also occur in verbs such as **creer, leer,** and so on.

> **caer:** cayer*ón* → **cayera, cayeras,...**

The following verbs have irregular stems in the preterite, so their past subjunctive forms are irregular as well.

dar: dier*ón* → **diera, dieras,...**	**poder:** pudier*ón* → **pudiera, pudieras,...**
decir: dijer*ón* → **dijera, dijeras,...**	**poner:** pusier*ón* → **pusiera, pusieras,...**
estar: estuvier*ón* → **estuviera, estuvieras,...**	**querer:** quisier*ón* → **quisiera, quisieras,...**
hacer: hicier*ón* → **hiciera, hicieras,...**	**saber:** supier*ón* → **supiera, supieras,...**
ir: fuer*ón* → **fuera, fueras,...**	

(Gramática 95)

Uses

The past subjunctive is generally required in the same situations as the present subjunctive, but is used when referring to the past.

- expressing desires, requests, preferences, . . .

Cuando yo era niña, mis padres siempre querían que me **dedicara** por completo a los estudios.	*When I was a child, my parents always wanted me to completely dedicate myself to my studies.*

- expressing psychological and emotional reactions

Nuestros abuelos se alegraban de que mis hermanos y yo **fuéramos** a su casa para la Navidad.	*Our grandparents were happy that my siblings and I went to their house for Christmas.*

- expressing doubt or denial

Los jefes dudaban que los trabajadores **pudieran** completar el oficio tan rápidamente.	*The bosses doubted that the workers could complete the job so quickly.*

(Gramática 96)

- expressing unrealized actions triggered by adverbial clauses of time

Mi compañero de cuarto iba a hacer un viaje a México **en cuanto ahorrara** el dinero suficiente.	*My roommate was going to take a trip to Mexico as soon as he saved enough money.*

- expressing indefinite or unknown antecedents

No había nadie que pudiera contestar esa pregunta.	*There was no one who could answer that question.*

(Gramática 97)

The Conditional

Forms

The conditional is formed by adding one set of endings (the same for **-ar**, **-er**, and **-ir** verbs) to most infinitives.

caminar		vender		seguir	
caminaría	caminaríamos	vendería	venderíamos	seguiría	seguiríamos
caminarías	caminaríais	venderías	venderíais	seguirías	seguiríais
caminaría	caminarían	vendería	venderían	seguiría	seguirían

Irregular conditional verb forms are the same as those used to form the future tense.

decir: **diría, dirías,...**	saber: **sabría, sabrías,...**
hacer: **haría, harías,...**	salir: **saldría, saldrías,...**
poder: **podría, podrías,...**	tener: **tendría, tendrías,...**
poner: **pondría, pondrías,...**	venir: **vendría, vendrías,...**
querer: **querría, querrías,...**	

The conditional of **hay** is **habría.**

Uses

The conditional is used to tell what someone *would* do in a particular situation, given a particular set of circumstances.

El profesor de español nos dijo que **tendríamos** que estudiar mucho para el examen final.	*The Spanish professor told us that we would have to study a lot for the final exam.*
¡Yo no sabía que **habría** tantas preguntas difíciles!	*I didn't know there would be so many difficult questions!*

(Gramática 98, 99)

Sentences With *si* (if)

Hypothetical Situations with *si* Clauses

Hypothetical situations are those that exist only in the imagination and may be contrary to fact. In Spanish, the **si** (*if*) clause uses the past subjunctive, while the independent clause uses the conditional.

Si **tuviera** el dinero, **iría** a Puerto Rico.	*If I had the money, I would go to Puerto Rico.*
Si la profesora nos **diera** menos tarea, **estaríamos** más contentos.	*If the professor gave us less homework, we would all be happier.*

Contrary-to-Fact Situations with *como si...*

The expression **como si...** (*as if...*) is used to introduce contrary-to-fact statements about things that are happening or have happened. It is always followed by the past subjunctive.

Mi hermana habla francés **como si fuera** de París.	*My sister speaks French as if she were from Paris* (but she's not).

(Gramática 100)

The Past Perfect

Forms

The past perfect indicative is formed with the imperfect of **haber** plus the past participle of another verb.

decir				
había dicho	*I had said*		**habíamos** dicho	*we had said*
habías dicho	*you* (tú) *had said*		**habíais** dicho	*you* (vosotros) *had said*
había dicho	*he, she, you* (Ud.) *had said*		**habían** dicho	*they, you* (Uds.) *had said*

Uses

The past perfect is used to tell what *had* or *had not* happened up to or before a given point in the past. It can often be used with other verb forms, such as the preterite, the imperfect, and the conditional.

Antes de tomar esta clase, no **había estudiado** español.

Before taking this class, I hadn't studied Spanish.

Cuando llamé a mis padres del hospital, ya **se habían enterado** del accidente.

When I called my parents from the hospital, they had already found out about the accident.

Nuestros vecinos nos **habían dicho** que **querían** hablar con nosotros.

Our neighbors had told us that they wanted to speak with us.

Le **había prometido** a mi compañera de cuarto que la ayudaría con su tarea de química.

I had promised my roommate that I would help her with her chemistry homework.

(Gramática 101, 102)

Adverb Formation

Adverbs that end in *-ly* in English usually end in the suffix **-mente** in Spanish. When an adjective ends in **-o** or **-a**, the suffix **-mente** is added to the feminine singular form of the adjective.

rápido → **rápidamente**	real → **realmente**
claro → **claramente**	inteligente → **inteligentemente**

In Spanish, adverbs are placed as close as possible to the verbs they modify. When modifying adjectives or other adverbs, they are placed directly before them.

Lo malo es que no ves **claramente** el asunto.

The bad thing is that you don't see the matter clearly.

Cuando mis amigos y yo vamos a España, hablamos inglés **muy poco**.

When my friends and I go to Spain, we speak very little English.

(Gramática 103)

The Past Perfect Subjunctive

Forms

The past perfect subjunctive is formed with the imperfect subjunctive forms of **haber** plus the past participle of another verb.

salir				
hubiera salido	*I had left*		**hubiéramos** salido	*we had left*
hubieras salido	*you* (tú) *had left*		**hubiérais** salido	*you* (vosotros) *had left*
hubiera salido	*he, she, you* (Ud.) *had left*		**hubieran** salido	*they, you* (Uds.) *had left*

Uses

The Spanish past perfect subjunctive generally parallels that of the English past perfect, but is used when the Spanish subjunctive is required.

> A mis padres les **hubiera gustado** asistir a mi ceremonia de graduación.
>
> *My parents would have liked to attend my graduation ceremony.*

(Gramática 104)

The Past Perfect Subjunctive with *si*

Sentences with **si** may also be used to hypothesize about the past.

> Si me **hubiera comunicado** contigo antes, no **habría tomado** esa decisión.
>
> *If I had communicated with you earlier, I wouldn't have made that decison.*

(Gramática 106)

Exclamations

Strong reactions can be expressed in Spanish with a simple formula:

> ¡Qué + noun/adjective/adverb!

Nouns:

> ¡**Qué** bella puesta del sol!   *What a beautiful sunset!*

Adjectives:

> ¡**Qué** maravilloso!   *How wonderful!*

Adverbs:

> ¡**Qué** malo!   *How awful!*

Additional emphasis may be added with **más** or **tan**.

> ¡**Qué** cuento **más** fantástico!   *What a fantastic story!*

(Gramática 105)

More on the Subjunctive with Certain Conjunctions

The following conjunctions are always followed by the subjunctive—present or past—in the dependent clause.

a menos que	unless	**en caso de que**	in case
con tal (de) que	provided that	**sin que**	without

> No voy a Miami **a menos que** tú **vayas** conmigo.
>
> *I'm not going to Miami unless you come with me.*

> Le pagaré de antemano **con tal de que cumplas** con sus deberes.
>
> *I'll pay you in advance provided that you fulfill your obligations.*

(Gramática 108)

· ·

3

REPASO GRAMATICAL

In the following activity you will practice using verbs in the present, preterite, and imperfect. Before starting, take a few moments to review what you know about those verb forms as well as about their uses. One way to do this is to review the **Resumen de gramática** sections in **Lecciones 6, 11, 18,** and **25.** You may also want to look over the **Repaso** sections in **Lecciones 27–35.**

Actividad. ¡Se perdió!

Raquel le contó a don Fernando todos los detalles importantes de su investigación en España, pero no le habló de dos incidentes. ¿Puedes completar el siguiente resumen de esos aspectos del viaje de Raquel? Da la forma apropiada del infinitivo (presente, imperfecto, pretérito).

acordarse	haber animales
andar dejando olvidada	ir a comprarle a Jaime
buscarlos	pagar los dulces
conseguir su cartera	perderse
darse cuenta	querer tener un perro
decidir pasarlo	salir en busca del taxi
escaparse	salir para Madrid
estar allí afuera del hotel	ser muy persistente
estar hablando con un ciego	tratar de contestarlas
gustarle inmediatamente	vivir en Sevilla

En Sevilla, Raquel tenía que buscar a la persona que le escribió una carta a don Fernando. Pronto supo que Teresa Suárez ya no _____¹ y que ella tendría que ir a Madrid para hablar con ella. Tenía un día libre y _____² con la familia Ruiz.

Por la mañana fue al mercadillo de los animales con Elena y Miguel y los dos hijos de ellos. Jaime _____³ y su padre había decidido comprarle uno ese día. En el mercadillo_____⁴ de todos tipos. Miguel encontró un perrito de color negro que a Jaime _____.⁵ Su padre regateó con el dueño y así Jaime consiguió su perro.

Después de comprar el perro, todos fueron a tomar un café y unos pasteles. Mientras tanto, el perro _____⁶ y Jaime salió corriendo para buscarlo. Pronto los dos _____⁷ en las calles estrechas del Barrio de Santa Cruz. Todos los siguieron, Elena por una calle, Raquel por otra y Miguel padre y Miguel hijo por otra.

Fue Raquel quien encontró al perro y a Jaime, quien _____,⁸ un vendedor de lotería. Regresaron a la Giralda, donde todos habían dicho que iban a reunirse. Raquel _____⁹ unos caramelos. Mientras (ella) _____,¹⁰ el chico y su perro se perdieron otra vez. Raquel _____¹¹ en la Catedral de Sevilla y por fin los encontró afuera, con la familia. Afortunadamente el resto del día pasó sin más incidentes de este tipo.

Al día siguiente Raquel _____¹² en tren. En el viaje, conoció a un reportero de televisión y a su fotógrafo. El reportero _____¹³ y sus preguntas le molestaban a Raquel. Pero _____¹⁴ cortésmente. Se despidió del reportero amistosamente en la estación del tren y tomó un taxi para su hotel.

Al llegar al hotel, Raquel _____¹⁵ de que había dejado su cartera en el taxi. Salió en seguida a buscarla, pero el taxi ya se había ido. Afortunadamente _____¹⁶ el reportero y su asistente. Cuando Raquel les dijo lo que había hecho, _____¹⁷ y de la cartera. Gracias a la persistencia del reportero, Raquel por fin _____.¹⁸

Raquel va a perder esta cartera otra vez. ¿(Tú) _____[19] dónde y cómo? ¿Dónde le dijo alguien lo siguiente? «Así que la famosa abogada _____[20] la cartera por todo el mundo.»

 Ahora escucha la cinta para verificar tus respuestas.

PARA ESCRIBIR

Raquel did not tell don Fernando about Jaime's losing Osito, nor did she talk about the fact that she left her wallet in a taxi in Madrid. But it's a fact that people lose things all the time. Osito escaped, which is one way that things "get lost." In the taxi, however, Raquel just left her wallet behind.

What kinds of objects do people tend to lose or leave somewhere, forgetting about them? What items *don't* people tend to forget or lose? In this composition, you will answer these questions and also explain why you think people forget the things they do. You will be writing for a classmate who will be answering the same questions. If possible, you should compare your composition with what another person taking the course has written. Your composition should be no fewer than 300 and no more than 500 words long.

Thinking About What You Will Write

In order to write this composition, the first thing you must do is think about what information you will include. Spend a few minutes brainstorming, coming up with as many ideas as you can about objects that people lose and don't lose. When you have exhausted the possibilities that occur to you off the top of your head, try to narrow down your two lists to three items for each category. Then think about what those three items have in common; that is, why are they (or why are they not) "losable"? Select the best reason or reasons around which to organize your composition.

Now spend a few minutes thinking about objects you or people you know have lost. What were the consequences of the loss? Did someone get into trouble because of it? Did something amusing happen? Are any of these incidents related to the objects and reasons you selected in the first phase of your planning? Choose an incident that you might be able to use in your composition.

If you delete or add information later on, that is fine. For the moment, you are just trying to get started.

Organizing Your Composition

In order to write this composition, you must decide whether you will address your classmate directly in the composition. If so, think about whether you will use **tú** or **Ud.** to address him or her.

The next thing you need to do is to spend some time thinking about the organization (order) of the information and events you have selected. Will you start with general ideas or with a specific incident? Will you go back and forth from generalities to specifics, or focus exclusively on one type of information, then on another? Which approach makes the most sense to you at the moment? Write a brief outline of that approach.

Drafting

Paso 1

Now draft your composition. At this stage you should not worry about grammar and spelling. Your goal is to get your ideas down on paper.

If you wish, you may select one of the following as the opening sentence in your composition. Doing so may help you get started.

Yo nunca pierdo nada, pero mi hermano mayor pierde las cosas constantemente. Una vez...

Entre todas las cosas que he perdido, la que me causó mayores dificultades fue...

¿Por qué perdemos las cosas? Algunos creen que la pérdida de un objeto siempre tiene una explicación psicológica.

Una persona responsable nunca pierde nada. Sin embargo...

Perder objetos es algo que casi todos hacemos.

Paso 2

After you have completed your draft, look over what you have done. Have you stuck to the goal of the composition, which was to describe what kinds of things people lose or don't lose and why? Have you presented your ideas coherently and clearly, regardless of the overall approach you took in the composition? Are you still satisfied with the information you selected? Do you want to add some things and delete others? Or go into more detail about certain details or events? If you decided to do so, did you address your classmate in the composition?

Finalizing Your Composition

If you are satisfied with the information contained in your draft, it is time to look it over for style and language.

Paso 1

First, look at your composition for style. Have you been consistent in the way you have addressed your classmate throughout (if you decided to address him or her directly)? Does the composition flow, or is it disjointed and choppy? Does it contain words and phrases that connect events, or is it mostly an accumulation of sentences? Remember to use words and phrases that can smooth out the flow of a composition and help express the sequence of events clearly.

Paso 2

Review your composition for the following language elements as well.

_____ gender of nouns	_____ use of object pronouns
_____ adjective agreement	_____ use of **por** and **para**
_____ subject and verb agreement	_____ comparisons
_____ correct verb forms	_____ relative pronouns

Paso 3

Prepare a clean copy of the final version of your composition for your instructor.

Have you completed the following sections of the lesson? Check them off here.

_____ **Repaso gramatical**

_____ **Para escribir**

There is no Self-Test for this lesson of the Textbook and Workbook. In preparation for a unit test or just as a general review, take a few moments to scan back over the Self-Tests in **Lecciones 2–10**. Then you will be ready to continue on with **Lección 49** in the Textbook.

49

ASÍ FUE (II)

OBJETIVOS

Whereas the materials in the Textbook all had to do with the video episode, the materials in the Workbook will help you expand your knowledge of the Spanish language in general, as well as give you opportunities for self-expression in Spanish. In this lesson you will review

- what you have learned about narrating in the present tense and about past-tense narration, using both the preterite and the imperfect **(Repaso gramatical, Para escribir)**

Remember to listen to the tape for **Lección 49** when you see the cassette symbol and to check your answers in Appendix 1.

3

REPASO GRAMATICAL

In the following activity you will practice using verbs in the present, preterite, and imperfect. Before starting, take a few moments to review what you know about those verb forms as well as about their uses. One way to do this is to review the **Resumen de gramática** sections in **Lecciones 6, 11, 18,** and **25.** You may also want to look over the **Repaso** sections in **Lecciones 27–35.**

Actividad. ¡Se enamoró!

Raquel le contó a don Fernando todos los detalles importantes de su investigación en la Argentina, pero no le habló de sus sentimientos por Arturo. ¿Puedes completar el siguiente resumen de ese aspecto del viaje de Raquel? Da la forma apropiada del infinitivo (presente, imperfecto, pretérito).

agradecérselo mucho	no haber ningún hombre
andar en mateo	no ir a servirle
besarse	parecer estar seguro
dedicarse mucho	poder saber algo
encontrarse con algo	por fin confesarle
estar pasando	querer ayudarla
haber tiempo	reconocer al joven
ir a extrañarse	seguir haciendo su trabajo
irse en unos días	sentarse a hablar
llegar el momento	ser una paciente
llegar en busca de	tener que coexistir

La vida nos sorprende con frecuencia. A veces seguimos un sendero, con una meta[a] en particular, y luego (nosotros) _____[1] realmente diferente de lo que buscábamos. Eso es lo que le pasó a Raquel en la Argentina. (Ella) _____[2] Rosario y aunque es cierto que encontró lo que buscaba, también encontró algo que nunca se imaginó que encontraría.

Las relaciones entre Raquel y Arturo empezaron por una equivocación.[b] El ama de casa[c] del Dr. Iglesias invitó a Raquel a que entrara en la casa de la calle Gorostiaga pensando que _____.[3] Y el doctor pensó lo mismo cuando _____[4] con la mujer que había preguntado por él. Muy pronto los dos se quedaron sorprendidos. Raquel, porque por fin había encontrado a una persona que _____[5] de Rosario. Arturo, porque las preguntas de la mujer le hicieron recordar una época triste de su pasado. Pero ese día, no le dijo nada a Raquel sobre eso. Sólo le dijo que _____[6] a encontrar a su hermano, Ángel, y Raquel _____.[7]

Al principio Arturo y Raquel pusieron toda su atención en la búsqueda de Ángel. Con paciencia, le preguntaron a todo el mundo en La Boca si _____[8] de la foto. La pista[d] los llevó a Héctor, pero a lo largo del camino[e] tenían que almorzar, cenar... _____[9] para platicar,[f] para enterarse de algunos detalles importantes de la vida del otro. Arturo estaba divorciado; ahora _____[10] a su trabajo... tal vez demasiado. Raquel había tenido un novio, claro, pero ¿ahora? Parecía que _____[11] en su vida.

Al paso que[g] iban acercándose al paradero de Ángel, también iban acercándose más y más el uno a la otra. Arturo _____[12] a Raquel un secreto muy íntimo: no había hecho nada por encontrar a Ángel después de éste salió de la Argentina... y por eso tenía un gran sentimiento de culpabilidad. La reacción de Raquel fue sincera e inmediata. Le aseguró que él no tenía la culpa de nada. Luego Arturo y Raquel _____[13] por primera vez.

Desde ese momento, la búsqueda de Ángel _____[14] con la idea del «otro» en la mente de cada uno. Raquel tenía que concluir su investigación y, siendo una verdadera profesional, _____.[15] Arturo la ayudó en todo, claro. Pero también hubo ratos de diversión. Pasaron una tarde agradable en el Rosedal, donde _____[16] y en barco y tuvieron un *picnic*. Fueron de compras y Arturo le compró a Raquel un recuerdo de la Argentina: una linda campera

[a]*goal* [b]*mistake* [c]*ama... housekeeper* [d]*trail* [e]*a... along the way* [f]*chat* [g]*Al... At the same time as*

que a ella le gustó mucho, a pesar de que _____[17] mucho en el clima tropical de Puerto Rico. Arturo le enseñó a Raquel a bailar el tango. Hubo fotos y bromas y un cielo lleno de estrellas.

Muy pronto, Arturo _____[18] de sus sentimientos por Raquel. En una de sus últimas cenas juntos, estaba para declararse,[h] pero Raquel lo paró. Para ella, todo _____ [19] demasiado rápidamente, y necesitaba tiempo para pensar. Arturo le dijo que la comprendía, pero en cuanto a sí mismo estaba casi desesperado. Esta mujer maravillosa _____[20] y no la quería perder.

Por fin _____[21] de llevar a Raquel al aeropuerto. Los dos sabían que _____[22] mucho, aunque Arturo había prometido ir a Puerto Rico en unos días para seguir con la búsqueda de Ángel. Pero no por eso fue menos triste la despedida. En ese momento, a pesar de sus planes, realmente no sabían dónde ni cuándo se volverían a ver...

[h]*declare his love*

Ahora escucha la cinta para verificar tus respuestas.

4 PARA ESCRIBIR

Although Raquel told don Fernando many of the details of the search for Rosario and Ángel in Buenos Aires, she did not give him any information at all about her feelings for Arturo nor about any of the intimate things that happened between them. Some people would say that things moved too quickly between Arturo and Raquel, and, in fact, even Raquel has commented on this.

What do you think? Did their relationship progress too quickly? Or perhaps not quickly enough? In this composition, you will answer these questions and also express what you think about the way their relationship has developed thus far. You will be writing for a classmate who will be answering the same questions. If possible, you should compare your composition with what another person taking the course has written. Your composition should be no fewer than 300 and no more than 500 words long.

Thinking About What You Will Write

In order to write this composition, the first thing you must do is think about what information you will include. Spend a few minutes brainstorming, coming up with as many ideas as you can about the kinds of experiences you think people should have with each other as they are getting acquainted, as well as the kinds of information they should find out about the other person (especially if they are starting to get interested in him or her). When you have exhausted the possibilities that occur to you off the top of your head, try to narrow down your two lists to four items for each category. Then try to put the items in order of importance in each group. What should be the first experience two people should share as their relationship starts to become serious? What is the first thing they should know about each other?

Now spend a few minutes thinking about a relationship you have had or about one that a friend or relative has had. How did the relationship develop? Did the couple get involved too quickly? Did one person forget to find out something important about the other person? Or think that something that they didn't like about the other person would change over time? Are any of these aspects of the relationship related to factors you listed in the first phase of your planning? Select a story—yours or someone else's—that you might be able to use in your composition.

Now think about Arturo and Raquel. What similarities and/or differences do you perceive between their relationship and others you have thought about?

If you delete or add events and information later on, that is fine. For the moment, you are just trying to get started.

Organizing Your Composition

In order to write this composition, you must decide whether you will address your classmate directly in the composition. If so, think about whether you will use **tú** or **Ud.** to address him or her.

The next thing you need to do is to spend some time thinking about the organization (order) of the information and events you have selected. Will you start with general ideas or with a particular story? Will you go back and forth from generalities to specifics, or focus exclusively on one type of information, then on another? Which approach makes the most sense to you at the moment? Write a brief outline of that approach.

Drafting

Paso 1

Now draft your composition. At this stage you should not worry about grammar and spelling. Your goal is to get your ideas down on paper.

If you wish, you may select one of the following as the opening sentence in your composition. Doing so may help you get started.

> Cuando Raquel le dijo a Arturo que todo estaba pasando demasiado rápidamente para ella, yo estaba de acuerdo con ella.

> Raquel y Arturo lo pasaron muy bien en la Argentina, pero hay algunas cosas muy importantes de las cuales se olvidaron de hablar.

> Una vez yo conocí a una mujer profesional atractiva, como Raquel (a un hombre profesional atractivo, como Arturo), y empezamos a salir juntos. Pronto...

> Como dice Arturo, a veces hay que actuar. Cuando uno conoce a una persona que le es simpática desde el principio...

Paso 2

After you have completed your draft, look over what you have done. Have you stuck to the goal of the composition, which was to express whether you thought things happened too quickly—or not quickly enough—between Arturo and Raquel, and what you thought about the state of their relationship up to this point? Have you presented your ideas coherently and clearly, regardless of the overall approach you took in the composition? Are you still satisfied with the information you selected? Do you want to add some things and delete others? Or go into more detail about certain details or events? If you decided to do so, did you address your classmate in the composition?

Finalizing Your Composition

If you are satisfied with the information contained in your draft, it is time to look it over for style and language.

Paso 1

First, look at your composition for style. Have you been consistent in the way you have addressed your classmate throughout (if you decided to address him or her directly)? Does the composition flow, or is it disjointed and choppy? Does it contain words and phrases that connect events, or is it mostly an accumulation of sentences? Remember to use words and phrases that can smooth out the flow of a composition and help express the sequence of events clearly.

Paso 2

Review your composition for the following language elements as well.

_____	gender of nouns	_____	use of object pronouns
_____	adjective agreement	_____	use of **por** and **para**
_____	subject and verb agreement	_____	comparisons
_____	correct verb forms	_____	relative pronouns

Paso 3

Prepare a clean copy of the final version of your composition for your instructor.

Have you completed the following sections of the lesson? Check them off here.

_____ **Repaso gramatical**

_____ **Para escribir**

There is no Self-Test for this lesson of the Textbook and Workbook. In preparation for a unit test or just as a general review, take a few moments to scan back over the Self-Tests in **Lecciones 12–17**. Then you will be ready to continue on with **Lección 50** in the Textbook.

LECCIÓN 50

ASÍ FUE (III)

OBJETIVOS

Whereas the materials in the Textbook all had to do with the video episode, the materials in the Workbook will help you expand your knowledge of the Spanish language in general, as well as give you opportunities for self-expression in Spanish. In this lesson you will review

- what you have learned about past-tense narration using the preterite, the imperfect, and the conditional (**Repaso gramatical, Para escribir**)

Remember to check your answers in Appendix 1.

3 REPASO GRAMATICAL

In the following activity, you will practice using verbs in the preterite, imperfect, and conditional. Before starting, take a few moments to review what you know about the preterite and imperfect verb forms as well as about their uses. One way to do this is to review the **Resumen de gramática** sections in **Lecciones 11, 18,** and **25.** You may also want to look over the **Repaso** sections in **Lecciones 27–35.** To review the forms and uses of the conditional, see the appropriate grammar sections in **Lecciones 40, 41, 42,** and **46.**

Actividad. ¿Un don Juan?

Raquel le contó a don Fernando todos los detalles más importantes de lo que le pasó en Puerto Rico, pero no le habló de Jorge ni de su discusión con Ángela sobre él. ¿Puedes completar el siguiente resumen de ese aspecto del viaje de Raquel? Presta atención especial en el resumen al punto de vista de cada persona. Da la forma apropiada del infinitivo (imperfecto, pretérito, condicional). ¡OJO! Algunas frases se usan más de una vez.

193

conocerlo	pensar darle a Jorge
decirme en seguida	poder brindar
estar confundida	poder confirmar
estar muy agradecido	poderlo acompañar
estarles explicando	ponerse muy serio/a
gustarme	reunirse con nosotras
hacer unas llamadas telefónicas	sacar yo ese dinero
ir a hacer a México	saludarse con cariño
lo que tratar	ser mejor
mirarlo	ser un encanto
mostrarle la copa de bodas	venir para llevarnos
no pedírmelo	vivir allí

Habla Raquel: **Y**o tenía muchas ganas de conocer al novio de Ángela. Ella me había contado

maravillas de él, y tengo que admitir que yo _____[1] por la actitud crítica que Ángela me

dijo que todos tenían hacia él.

(Yo) _____[2] por fin en un teatro pequeño de la Universidad de Puerto Rico, en donde

es profesor. Terminaba una clase y _____[3] a los alumnos lo que quería que hicieran para

la siguiente clase. Jorge y Ángela _____,[4] pero... No sé. Había algo en su forma de

tratarla... algo en la manera en que sus estudiantes _____[5]... A veces yo tengo muy

buena intuición para algunas cosas... y creo que mi intuición no me falló[a] en este caso.

Yo los dejé solos para que hablaran de las noticias sobre el abuelo mexicano y el viaje que Ángela

_____[6] conmigo. Cuando regresaron, Ángela se disculpó por un momento y yo me

quedé a solas con Jorge. Entonces (yo) _____[7] mi intuición.

Jorge trató de ligar conmigo. Bueno, no me lo dijo con palabras, pero yo sabía _____[8]

de hacer. Me sentí sumamente[b] incómoda cuando me preguntó si yo estaba casada, si había algo

que yo quisiera saber de él... Cuando Ángela regresó, le dije que su novio _____,[9] pero

dentro de mí pensaba otra cosa: que este hombre era un don Juan.

Me sentí algo aliviada cuando Jorge nos dijo que no podía acompañarnos al museo. Más tarde,

cuando _____[10] para ir de compras, pude evitar quedarme a solas con él. Hice lo que

pude para que regresáramos pronto al hotel.

Mientras Jorge y Ángela nadaban, (yo) _____.[11] Al hablar con mi madre, le comenté

que Ángela tenía un novio mujeriego. Mi madre _____[12] que no me metiera en la vida

de los demás. Tengo que admitir que no escuché su consejo. (Bueno, mi madre me da tantos

consejos...) En fin, para terminar: cuando Ángela me dijo que _____[13] parte del dinero

que iba a recibir de la venta del apartamento, no me pude aguantar. Le dije que _____[14]

que él mismo comprara el teatro. Y Ángela se enfadó conmigo, y mucho. Gracias a Dios, no tuve

que ver a Jorge otra vez hasta que _____[15] al aeropuerto.

Habla Ángela: ¡Qué suerte la mía!, ¿verdad? Mi actor predilecto es también mi novio. Sí, Jorge es

un cielo. (Yo) _____[16] en una fiesta en la universidad y, como era amigo de un amigo

[a]no... *didn't fail me*   [b]*extremely*

Lección 50 Así fue (III)

de Roberto, para mí fue como si ya lo conociera, como si él ya fuera parte de mi grupo de amigos.

_____[17] que Jorge no fuera con tanta frecuencia a los Estados Unidos, pero al fin y al cabo[c] es actor y para él hay más oportunidades allí. La última vez que fue, me dijo que lo había pasado muy bien en unas fiestas, donde conoció a mucha gente importante para su carrera. También me dijo que tal vez yo _____[18] en su próximo viaje. ¡Cuánto me gustaría! En cuanto me invite, le voy a decir que sí.

También me gustaría mucho poder ayudarlo un poco a conseguir algo que él ambiciona. Desde hace mucho tiempo, quiere tener su propio teatro. Nunca me lo ha pedido directamente, pero sé que él me _____[19] si yo pudiera ayudarlo a realizar ese proyecto. Es decir, si yo le pudiera dar un poco de dinero. ¿De dónde _____[20]? Pues, se me ocurrió hace tiempo vender el apartamento de nuestros padres. Es que me deprime estar allí. Nuestros padres _____[21] por muchos años y no me puedo olvidar de eso. No sé si he hecho bien, pero... lo de vender el apartamento, no se lo dije a Roberto antes de que se fuera para México.

Hay otra cosa que no he dicho a muchas personas: Jorge me pidió que me casara con él. Bueno, _____[22] precisamente así... Pero cuando _____[23] que me dio mi abuelita Carmen, diciendo que era de mis otros abuelos, Jorge me dijo que _____[24] con esa copa cuando nos casáramos. Es como si me hubiera pedido que me casara con él, ¿no es cierto?

Yo no me explico por qué tanta gente se opone a mis relaciones con Jorge. Aun Raquel _____[25] conmigo... y sin motivos. ¿Qué sabe ella de Jorge? Si lo acaba de conocer... Piensa igual que mi abuela. Al pobre Jorge nadie lo comprende.

[c]al... *after all*

• •

4

PARA ESCRIBIR

Although Raquel told don Fernando many of the details of her visit to Puerto Rico, she did not give him any information at all about her dealings with Jorge nor about her fight with Ángela. In fact, Raquel didn't even tell Ángela about what happened with Jorge.

What do you think? Should Raquel say something to Ángela now? Or should she have said more earlier on? Why or why not? What might the implications be of telling her (or not telling her)? In this composition, you will answer these questions. You will be writing for a classmate who will be answering the same questions. If possible, you should compare your composition with what another person taking the course has written. Your composition should be no fewer than 300 and no more than 500 words long.

Thinking About What You Will Write

In order to write this composition, the first thing you must do is think about what information you will include. Spend a few minutes brainstorming, coming up with as many ideas as you can about what might happen if Raquel tells Ángela about Jorge and about what might happen if she doesn't. When you have exhausted the possibilities that occur to you off the top of your head, try to narrow down your two lists to three items for each category. Then try to put the items in order of likelihood in each group.

Now spend a few minutes thinking about a time when you tried to tell someone something for their own good . . . or when someone tried to tell you something that you didn't want to hear. How did things turn out? What would have happened if the information had not been passed on? Select an incident—from your own perspective or from someone else's—that you might be able to use in your composition.

Now think about Ángela and Raquel again. What similarities and/or differences do you perceive between their situation and others you have thought about?

If you delete or add events and information later on, that is fine. For the moment, you are just trying to get started.

Organizing Your Composition

In order to write this composition, you must decide whether you will address your classmate directly in the composition. If so, think about whether you will use **tú** or **Ud.** to address him or her.

The next thing you need to do is to spend some time thinking about the organization (order) of the information and events you have selected. Will you start with general ideas or with a particular story? Will you go back and forth from generalities to specifics, or focus exclusively on one type of content, then on another? Which approach makes the most sense to you at the moment? Write a brief outline of that approach.

Drafting

Paso 1

Now draft your composition. At this stage, you should not worry about grammar and spelling. Your goal is to get your ideas down on paper.

If you wish, you may select one of the following as the opening sentence in your composition. Doing so may help you get started.

> Nunca es bueno tratar de decirle algo a alguien cuando la persona no quiere saberlo.

> Si Raquel le hubiera dicho a Ángela lo que pasó con Jorge, Ángela se hubiera enfadado mucho y no hubiera venido a México con Raquel. Por eso...

> Una vez, supe algo que sabía que iba a lastimar (*hurt*) a mi mejor amigo/a.

Paso 2

After you have completed your draft, look over what you have done. Have you stuck to the goal of the composition, which was to speculate about what Raquel should do—or about what she might have done differently? Have you presented your ideas coherently and clearly, regardless of the overall approach you took in the composition? Are you still satisfied with the information you selected? Do you want to add some things and delete others? Or go into more detail about certain details or events? If you decided to do so, did you address your classmate in the composition?

Finalizing Your Composition

If you are satisfied with the information contained in your draft, it is time to look it over for style and language.

Paso 1

First, look at your composition for style. Have you been consistent in the way you have addressed your classmate throughout (if you decided to address him or her directly)? Does the composition flow, or is it disjointed and choppy? Does it contain words and phrases that connect events, or is it mostly an accumulation of sentences? Remember to use words and phrases that can smooth out the flow of a composition and help express the sequence of events clearly.

Paso 2

Review your composition for the following language elements as well.

_____	gender of nouns	_____	use of object pronouns
_____	adjective agreement	_____	use of **por** and **para**
_____	subject and verb agreement	_____	comparisons
_____	correct verb forms	_____	relative pronouns

Paso 3

Prepare a clean copy of the final version of your composition for your instructor.

Have you completed the following sections of the lesson? Check them off here.

_____ **Repaso gramatical**

_____ **Para escribir**

There is no Self-Test for this lesson of the Textbook and Workbook. In preparation for a unit test or just as a general review, take a few moments to scan back over the Self-Tests in **Lecciones 19–24**. Then you will be ready to continue on with **Lección 51** in the Textbook.

51

ASÍ FUE (IV)

OBJETIVOS

Whereas the materials in the Textbook all had to do with the video episode, the materials in the Workbook will help you expand your knowledge of the Spanish language in general, as well as give you opportunities for self-expression in Spanish. In this lesson you will review

- what you have learned about about past-tense narration using the imperfect, the past subjunctive, and the conditional **(Repaso gramatical, Para escribir)**

Remember to check your answers in Appendix 1.

3

REPASO GRAMATICAL

In the following activity you will practice using verbs in the imperfect, past subjunctive, and conditional. Before starting, take a few moments to review what you know about those verb forms as well as about their uses. One way to do this is to review the **Resumen de gramática** sections in **Lecciones 25, 36,** and **48,** and the grammar sections in **Lecciones 37–42** and **46.**

Actividad. ¿Cómo sería mi vida si... ?

Raquel le contó a don Fernando todos los detalles más importantes de lo que le pasó en el sitio de la excavación, pero no le habló de Luis ni de su discusión con su madre sobre él. ¿Puedes completar el siguiente resumen de ese aspecto del viaje de Raquel? Presta atención especial en el resumen al punto de vista de cada persona. Da la forma apropiada del infinitivo (imperfecto, pasado del subjuntivo, condicional).

esperar el ascensor
estar con Luis
estar en México
estar un poco incómoda
haberle dicho
habérmelo preguntado
hablar mucho de sí mismo
llevarse muy bien

no haberse puesto en contacto
no venir
poder haber sido peor
poder haberlo dicho
ser Luis
ser un pariente perdido
venir a México

Habla Arturo: **Y**o esperaba a Raquel para ir a cenar los dos solos y había saludado a un hombre que también _____.[1] No sabía en ese momento que _____,[2] el antiguo novio de Raquel. Ella me había hablado de él en Buenos Aires, pero... ¿Quién hubiera pensado que _____[3]? Y lo que es más, ¡alojado en el mismo hotel!

Yo creía que Raquel _____,[4] pero ella se portó de una manera muy cordial y lo invitó a cenar con nosotros. ¡Y qué cena fue! Luis _____,[5] y expresaba sus opiniones arbitrariamente para cada tema. Por ejemplo, me dijo que él no creía en la terapia sicológica. ¡Qué falta de cortesía, ¿verdad? Por lo menos _____[6] de una manera más sutil, pero no. Lo único que le importaba era exponer su propia opinión. Yo ya estoy acostumbrado a que la gente critique la terapia psicoanalítica, pero, por favor, que lo hagan con un poco de inteligencia y tacto.

Lo peor fue cuando por fin conocí a los padres de Raquel... y su madre casi no me habló. Luego cuando llegó Luis, lo saludó como si _____.[7]

Pero, ¿para qué hablar de estas cosas que ya pasaron? Luis ha regresado a los Estados Unidos y María y yo ya somos amigos. Bueno, mejor dicho, estamos empezando a formar una amistad. Y Raquel ya sabe de mi decisión de irme a vivir a Los Ángeles. Estoy realmente muy contento con lo que ha ocurrido hasta ahora.

Habla Raquel: Lo de Luis ha sido un desastre muy típico de mi familia, digo, de mis relaciones con mi madre. Comprendo perfectamente que Luis llamó a mis padres tan pronto como regresó a Los Ángeles. Siempre _____[8] con ellos, especialmente con mi madre, que lo adoraba. Para decir la verdad, si Luis _____[9] con ellos o conmigo, yo habría estado un poco desilusionada.[a] Al fin y al cabo,[b] Luis representa una parte importante de mi vida, y estas cosas no se deben de olvidar.

Pero luego mi madre tenía que decirle que _____[10] para verme. Ya puedo oír la voz alegre de mi madre: «Sí, sí, Luis, seguro que Raquel se pondrá muy contenta de verte otra vez, después de tantos años. No hay necesidad de avisarla. Será una sorpresa.» ¡Y qué sorpresa fue! Si me lo hubiera preguntado, claro que _____[11] que _____.[12] Pero no fue culpa de él.

El pobre Arturo se portó muy bien a lo largo de todo este lío. Si la llegada de Luis fue una sorpresa para mí, imagina lo que representó para él. Bueno, de todas formas la cena con Luis _____.[13] El colmo[c]—y no se lo he contado a Arturo todavía—fue lo del viaje a Zihuatanejo. Otra vez, si _____[14]... Pero así es Luis. Impulsivo... egoísta... pensando sólo en lo que él quiere. Y ¿sabes? generalmente se sale con la suya,[d] pero esta vez no. Yo me pregunto: ¿Cómo sería mi vida ahora si todavía _____[15]? Bueno, creo que sé la respuesta.

[a]*disappointed* [b]Al... *After all* [c]*last straw* [d]se... *he gets his way*

PARA ESCRIBIR

In a previous video episode Raquel asked herself: **¿Cómo sería mi vida si todavía estuviera con Luis?** Many people ask themselves "What would have happened if . . . ?" or "What if I were . . . ?", especially when they are thinking about important moments or events in their lives.

In this composition, you will answer a "What if . . . ?" question.

¿Cómo sería el mundo si todos habláramos el mismo idioma?

You will be writing for a classmate who will be answering the same questions. If possible, you should compare your composition with what another person taking the course has written. Your composition should be no fewer than 300 and no more than 500 words long.

Thinking About What You Will Write

In order to write this composition the first thing you must do is think about what aspects of the world you will comment on. Spend a few minutes brainstorming, coming up with as many ideas as you can about what aspects of life—political, cultural, social, personal, and so on—might be different if there were one world language. When you have exhausted the possibilities that occur to you off the top of your head, try to narrow down your list to three categories.

Now spend a few minutes thinking about what you know about language and languages in other countries and continents. How many different languages are spoken in Europe? Africa? Other places? What effect do all of these languages have on those continents?

If you delete or add events and information later on, that is fine. For the moment, you are just trying to get started.

Organizing Your Composition

In order to write this composition, you must decide whether you will address your classmate directly in the composition. If so, think about whether you will use **tú** or **Ud.** to address him or her.

The next thing you need to do is to spend some time thinking about the organization (order) of the categories you have selected and the information you have available to you. Will you start with a general opinion about the question or with an example? Will you go back and forth from generalities to specifics, or focus exclusively on one type of information, then on another? Which approach makes the most sense to you at the moment? Write a brief outline of that approach.

Drafting

Paso 1

Now draft your composition. At this stage you should not worry about grammar and spelling. Your goal is to get your ideas down on paper.

If you wish, you may select one of the following as the opening sentence in your composition. Doing so may help you get started.

La diversidad étnica y lingüística es un factor positivo en el mundo de hoy.

Las barreras lingüísticas llevan sin duda a levantar (*erect*) barreras comunicativas entre las naciones del mundo y entre los individuos.

En cada país de Europa, aunque muchas personas hablan más de una lengua, hay un idioma oficial.

En esta ciudad, hay muchas personas que no hablan inglés. Hay personas de habla española, china...

Paso 2

After you have completed your draft, look over what you have done. Have you stuck to the goal of the composition, which was to explore what the world would be like if we spoke one language? Have you presented your ideas coherently and clearly, regardless of the overall approach you took in the composition? Are you still satisfied with the information you selected? Do you want to add some things and delete others? Or go into more detail about certain details or events? If you decided to do so, did you address your classmate in the composition?

Finalizing Your Composition

If you are satisfied with the information contained in your draft, it is time to look it over for style and language.

Paso 1

First, look at your composition for style. Have you been consistent in the way you have addressed your classmate throughout (if you decided to address him or her directly)? Does the composition flow, or is it disjointed and choppy? Does it contain words and phrases that connect events, or is it mostly an accumulation of sentences? Remember to use words and phrases that can smooth out the flow of a composition and help express the sequence of events clearly.

Paso 2

Review your composition for the following language elements as well.

_____ gender of nouns	_____ use of object pronouns
_____ adjective agreement	_____ use of **por** and **para**
_____ subject and verb agreement	_____ comparisons
_____ correct verb forms	_____ relative pronouns

Paso 3

Prepare a clean copy of the final version of your composition for your instructor.

Have you completed the following sections of the lesson? Check them off here.

_____ **Repaso gramatical**

_____ **Para escribir**

There is no Self-Test for this lesson of the Textbook and Workbook. In preparation for a unit test or just as a general review, take a few moments to scan back over the Self-Tests in **Lecciones 27–47**. Then you will be ready to continue on with **Lección 52** in the Textbook.

Note that **Lección 52** in the Textbook will be the last lesson of the _Destinos_ materials. There is no corresponding lesson in the Workbook for **Episodio 52**.

WORKSHEETS AND SELF-TESTS

This section of the Workbook contains Worksheets coordinated with each lesson of the Workbook together with Self-Tests for most lessons. If your instructor asks you to do so, you should tear these pages out and hand them in to him or her. Note the following points about these materials:

- Possible answers to some of the Worksheet activities are included in Appendix 1.
- Answers to most of the items in the Self-Tests are given in Appendix 2.
- The total number of points in each Self-Test is included at the top. Consult with your instructor to determine what is an acceptable percentage. Seventy percent is often viewed as the lowest acceptable percentage.

WORKSHEET: LECCIÓN 27

Gramática 75: Actividad D

1. _____
2. _____
3. _____
4. _____
5. _____
6. _____
7. _____
8. _____
9. _____
10. _____

Gramática 75: Actividad E

_____

_____

Gramática 75: Actividad F

_____

_____

_____

_____

_____

WORKSHEET: LECCIÓN 28

Gramática 76: Actividad F

_____

_____

_____

_____

_____

_____

Gramática 77: Actividad D

Paso 1

1. _____

2. _____

3. _____

4. _____

5. _____

6. _____

7. _____

8. _____

Paso 2

1. _____

2. _____

3. _____

4. _____

5. _____

6. _____

7. _____

8. _____

Gramática 77: Actividad E

1. _____

2. _____

3. _____

4. _____

5. _____

6. _____

7. _____

8. _____

SELF-TEST: LECCIONES 27 y 28 (36 puntos)   NOMBRE _____

I.   El episodio y los personajes

Match the characters with their possible thoughts during **Episodios 27** and **28**. (9 puntos)

a. Arturo   b. Raquel   c. Ángela   d. Mercedes   e. Roberto   f. Juan

_____ 1. ¿Cuándo me sacarán de aquí?
_____ 2. Mi padre tendrá que ir a Guadalajara.
_____ 3. ¿Qué estará pensando Arturo ahora?
_____ 4. Raquel cree que todo irá bien con mi hermano.
_____ 5. ¿Qué hará Pati ahora?
_____ 6. ¿Dónde estará Raquel?
_____ 7. Hablaré con Pedro sobre mi papá.
_____ 8. ¿Cuándo sabremos algo de mi hermano?
_____ 9. ¿Cuándo podré comunicarme con Arturo?

II.   El vocabulario

Fill in the blanks with the name of the part of the body indicated and the correct definite article (*the*). (6 puntos)

1. _____   4. _____
2. _____   5. _____
3. _____   6. _____

III.   La gramática

A.   Answer the questions you hear by completing these sentences affirmatively or negatively in the future tense. (12 puntos)

1. _____ contenta al ver a Roberto.

2. _____ reunirse.

3. _____ de la excavación.

4. _____ viajar a Guadalajara.

5. _____ problemas.

6. _____ qué pasó con Gloria.

B.   Write three sentences indicating the following: your best friend in the world, your worst enemy (**enemigo/a**), your most difficult class. (9 puntos)

1. _____

2. _____

3. _____

WORKSHEET: LECCIÓN 29

Gramática 79: Actividad D

1. _____
2. _____
3. _____
4. _____
5. _____
6. _____
7. _____
8. _____
9. _____
10. _____

Gramática 79: Actividad F

_____

_____

_____

_____

_____

_____

_____

SELF-TEST: LECCIÓN 29 (32 puntos) NOMBRE _____

I. El episodio y los personajes

Match the character with his/her medical circumstances in **Episodio 29**. (8 puntos)

a. Carlitos   b. Ángela   c. el hombre rescatado   d. la mujer rescatada

_____ 1. Lo examina su padre y encuentra que tiene un resfriado.
_____ 2. Lo examina el médico y encuentra que tiene fiebre pero no muy alta.
_____ 3. La examina el médico y tiene el brazo hinchado.
_____ 4. La examina el médico y dice que por la situación está muy nerviosa.
_____ 5. El médico dice que le va a poner una inyección para combatir la fiebre.
_____ 6. El médico le da un calmante para ayudarle a dormir.
_____ 7. El médico le dice que en México le sacarán unos rayos X.
_____ 8. Le dan medicina con un poco de chocolate.

II. El vocabulario

You will hear some of a doctor's first impressions as he examines different patients. Match his impressions with his probable plan. First take a few seconds to scan the answers. (6 puntos)

_____ a. Le diré que guarde cama.
_____ b. Le daré una receta para la medicina.
_____ c. Voy a tomarle la temperatura.
_____ d. Debe tomar unas aspirinas.
_____ e. Es necesario que le saque unos rayos X.
_____ f. Le voy a dar un calmante.

III. La gramática

A. Answer these questions about the wishes of some of the characters, using the words in parentheses with the verbs in the subjunctive. (9 puntos)

1. ¿Qué quiere Ángela? (los hombres/rescatar a Roberto)

_____

2. ¿Qué no quiere Carlitos? (el médico/ponerle una inyección)

_____

3. ¿Qué le dice el Padre Rodrigo a Ángela? (ella/no preocuparse)

_____

B. Write three sentences that describe what your doctor wants you to do and not to do, what your best friend always asks you to do, or what your professor prohibits you from doing. (9 puntos)

1. _____
2. _____
3. _____

WORKSHEET: LECCIÓN 30

Gramática 80: Actividad B

Paso 2

_____

_____

_____

_____

Gramática 80: Actividad C

_____

_____

_____

_____

_____

_____

_____

Gramática 80: Actividad D

_____

_____

_____

_____

_____

Gramática 81: Actividad D

_____

_____

_____

_____

SELF-TEST: LECCIÓN 30 (35 puntos)   NOMBRE _____

I.   El episodio y los personajes

In this episode who called whom (numbers) with what results (letters)? (10 puntos)

I. Pati   II. Raquel   III. Ángela   IV. Carlos

1. _____ ...llama a Jaime, que está en San Juan, y _____
2. _____ ...llama a Arturo, que está en la Ciudad de Mexico, pero _____
3. _____ ...llama a Ofelia, que está en Miami, y _____
4. _____ ...habla con su asistente, que está en Nueva York, y _____
5. _____ ...llama al recepcionista del Gran Hotel, y _____

a.   ...le dice que quiere dejar un mensaje.
b.   ...le dice que Roberto está atrapado en la excavación pero que está bien.   *← doesn't need subjunctive*
c.   ...ella le dice que hay malas noticias.
d.   ...no puede comunicarse con él.
e.   ...descubre que hay problemas con el productor.

II.   El vocabulario

A.   Match words from the two groups. Note that not all words will be used. (6 puntos)

a. el ayuntamiento   d. el pueblo   g. el almacén

b. el supermercado   e. el teatro   h. las afueras

c. el jardín botánico   f. el zoológico   i. el rascacielos

_____ 1. Donde guardan animales.
_____ 2. Un edificio muy alto.
_____ 3. Donde están las autoridades de la ciudad.
_____ 4. Donde representan obras dramáticas.
_____ 5. Una colección de plantas.
_____ 6. Una ciudad pequeña con poca gente.

B.   Write a sentence about three of the places mentioned in **A.** that you have visited lately. You can explain when or why you went there or what you did there. (9 puntos)

1. _____
2. _____
3. _____

III.   La gramática

You will hear descriptions of situations from **Episodio 30**. Write a comment using the expressions provided. (10 puntos)

1. ¡Qué bueno que _____ !
2. No sorprende que _____ .
3. ¡Qué bien que _____ !
4. Arturo se alegra de que _____ .
5. ¡Qué terrible que _____ !

WORKSHEET: LECCIÓN 31

Gramática 82: Actividad C

1. _____
2. _____
3. _____
4. _____
5. _____
6. _____
7. _____

Gramática 82: Actividad D

1. _____
   _____
2. _____
   _____
3. _____
   _____

Gramática 83: Actividad A

Paso 1

1. _____
2. _____
3. _____
4. _____
5. _____
6. _____

Repaso: Actividad B

1. _____
   _____
2. _____
   _____
3. _____
   _____
4. _____
   _____
5. _____
   _____
6. _____
   _____

SELF-TEST: LECCIÓN 31 (39 puntos)   NOMBRE _____

I. El episodio y los personajes
Indicate who said the following to whom in **Episodio 31**. (12 puntos)

1. _____ —> _____ Me siento mil veces mejor. ¿Y sabes? Estoy segura de que cuando lleguemos al lugar de la excavación, ya sabrán algo de Roberto.

2. _____ —> _____ ¿...cuántas veces tengo que decírtelo? Yo tengo una vida profesional, con compromisos... Hay cosas que requieren mi atención.

3. _____ —> _____ Te prometo que regresarás a casa en cuanto el doctor lo autorice.

II. El vocabulario
A.   Respond to the statements you hear by completing the corresponding sentences with the appropriate word from this list. Take a few seconds to scan the list: **la barbería, una carnicería, una farmacia, una frutería, la lavandería, una librería, una panadería, una pescadería, una pollería** (12 puntos)

1. Necesitas ir a _____.

2. Pues, debes visitar _____.

3. Es necesario que vayas a _____.

4. Siempre lo encuentras en _____.

5. Los tienen en _____.

6. Pues, es preciso que pases por _____.

B.   Write three sentences about three stores you visited recently, describing what you bought or did not buy, as the case may be. (9 puntos)

1. _____

2. _____

3. _____

III. La gramática
Complete the sentences with the correct form of the verb in parentheses. (6 puntos)

1. Ángela va a México en cuanto los hombres _____ a Roberto de la excavación. (sacar)

2. Pati no descansará hasta que _____ para Nueva York. (salir)

3. Pedro llamará a Arturo tan pronto como _____ tiempo. (tener)

4. Pedro y Ramón no quieren decir nada hasta que le _____ una explicación a Carlos. (pedir)

5. Mercedes estará muy triste después de que _____ las recomendaciones de los auditores. (oír)

6. Raquel estará preocupada hasta que _____ algo de Roberto. (saber)

WORKSHEET: LECCIÓN 32

Gramática 84: Actividad D

1. _____

_____

_____

2. _____

_____

_____

3. _____

_____

Gramática 84: Actividad E

Paso 2 _____

_____

_____

_____

Gramática 85: Actividad C

Paso 1

1. _____

_____

_____

2. _____

_____

_____

3. _____

_____

_____

4. _____

_____

_____

Paso 2

1. _____

2. _____

3. _____

4. _____

5. _____

SELF-TEST: LECCIÓN 32 (39 puntos)   NOMBRE _____

I. El episodio y los personajes

Indicate which topics were discussed in the conversations between these people in **Episodio 32**. (12 puntos)

_____ 1. Arturo y Pedro   _____ 2. Ramón y Consuelo
_____ 3. Ángela y Raquel   _____ 4. Luis y los padres de Raquel

a. Los problemas de la oficina de Miami

b. La búsqueda de Ángel en la Boca

c. La venta de La Gavia

d. La civilización que le interesa a Roberto

e. Un mensaje de Raquel sobre el accidente

f. Por qué vinieron Raquel y Ángela a México

g. Un plan para ir a ver a Raquel

II. El vocabulario

A. Match the words that are related in meaning (but not necessarily synonymous). (6 puntos)

_____ 1. el río   a. la tierra
_____ 2. la roca   b. la selva
_____ 3. el cañón   c. el océano
_____ 4. el bosque   d. la piedra
_____ 5. el mar   e. el arroyo
_____ 6. el mundo   f. el valle

B. Write three sentences that describe the location of any of these natural features that are near you: **un río, un desierto, un lago, una costa.** (9 puntos)

1. _____

2. _____

3. _____

III. La gramática

A. Indicate which character gave or could have given the commands you hear. (8 puntos)

1. _____ 2. _____ 3. _____ 4. _____

B. Match the clauses to form logical sentences. (4 puntos)

_____ 1. Llega a la excavación un hombre
_____ 2. La familia Castillo necesita un especialista
_____ 3. Arturo espera un mensaje de Raquel
_____ 4. La madre de Raquel tiene un plan

a. que le sorprende a su esposo Pancho.

b. que trabajó en las minas.

c. que pueda examinar a don Fernando.

d. que le dé más detalles del accidente.

WORKSHEET: LECCIÓN 33

Gramática 86: Actividad C

Paso 2 _____

_____

_____

_____

Gramática 86: Actividad D

_____

_____

_____

_____

Gramática 87: Actividad B

Paso 2

1. _____

2. _____

3. _____

4. _____

5. _____

6. _____

7. _____

8. _____

Gramática 87: Actividad D

1. _____
_____

2. _____
_____

3. _____
_____

4. _____
_____

5. _____
_____

6. _____
_____

I. El episodio y los personajes

Indicate whether or not the following statements accurately describe events in **Episodio 33**. (6 puntos)

Sí   No   1. El interés de Roberto por la arqueología comenzó hace mucho tiempo.
Sí   No   2. Pati todavía piensa volver a Nueva York.
Sí   No   3. Juan no cree que sean graves los problemas del teatro.
Sí   No   4. Arturo cree que alguna oficina de la universidad le dará información sobre el accidente.
Sí   No   5. Ofelia no sabe nada de los problemas de Carlos.
Sí   No   6. Roberto está inconsciente y tiene muchas fracturas.

II. El vocabulario

A. Write the professions of the pairs of speakers you will hear. You will hear each pair twice. Be sure to indicate gender. First, take a few seconds to scan this list: **actor, actriz, arquitecto/a, azafata, camarero/a, el/la dentista, ingeniero/a, el/la músico, el/la periodista, el/la plomero, el/la psiquiatra, secretario/a, veterinario/a.** (12 puntos)

1. _____

2. _____

3. _____

B. Write three sentences about the professions your friends or family members practice. (9 puntos)

1. _____

2. _____

3. _____

III. La gramática

A. Indicate who gave or could have given these commands. (8 puntos)

1. _____   ¡No me grites así, Juan!

2. _____   Duérmete, Maricarmen, ya es tarde.

3. _____   Raquel, llévala a sentarse allí, por favor.

4 _____   No te preocupes, Ángela. El médico dice que está bien.

B. Match the clauses to form logical sentences. (4 puntos)

1. _____ Es imposible
2. _____ Pedro cree
3. _____ Raquel duda
4. _____ Es probable

a. que Raquel va a llamarle a casa.
b. que Roberto esté perfectamente bien.
c. que Arturo llame a Raquel al pueblo.
d. que Ángela pueda ser mujer de negocios.

WORKSHEET: LECCIÓN 34

Gramática 88: Actividad B

Paso 3 _____

_____

_____

_____

_____

_____

_____

_____

_____

_____

Gramática 88: Actividad C

Paso 2

1. _____
2. _____
3. _____
4. _____
5. _____
6. _____
7. _____

Gramática 88: Actividad D

1. _____

_____

_____

2. _____

_____

_____

Gramática 89: Actividad C

_____

_____

_____

_____

_____

_____

SELF-TEST: LECCIÓN 34 (37 puntos)   NOMBRE _____

I.   El episodio y los personajes

Match the pairs of characters with the description most characteristic of their relationship.
(4 puntos)

_____ 1. Mercedes - Manuel
_____ 2. Ramón - Consuelo
_____ 3. Ángela - Roberto
_____ 4. Jorge - Ángela

a.   la envidia
b.   los novios
c.   el amor a primera vista
d.   el afecto

II.   El vocabulario

A.   You will hear a series of words and phrases on the cassette tape. Write the one that doesn't fit the group. (10 puntos)

1. _____   4. _____
2. _____   5. _____
3. _____

B.   Write three sentences describing what you think people feel about you. It may be one person or several. (9 puntos)

1. _____
2. _____
3. _____

III.   La gramática

A.   Answer the questions using the present perfect of the verb in parentheses. (12 puntos)

1.   ¿Dónde está Manuel? (morir)

_____

2.   ¿Qué pasó con Roberto? (examinarlo el médico)

_____

3.   ¿Con quién habló Pati? (hablar con Mercedes)

_____

4.   ¿Cómo es el trabajo de Pati? (tener mucho éxito)

_____

5.   ¿Qué decisión tomó Luis? (decidir ir a México)

_____

6.   ¿Dónde está Jorge? (quedarse en San Juan)

_____

B.   Complete the sentences with the correct relative pronoun: **que, quien, lo que.** (2 puntos)

1.   Sí eso es _____ dije ayer.

2.   Éste es el hombre de _____ yo te hablaba ayer.

WORKSHEET: LECCIÓN 35

Más allá del episodio: Actividad B

_____

_____

_____

_____

_____

_____

_____

Gramática 90: Actividad D

1. _____

_____

2. _____

_____

3. _____

_____

4. _____

_____

5. _____

_____

6. _____

_____

7. _____

_____

8. _____

_____

9. _____

_____

10. _____

_____

SELF-TEST: LECCIÓN 35 (38 puntos)   NOMBRE _____

I. El episodio y los personajes

Note: Consult this list of characters as you do the items in this section.

Ángela, Arturo, Carlitos, Carlos, Consuelo, don Fernando, Gloria, tío Jaime, Juan, Juanita, María, Maricarmen, Ofelia, Pedro, Ramón, Raquel

A.   Who made the following calls in **Episodio 35**? (6 puntos)

1. _____ llamó a _____, quien le dio malas noticias sobre los negocios.

2. _____ llamó a _____ y recibió noticias sobre un viaje a México.

3. _____ llamó a _____ para darle la buena noticia del rescate de Roberto.

B.   Who besides Raquel went to the hospital to visit Roberto? (3 puntos)

_____   _____   _____

II. El vocabulario

A.   Combine the Spanish equivalent of these words in parentheses with one of the clauses below to form logical sentences: (*We recommend*), (*They suggest*), (*He orders*), (*I beg*). (12 puntos)

1.   nosotros / quedarnos aquí por la noche

_____

2.   ellos / internarlo en el hospital

_____

3.   Uds. / salir para no despertarlo

_____

4.   tú / permitirme explicarte algo sobre el dinero

_____

B.   Write three sentences that describe something you insist on, something you require, and something you recommend to a friend, associate, or a family member. (9 puntos)

1. _____
2. _____
3. _____

III. La gramática

Respond to the statements or questions you hear, beginning each answer with the phrase provided. (8 puntos)

1.   No es probable que _____ .

2.   Es imposible que ellos _____ .

3.   Dudo que él _____ .

4.   No hay nadie que lo _____ .

WORKSHEET: LECCIÓN 36

Gramática 94: Actividad A

1. _____
2. _____
3. _____
4. _____
5. _____
6. _____
7. _____
8. _____

Un poco de todo: Actividad A

Paso 2 _____

_____

_____

_____

_____

Un poco de todo: Actividad C

_____

_____

_____

_____

_____

_____

_____

_____

_____

_____

_____

Un poco de todo: Actividad D

1. _____

_____

_____

_____

_____

2. _____

WORKSHEET: LECCIÓN 37

Gramática 95: Actividad B

Paso 2 _____

_____

_____

_____

_____

_____

Gramática 95: Actividad D

Paso 2

1. _____

_____

2. _____

_____

3. _____

_____

4. _____

_____

5. _____

_____

Gramática 95: Actividad E

_____

_____

_____

_____

SELF-TEST: LECCIÓN 37 (29 puntos)   NOMBRE _____

I. El episodio y los personajes

You will hear some statements about the characters. Indicate to which character each statement refers. Not all characters listed may be used, and some may be used more than once. First, take a few seconds to scan the list: **Ángela, Arturo, Carlitos, Carlos, don Fernando, Juan, Luis, María Rodríguez, Mercedes, Ramón, Raquel, Roberto.** (10 puntos)

1. _____ 2. _____ 3. _____ 4. _____ 5. _____

6. _____ 7. _____ 8. _____ 9. _____ 10. _____

II. El vocabulario

Write three sentences about your own finances. Use the following words from **Lección 37** and any others you know: **la cuenta de ahorros, el cheque, los ingresos, la tarjeta de crédito; ahorrar, gastar, manejar.** (9 puntos)

1. _____

2. _____

3. _____

III. La gramática

Complete the sentences with the correct form of the indicated verbs. (10 puntos)

1. Ramón preguntó: ¿Puedo *llevar*los al hotel?

   Raquel no quería que Ramón los _____ al hotel.

2. Pedro preguntó: ¿Puedes *traer*me los documentos que tienes?

   Pedro quería que Raquel le _____ los documentos.

3. El mensaje de Pedro decía: *Lláma*me en cuanto llegues al hotel.

   Pedro pidió que Raquel le _____ al llegar al hotel.

4. Ramón dijo: Debe *venir* para las fiestas de independencia.

   Ramón quería que Arturo _____ para las fiestas.

5. Arturo preguntó: ¿*Vas* conmigo a tomar una copa?

   Arturo le pidió a Raquel _____ con él a tomar una copa.

WORKSHEET: LECCIÓN 38

Más allá del episodio: Actividad B

Paso 2 _____

_____

_____

_____

_____

_____

Gramática 96: Actividad C

Paso 2

1. _____

_____

2. _____

_____

3. _____

_____

4. _____

_____

Gramática 96: Actividad E

Paso 2 _____

_____

_____

_____

_____

_____

_____

_____

SELF-TEST: LECCIÓN 38   (33 puntos)   NOMBRE _____

I.   El episodio y los personajes

The following sentences incorrectly describe some of the events in **Episodio 38**. Restate them correctly. (12 puntos)

1.   Pedro dijo que Raquel olvidó su cartera en la cafetería del hotel cuando estuvo allí con Arturo.

   _____

2.   Juan está triste porque Pati quiere divorciarse. _____

   _____

3.   Raquel ha descubierto que no quiere a Arturo. _____

   _____

4.   Carlos no sabe que Pedro, Ramón y Mercedes saben del problema que hay en la oficina en Miami.

   _____

II.   El vocabulario

Read the definitions below and write one of these words in each blank: **andar bien, auditor(a), economizar, empleado/a, empresa, presupuesto.** (6 puntos)

_____   1. Una persona que revisa todas las cuentas de una empresa.
_____   2. El acto de gastar lo menos posible.
_____   3. Si en el negocio se gana mucho dinero, se dice que hace esto.
_____   4. Ésta es otra palabra equivalente a *compañía.*
_____   5. Una persona que trabaja en la empresa.
_____   6. El cálculo anticipado de los ingresos y gastos de una empresa.

III.   La gramática

A.   Write three sentences that describe something you wanted a friend to do, something you hoped your friend would not do, and something you were glad your friend did. (9 puntos)

1.   _____
2.   _____
3.   _____

B.   You will hear a series of sentences on the cassette tape. Restate the idea, beginning with the phrase provided. (6 puntos)

1.   María se alegraba _____ .

2.   Mercedes dudaba _____ .

3.   Arturo le pidió a Raquel _____ .

WORKSHEET: LECCIÓN 39

Más allá del episodio: Actividad B

Paso 2 _____

_____

_____

_____

_____

Gramática 97: Actividad F

1. _____

_____

_____

_____

2. _____

_____

_____

_____

SELF-TEST: LECCIÓN 39 (33 puntos) NOMBRE _____

I. El episodio y los personajes

Match the phrases in Column A with those in Column B to describe the events in **Episodio 39**.
(6 puntos)

Column A

_____ 1. Carlos pide el carro
_____ 2. En el hospital, Roberto
_____ 3. Ramón, Pedro y Juan van a La Gavia
_____ 4. Arturo lleva al hospital
_____ 5. Raquel habla con la recepción del hotel
_____ 6. Carlos promete

Column B

a. para ver a una agente de bienes raíces.
b. para comprar boletos para el Ballet Folclórico.
c. darles explicaciones a todos de sus problemas.
d. de Ramón.
e. las fotos que tiene de Ángel cuando éste vivía en Buenos Aires.
f. acaba de desayunar y quiere comer más.

II. El vocabulario

You will hear a paragraph on the cassette tape. Listen, then indicate whether each of the following statements is **Cierto (C)** or **Falso (F)**, according to the paragraph. (10 puntos)

C F 1. La agente de bienes raíces hizo una oferta por La Gavia.
C F 2. Un norteamericano está interesado en comprar la propiedad.
C F 3. Según Ramón, la propiedad no está en venta.
C F 4. Ramón tiene interés en saber el precio de la oferta.
C F 5. Es imposible que rechacen esta oferta.

III. La gramática

A. Write three sentences expressing your previous ideas about where you wanted to live: describe where you wanted to live as soon as (**en cuanto**) you left your parents' house, where you wanted to live after (**después [de] que**) you got married, where you wanted to live when (**cuando**) you retired. (9 puntos)

1. _____

2. _____

3. _____

B. Restate the clauses to fit the new beginning clause. (8 puntos)

1. Ángela venderá el apartamento en cuanto le hagan una oferta.

   Ángela pensaba vender el apartamento en cuanto _____

   _____ .

2. Don Fernando piensa conocer a sus nietos cuando pueda.

   Don Fernando pensaba conocer a sus nietos cuando _____

   _____ .

3. La agente busca una propiedad que esté en venta.

   La agente buscaba una propiedad que _____

   _____ .

4. No hay nadie que piense venderla.

   No había nadie que _____

   _____ .

WORKSHEET: LECCIÓN 40

Más allá del episodio: Actividad B

Paso 2 _____

_____

_____

_____

_____

_____

_____

_____

_____

_____

_____

Paso 3 _____

_____

_____

_____

_____

Gramática 98: Actividad D

1. _____

_____

2. _____

_____

3. _____

_____

4. _____

_____

SELF-TEST: LECCIÓN 40 (33 puntos)   NOMBRE _____

I. El episodio y los personajes

Who said what to whom in **Episodio 40?**; **la agente de bienes raíces, Ángela, Manuel (el productor de la obra de Pati), Pati, Pedro, Raquel.** (8 puntos)

1. _____ —> _____ ...mira. O cambias las escenas o cancelamos la producción.

2. _____ —> _____ ..., aquí no se dice sellos. Se dice timbres. Yo guardé unos de antes. Mira.

3. _____ —> _____ Bueno, porque te conozco ya hace un tiempito y todavía no sé nada de tu familia.

4. _____ —> _____ «¡La Gavia Inn!» Se oye bien, ¿verdad?

II. El vocabulario

Complete the following responses to the statements or questions you hear. (10 puntos)

1. Pues, tiene que _____ dinero.

2. Debe comprar unos _____.

3. Venden timbres en el _____.

4. Puede Ud. mandarle un _____ que compra en el correo.

5. Pues, pregúntele al dependiente «¿_____?»

III. La gramática

A. Complete the sentences with the correct conditional form of the verb. (6 puntos)

1. Arturo dijo que él y Roberto _____ en la cafetería. (esperar)

2. El doctor dijo que _____ a don Fernando en Guadalajara. (examinar)

3. Pedro respondió que no _____ La Gavia. (vender)

4. Pati prometió que no _____ los cambios en la obra. (hacer)

5. Mercedes _____ que preparar el viaje de don Fernando. (tener)

6. Carlos dijo que lo _____ todo en casa de Pedro. (decir)

B. Write three sentences about what you would do with a thousand dollars (**mil dólares**). (9 puntos)

1. _____

2. _____

3. _____

WORKSHEET: LECCIÓN 41

Más allá del episodio: Actividad B

Paso 2 _____

_____

_____

_____

_____

Gramática 99: Actividad E

Paso 1 _____

_____

_____

_____

_____

Paso 2 _____

_____

_____

_____

_____

SELF-TEST: LECCIÓN 41 (43 puntos)   NOMBRE _____

I. El episodio y los personajes
The following paragraph contains incorrect information about some of the events in **Episodio 41**. Restate it correctly. (12 puntos)

Después de encontrar que don Fernando no estaba en el hospital porque lo han llevado a Toluca, Ángela y Roberto hablaron de la venta del apartamento en Buenos Aires. Roberto pensaba que sería mejor venderlo, pero Ángela no. Creía que Roberto pensaba darle parte de su dinero a un amigo. Al fin decidieron que tenían que venderlo en seguida.

_____

_____

_____

_____

_____

II. El vocabulario

A. You will hear a paragraph on the cassette tape. Listen, then complete the following sentences based on what you heard. (10 puntos)

1. La persona que habla es agente (de viajes/de bienes raíces).
2. El boleto (de ida/de ida y vuelta) a Europa cuesta $800.
3. Una (gira/reservación) de quince días cuesta $2000.
4. El agente también hace (pasajes/reservaciones) en los hoteles.
5. También puede ayudar con los (pasaportes/ascensores).

B. Write three sentences about a trip you would like to take abroad. (9 puntos)

1. _____

2. _____

3. _____

III. La gramática
Complete the sentences with the correct form of the verb. (12 puntos)

1. Arturo pensaba que _____ a don Fernando en el hospital. (conocer)

2. El médico no _____ a don Fernando irse a casa. (dejar)

3. Ángela dijo que _____ bueno vender el apartamento. (ser)

4. Carlos prometió que _____ todo para ayudar a Gloria. (hacer)

5. Juan pensó que no _____ nada que decirle a Carlos. (tener)

6. La agente creía que _____ convencerles de que vendieran La Gavia. (poder)

WORKSHEET: LECCIÓN 42

Más allá del episodio: Actividad B

Paso 2 _____

_____

_____

_____

Gramática 100: Actividad A

Paso 2

1. _____

_____

2. _____

_____

3. _____

_____

4. _____

_____

5. _____

_____

6. _____

_____

7. _____

_____

Gramática 100: Actividad C

Paso 1

1. _____
2. _____
3. _____
4. _____

Paso 2

1. _____
2. _____
3. _____
4. _____

Gramática 100: Actividad D

1. _____
2. _____
3. _____
4. _____

I.   El episodio y los personajes

Indicate whether the statements you hear describe correctly the events of **Episodio 42.** (16 puntos)

1. Sí No   2. Sí No   3. Sí No   4. Sí No   5. Sí No   6. Sí No   7. Sí No   8. Sí No

II.   El vocabulario

A.   Write at least three sentences describing what happened the last time you went to a restaurant. (9 puntos)

_____

_____

_____

_____

B.   Match the definitions with words from this list: **el aperitivo, el cliente, una copa, los cubiertos, el postre, una taza.** (8 puntos)

1.   El camarero le da la cuenta a _____ .

2.   Se toma el café en _____ .

3.   Lo que se come al final de la cena es _____ .

4.   Un cuchillo y una servilleta forman parte de_____ .

III.   La gramática

Complete the sentences with the correct past subjunctive form of the verb. (8 puntos)

1.   Pediría un postre si todavía _____ hambre. (tener)

2.   Si el servicio _____ mejor, dejaría una propina más grande. (ser)

3.   Tomaría un café si _____ tiempo. (haber)

4.   Luis habla como si _____ comenzar de nuevo con Raquel. (querer)

WORKSHEET: LECCIÓN 43

Más allá del episodio: Actividad B

Paso 2 _____

_____

_____

_____

_____

Gramática 101: Actividad D

_____

_____

_____

_____

_____

_____

_____

SELF-TEST: LECCIÓN 43 (34 puntos)   NOMBRE _____

I.   El episodio y los personajes

You will hear descriptions of the actions of certain characters in **Episodio 43**. Write the name of the character described. (12 puntos)

1. _____   2. _____   3. _____

4. _____   5. _____   6. _____

II.   El vocabulario

Answer these questions about a trip you made. (12 puntos)

1. ¿Cómo era el hotel? _____

   _____

2. ¿Cómo era tu habitación? _____

   _____

3. ¿Qué deportes se podían practicar en el hotel? _____

   _____

4. ¿Cuál era el precio? _____

   _____

III.   La gramática

Complete the sentences with the correct past perfect form of the verb. (10 puntos)

1. La agente de viajes _____ un hotel con un plan económico. (buscar)

2. La agente hizo una reserva para una pareja con niños, pero no _____ un baño privado. (pedir)

3. Pronto los niños _____ la piscina del hotel. (descubrir)

4. Raquel ya _____ a Luis en Los Ángeles. (conocer)

5. Cuando se encontró con Raquel, Luis le _____ un regalo. (traer)

WORKSHEET: LECCIÓN 44

Más allá del episodio: Actividad B

Paso 2 _____

_____

_____

_____

_____

_____

Gramática 102: Actividad C

1. _____

_____

2. _____

_____

3. _____

_____

4. _____

_____

5. _____

_____

6. _____

_____

Gramática 103: Actividad B

1. _____

_____

2. _____

_____

3. _____

_____

4. _____

_____

5. _____

_____

SELF-TEST: LECCIÓN 44 (35 puntos)   NOMBRE _____

I. El episodio y los personajes

Match the phrases in Column A with those in Column B to describe some of the events in **Episodio 44**. (8 puntos)

Column A	Column B
_____ 1. Jorge le explicó a Ángela	a. comer con Luis.
_____ 2. Juanita y Carlos hablan	b. salir para el aeropuerto.
_____ 3. La agente de bienes raíces	c. de los deportes que ella hace en la escuela.
_____ 4. Raquel no va a ver la ciudad porque cree	d. se enojó porque él no consultó primero con ella.
_____ 5. Arturo, Ángela y Roberto habían ido	e. al Museo Nacional de Antropología.
_____ 6. Los padres de Raquel están por (*are ready to*)	f. que Arturo y sus sobrinos necesitan pasar tiempo juntos.
_____ 7. Raquel acepta salir a	g. que habían llegado unos amigos de Nueva York.
_____ 8. Cuando Raquel comprendió que Luis había comprado boletos,	h. dice que su cliente puede mejorar la oferta.

II. El vocabulario

A. Write three sentences describing a sport that you practice or would like to practice. (9 puntos)

1. _____

2. _____

3. _____

B. You will hear a series of definitions related to sports. Write the number of the definition next to the word defined. (10 puntos)

_____ a. la natación   _____ b. el estadio   _____ c. el equipo   _____ d. el campeón   _____ e. la pesca

III. La gramática

Complete the paragraph with the correct past perfect form of the verb. (8 puntos)

Cuando volvieron de la gira por la ciudad, Raquel ya _____[1] (regresar) de almorzar. Raquel y Luis _____[2] (comentar) la sorpresa de él. Raquel _____[3] (enojarse) con Luis. Arturo y sus sobrinos _____[4] (ver) unos lugares interesantes.

WORKSHEET: LECCIÓN 45

Más allá del episodio: Actividad B

Paso 3 _____

_____

_____

_____

_____

Gramática 104: Actividad D

1. _____

_____

2. _____

_____

3. _____

_____

4. _____

_____

Gramática 104: Actividad E

_____

_____

_____

_____

_____

Gramática 105: Actividad B

1. _____

_____

2. _____

_____

SELF-TEST: LECCIÓN 45 (38 puntos)   NOMBRE _____

I. El episodio y los personajes
The following sentences incorrectly describe some of the events in **Episodio 45**. Restate them correctly. (9 puntos)

1. Arturo también ha comprado boletos para él y para Raquel para ir a la playa. _____

    _____

2. Nadie sabe dónde está Gloria. Se fue de la casa y no ha vuelto. _____

    _____

3. Raquel se ha enojado mucho con su mamá porque vino a México. _____

    _____

II. El vocabulario
A. Write three sentences about someone you blamed, someone you insulted, and someone you offended recently (or vice-versa: someone who blamed you, and so on). (9 puntos)

1. _____

2. _____

3. _____

B. Match the words and phrases with approximately opposite meanings. (5 puntos)

_____ 1. decir la verdad   a. alabar
_____ 2. insultar   b. no hacer caso
_____ 3. estimar   c. despreciar
_____ 4. prestar atención   d. mentir
_____ 5. odiar   e. querer

III. La gramática
You will hear the speaker tell some of the characters some things that might be true. Following the model, write what the character might have said, using any appropriate exclamation from the list. First take a few seconds to scan the list: **¡Qué triste!, ¡Qué precio!, ¡Qué terrible!, ¡Qué gusto me da!, ¡Qué injusticia!, ¡Qué sorpresa!, ¡Qué mala suerte!** (15 puntos)

> MODELO: (*you hear*)   Raquel, don Fernando ha muerto.
> (*you see*)   (Raquel/decir)
> (*you write*) ¡Qué terrible!

1. (la Sra. López Estrada/decir) _____

2. (María/pensar) _____

3. (Mercedes/contestar) _____

4. (María/gritar) _____

5. (Raquel/decir) _____

WORKSHEET: LECCIÓN 46

Más allá del episodio: Actividad B

Paso 3 _____

_____

_____

_____

Gramática 106: Actividad D

1. _____

_____

2. _____

_____

3. _____

_____

4. _____

_____

5. _____

_____

6. _____

_____

Gramática 107: Actividad B

Paso 2

1. _____
2. _____
3. _____
4. _____
5. _____

SELF-TEST: LECCIÓN 46 (30 puntos)   NOMBRE _____

I. El episodio y los personajes

Explain what problem is solved when the following words are spoken in **Episodio 46**. (9 puntos)

1. _____

   _____

2. _____

   _____

3. _____

   _____

II. El vocabulario

Write three sentences about pastimes and diversions you like to do when you are alone. (9 puntos)

1. _____
2. _____
3. _____

III. La gramática

Complete the sentences with the correct form of **haber**, making it fit the rest of the sentence.
(12 puntos)

1. Si Raquel _____ dicho que no se iba a vivir a la Argentina, María no habría tenido tanto miedo.

2. Dudo que Juan _____ llamado a Pati hoy.

3. ¿Cuándo llegó a casa Gloria? Ya _____ vuelto a la casa de Ramón cuando la encontró Carlos.

4. Ángela _____ vendido el apartamento si Roberto no hubiera rechazado la idea.

5. Mercedes esperaba que Ramón y Pedro no _____ decidido vender La Gavia.

6. Cuando llegó don Fernando a La Gavia, todavía no _____ conocido a sus nuevos nietos.

WORKSHEET: LECCIÓN 47

Gramática 108: Actividad C

1. _____
2. _____
3. _____
4. _____
5. _____
6. _____
7. _____
8. _____

Gramática 108: Actividad D

Paso 2

1. _____
   _____
2. _____
   _____
3. _____
   _____
4. _____
   _____
5. _____
   _____

Gramática 108: Actividad E

_____
_____
_____
_____
_____
_____
_____
_____
_____
_____

SELF-TEST: LECCIÓN 47 (38 puntos)   NOMBRE _____

I. El episodio y los personajes

What character might have thought the following about what other character in **Episodio 47**?
(24 puntos)

1. _____ piensa en _____ .

2. _____ piensa en _____ .

3. _____ piensa en _____ .

4. _____ piensa en _____ .

5. _____ piensa en _____ .

6. _____ piensa en _____ .

II. El vocabulario

Complete these sentences with your own information. (9 puntos)

1. Llevo/No llevo mucho dinero conmigo en caso de que _____
   _____ .

2. En general voy/no voy al cine con tal que _____
   _____ .

3. Puedo/No puedo viajar mucho a menos que _____
   _____ .

III. La gramática

Complete the following sentences with the most logical conjunction: **a menos que, con tal que, en caso de que, para que, sin que** (5 puntos)

1. Arturo se mudará a Los Ángeles _____ él y Raquel puedan estar juntos.

2. María no acepta a Arturo _____ sepa que Raquel no se va a vivir a Buenos Aires.

3. Arturo trae las fotos de Rosario _____ don Fernando quiera verlas.

4. Tendrán que vender La Gavia _____ cierren la oficina en Miami.

5. La familia puede ayudar a Gloria _____ ella se mude a México.

APPENDIX 1: ANSWER SECTION

LECCIÓN 27

GRAMÁTICA

SECTION 75 **Actividad A.** 1. a 2. b 3. a 4. b 5. a **Actividad B.** 1. b 2. a 3. d 4. e 5. g 6. c 7. h 8. f
Actividad C. 1. te irás 2. me quedaré 3. extrañaré 4. seguiremos 5. estaremos 6. haré 7. volverás 8. veremos 9. escribirás
10. viviré **Actividad D.** 1. Primero hablaré con mis profesores. 2. Les preguntaré qué debo hacer. 3. Estudiaré más los sábados y domingos.
4. No. Me levantaré a las siete (los sábados y domingos). 5. Me ayudarán mis amigos. 6. Los pasaré en casa con los libros. 7. Mi amigo y yo iremos
juntos al laboratorio de lenguas. 8. Sí. Me dedicaré por completo a los estudios. 9. Para mí, ya no habrá fiestas. 10. ¡Pasaré mi último día de libertad
en la fiesta de un vecino!

REPASO

Actividad A. 1. b 2. a 3. a 4. b 5. a 6. a 7. b 8. a 9. b 10. a **Actividad B.** *En el pretérito:* llegó, prometió, llegó, contestó, Fue,
conoció, explicó, supo *En el imperfecto:* quería, sacaba, estaba, tenía, tenía, conocía

LECCIÓN 28

GRAMÁTICA

SECTION 76 **Actividad A.** *Paso 1* a. 5 b. 3 c. 4 d. 2 e.1 **Actividad B.** 1. c 2. a, b 3. b 4. b 5. b 6. a 7. c
Actividad D. 1. saldremos 2. Llegaremos 3. Iremos 4. podrán 5. tendremos 6. haremos 7. dirá 8. vendremos 9. visitaremos
10. querrán 11. sabrán 12. querrán **Actividad E.** *Answers will vary, but verb forms will be:* 1. estará, tendrá 2. Hará 3. querrá 4. podrá
5. saldrá, tendrá 6. habrá 7. se pondrá, tendrá
SECTION 77 **Actividad A.** 1. California 2. el Misisipí; el bulevar Wilshire; el Empire State **Actividad B.** 1. el Nilo 2. Asia 3. el Mt.
McKinley 4. el Valle de la Muerte 5. La Torre Sears (Chicago) 6. Nueva York 7. la Ciudad de México (muchos dicen Tokio) 8. China

REPASO

Actividad A. 1. g 2. d 3. b 4. a 5. j 6. c 7. f 8. h 9. e 10. i **Actividad B.** 1. estábamos 2. hice 3. quería 4. pude
5. hablábamos 6. entró 7. dijo 8. estaban 9. vinimos 10. pudimos 11. estaba 12. vino 13. dijo 14. era 15. dijo 16. estaban

LECCIÓN 29

GRAMÁTICA

SECTION 79 **Actividad A.** *Paso 2* 1. Cierto. 2. Falso. Arturo sí quiere que encuentren a su hermano. 3. Cierto. 4. Falso. Arturo tiene los
mismos deseos de Raquel... y eso incluye su deseo de encontrar a Ángel. 5. Cierto. **Actividad B.** 1. b 2. c 3. e 4. f 5. a, f 6. g 7. a, b
8. h 9. d 10. a (a Ángela), g (a Carlitos) **Actividad C.** 1. c 2. b, c 3. c 4. c 5. a, b **Actividad F.** **¡Un desafío!** Los consejos típicos de los
países hispánicos son: beber jugos de fruta (especialmente de limón), beber una bebida alcohólica (como por ejemplo coñac), sudar, tomar aspirinas,
guardar cama

¡A LEER!

ANTES DE LEER **Actividad A.** **prevenir** = *to prevent*
LECTURA **Actividad B.** 1. rest 2. means 3. surface
DESPUÉS DE LEER **Actividad A.** 1. Sí 2. No. 3. Sí. 4. Sí.

REPASO

Actividad. *Paso 1* 1. hablaron 2. sabía 3. ocurrió 4. esperaban 5. pasó 6. debía *Paso 2* 1. ...dificultades que enfrentan. Además del
estado... 2. ...hermano de Ángela. Tampoco saben... 3. ...completa su examen. Don Fernando se sentía... 4. ...en el Gran Hotel de la Ciudad de
México. Él también quería...

LECCIÓN 30

GRAMÁTICA

SECTION 80 **Actividad A.** *Paso 1* 1. h 2. c 3. e 4. i 5. g 6. d 7. b 8. f 9. a **Actividad B.** *Paso 2* 1. a. viva b. estudien
c. quieran 2. a. ofrezcan b. tenga c. usen 3. a. usen b. metan c. haya 4. a. acepten b. necesitemos c. hagan
SECTION 81 **Actividad A.** 1. a, c 2. a, b, c 3. a **Actividad B.** 1. d 2. a 3. b 4. c 5. c 6. a **Actividad C.** 1. sepa, sepan 2. esté, estén
3. vaya, vayan 4. den, dé 5. sea, sean

REPASO

Actividad. 1. d 2. a 3. k 4. j 5. b 6. i 7. h 8. l 9. f 10. e 11. c 12. g

LECCIÓN 31

GRAMÁTICA

SECTION 82 **Actividad B.** 1. a, b 2. e 3. d 4. f 5. c 6. a **¡Un desafío!** a. la Pequeña Habana o el Viejo San Juan b. la casa de Ponce de
León c. México, D.F. d. la Giralda e. Simón Bolívar f. cuadros de El Greco, Velázquez y Goya en el Prado **Actividad C.** *Possible answers:*
1. Voy a trabajar en la compañía de mi padre hasta que tenga suficiente dinero para viajar. 2. Necesito estudiar más español antes de que vaya a
España. 3. Tengo que buscar una pensión en cuanto llegue a Madrid. 4. Pienso entrar en una escuela para extranjeros tan pronto como decida dónde
voy a vivir. 5. Antes de que empiezan las clases, voy a hacer una excursión a Segovia. 6. Quiero conocer a algunos españoles antes de que vuelva a
casa. 7. Pienso viajar por otras ciudades españolas después de que llegue el fin del curso.
SECTION 83 **Actividad B.** *Paso 1* 2. se vista 3. se divierta 4. sienta 5. se muera 6. mienta *Paso 2* 2. nos vistamos 3. nos divirtamos
4. sintamos 5. nos muramos 6. mintamos

¡A LEER!

ANTES DE LEER **Actividad B.** The first two answers are possible, based on the subtitle.

LECTURA **Actividad A.** *Associated with the term:* Latins, Mexicans, Cubans, Puerto Ricans, Central Americans, South Americans, people from the Caribbean *Missing:* Spanish (from Spain) **Actividad B.** 1. located, living 2. threat, menace 3. polls (voting places) **Actividad C.** 1. Un miembro de su gabinete sería (*would be*) un hispanoamericano. 2. En California, Nevada, Nueva York, Florida, Texas, Nuevo México, Illinois, Nueva Jersey y Arizona 3. Porque la población hispana está aumentando.

REPASO

Actividad A. 1. fueron 2. ganó 3. formaba 4. pasó 5. continuaron 6. había 7. dejaron 8. se establecieron 9. llegaron

LECCIÓN 32

GRAMÁTICA

SECTION 84 **Actividad A.** 1. c 2. b 3. d 4. e 5. e 6. f **¡Un desafío!** 1. con la gente que está en el sitio 2. con Pedro y Ramón 3. con los padres de Raquel 4. con Mercedes, Ramón y Consuelo 5. con Arturo 6. con Ángela y Raquel **Actividad B.** 1. Mire 2. Tome 3. vire 4. Camine 5. Baje 6. pregunte **Actividad C.** *Paso 1* 1. Vuelva 2. Acepte 3. Camine 4. tome 5. Empiece 6. Siga 7. pase 8. Acuéstese *Paso 2* 1, 2, 4, 6, 8 **Actividad E.** *Paso 1* diviértase, baile, beba y coma todo lo que usted desee.

SECTION 85 **Actividad A.** 1. a 2. b 3. a 4. a 5. b **Actividad B.** *Possible answers:* 1. pague más (mucho). 2. me den más días de vacaciones. 3. no trabaje hasta las nueve. 4. ofrezca posibilidades de ascenso. 5. haya más oportunidad de viajar. 6. no sienta tantas presiones. 7. pueda aprender nuevos métodos de trabajar. 8. dé más trabajo. **Actividad D.** *Paso 2* 1. ¿Conoces a alguien que saque mejores notas que tú? 2. ¿Hay un lugar que te dé miedo? 3. ¿Existe un actor (una actriz) de televisión que quieras conocer personalmente? 4. ¿Sabes el nombre una canción que te guste oír al despertar por la mañana? 5. ¿Conoces un restaurante que sirva buena comida mexicana?

REPASO

Actividad A. 1. gobernaron 2. fue 3. migraron 4. Encontraron 5. se establecieron 6. vivieron 7. conquistaron 8. llegó 9. comenzó 10. conquistó 11. fue 12. pasó **Actividad B.** *Primer párrafo:* ...más de l5.000.000 de personas. El centro de ese imperio era... ...fue Aztlán. Según las leyendas, ese lugar quedaba... ...en busca de una señal. Según las profecías, iban... *Segundo párrafo:* ...vivieron en esa zona. Era gente muy trabajadora... ...conquistaron las otras tribus de México. Para principios del siglo XVI, su imperio... ...un hombre con once barcos. Ese hombre era...

LECCIÓN 33

MÁS ALLÁ DEL EPISODIO

Actividad B. 1. b 2. profesora de historia, veterinaria; abogada, médico 3. b 4. a. Falso. Raquel no actúa precipitadamente. b. Cierto.

GRAMÁTICA

SECTION 86 **Actividad A.** 1. grites 2. Mira 3. Vayan, llévala 4. te burles 5. estudia **Actividad B.** *Paso1* 1. saque 2. se quede 3. saque 4. sea 5. sea 6. se preocupe 7. saque 8. sea 9. se tome 10. llame 11. diga *Paso 2* 1. Saca 2. Quédate 3. Saca 4. seas 5. seas 6. te preocupes 7. Saca 8. seas 9. tómate 10. llames 11. digas

SECTION 87 **Actividad C.** *Possible answers:* 1. seas pilota. 2. trabajes de programador. 3. seas ingeniera. 4. puedas tocar la música clásica. 5. vayas a escribir novelas. 6. puedas estudiar medicina. 7. se dediquen a los negocios.

¡A LEER!

ANTES DE LEER **Actividad A.** *Possible answers:* Health, Front Page, Business **Actividad B.** b

LECTURA **Actividad A.** ...exceso de trabajo **Actividad B.** Look at the headline first. **Actividad C.** 1. compensation 2. death 3. survey **Actividad D.** a

DESPUÉS DE LEER **Actividad A.** 1. Falso. 2. Falso. 3. Falso. 4. Cierto. 5. Falso.

REPASO

Actividad A. 1. habitaban 2. vivían 3. existía 4. tenían 5. Conocían **Actividad B.** *Primer párrafo:* ...y en parte de Centroamérica. Los mayas nunca formaron... *Segundo párrafo:* (*first sentence*) La civilización maya llegó... ...las matemáticas y la astronomía. Los astrónomos mayas, por ejemplo, ...

LECCIÓN 34

MÁS ALLÁ DEL EPISODIO

Actividad B. 1. c 2. a, d, e 3. a. Falso. b. Cierto. c. Cierto.

GRAMÁTICA

SECTION 88 **Actividad A.** 1. c 2. b 3. b 4. a 5. i 6. h 7. c, h 8. f 9. d, f 10. e 11. b, c, d 12. g **Actividad B.** *Paso 2* 1. Sí. 2. No. 3. Sí. 4. No. 5. Sí. 6. Sí. 7. Sí. 8. No. 9. No. 10. Sí. **Actividad C.** *Paso 1* 1. c 2. f 3. b 4. d 5. g 6. a 7. e *Paso 2* 1. Elizabeth Taylor se ha casado muchas veces. 2. Arnold Schwarzenegger ha hecho muchas películas de acción. 3. Jerry Seinfeld ha salido mucho en la televisión. 4. Ruth Bader Ginsburg ha juzgado muchos casos en la Corte Suprema. 5. Bill Clinton ha sido elegido presidente dos veces. 6. Joe Montana ha ganado tres veces el Super Bowl. 7. Gloria Estefan ha tenido mucho éxito por su música con sabor latino.

SECTION 89 **Actividad A.** 1. c 2. h 3. d 4. a 5. g 6. f 7. b 8. e **Actividad B.** 1. a, b 2. e 3. d 4. a, b 5. c **Actividad D.** 1. lo que 2. que 3. lo que 4. quien 5. lo que 6. que 7. Lo que

¡A LEER!

ANTES DE LEER **Actividad B.** b

LECTURA **Actividad B.** 1. protected 2. cooked 3. goals **Actividad C.** Los «célebres»: *division of goods during a divorce* Las parejas comunes y corrientes: *division of goods during a divorce* Las feministas: *protection of women's interests* Los sicólogos: *aid in smoothing things out as men's and women's roles change* Los consejeros matrimoniales: *protection of marital stability* Negatives: *need to make interminable lists* **Estrategia** The latest contracts have clauses in them about questions of lifestyle as they relate to the quality of a relationship.

REPASO

Actividad. 1. tuvimos problemas serios 2. nos conocimos 3. me preguntaba 4. quería bailar contigo 5. fue amor a primera vista 6. me tenían tanta envidia 7. eran bromas nada más 8. fue muy breve 9. nos fuimos a Buenos Aires

LECCIÓN 35

GRAMÁTICA

SECTION 90 **Actividad A.** 1. b 2. a 3. c 4. a **Actividad C.** *Answers may vary slightly.* 1. lo hayan comenzado 2. lo hayan cerrado 3. haya sacado una «A» en química 4. hayan hecho un viaje a México 5. lo hayas perdido 6. nos lo hayan sugerido

SECTION 91 **Actividad A.** *Paso 2* 1. Falso. Murió hace 12.000 años. 2. Falso. Está perfectamente conservado. 3. Cierto. 4. Cierto. *Paso 3* congelado (dos veces), conservado, congelada, cubierto, encontrado **Actividad B.** 1. rescatado, dicho 2. internado 3. Bienvenida 4. dormida 5. avergonzada, preguntado, llevado **Actividad D.** 1. Queridos 2. vestida 3. perdido 4. encontrado 5. encantados 6. escrita 7. organizado 8. invitadas 9. conocidos 10. dormida 11. hechas 12. amada

REPASO

Actividad A. 1. fuiste 2. pensé 3. Tuviste 4. Pensé 5. se decidió 6. me sentí 7. pasó 8. volvieron **Actividad B.** RAQUEL: ...no habría terminado mis estudios. En esa época, yo estudiaba... RAQUEL: Es que... Tú dices que yo tenía que decidir... RAQUEL: Al principio me sentí muy mal. Luis quería que yo lo... RAQUEL: No. Al principio nos escribíamos. Luego...

LECCIÓN 36

GRAMÁTICA

SECTION 92 **Actividad.** 1. ponga 2. se bañe, se siente 3. vayamos, dé 4. hayan, haga 5. saque 6. tengas, sepa 7. tengas 8. esté, se encuentren 9. oigamos, digan 10. reciban, sea 11. se hayan, vuelvan 12. almuerce, coman 13. quiera, te pongas 14. paséis, moleste

SECTION 93 **Actividad.** *Paso 1* 1. sea 2. salga 3. tengan 4. pongan 5. traten 6. se haga 7. llegue 8. tengan 9. se divorcie 10. aprendan 11. sepa 12. hayan 13. haya 14. tenga *Paso 2* 1. e 2. b 3. b 4. e 5. e 6. a 7. e 8. c 9. d 10. d 11. d 12. a 13. c 14. a

SECTION 94 *Part 1* 1. c 2. a 3. e. 4. d 5. b *Part 2* **decir:** no digas **hacer:** haz **ir:** ve **poner:** no pongas **saber:** no sepas **salir:** sal **tener:** no tengas **venir:** ven *Part 3* **cruzar:** he cruzado, haya cruzado **aprender:** has aprendido, hayas aprendido **vivir:** ha vivido, haya vivido **traer:** hemos traído, hayamos traído **decir:** habéis dicho, hayáis dicho **poner:** han puesto, hayan puesto **Actividad B.** *Paso 1 Note:* The answers given in parentheses are also possible, although they are not the ones used in the dialogue you have heard. 1. haya hecho (haga) 2. muere 3. Mira 4. se muera 5. haya hecho (haga) 6. quieres *Paso 2* 1. ha sido 2. comprende 3. tienes 4. se repondrá 5. está **Actividad C.** 1. yo no tengo derecho a meterme 2. me haga bien 3. cómo lo conociste 4. Nos conocimos 5. era muy simpático 6. salí con él 7. fue muy rápido 8. han hablado de casarse 9. Cuando nos casemos 10. lo quiero tanto

UN POCO DE TODO

Actividad B. 1. Venga 2. ha pasado 3. Trae 4. ha tenido 5. examine 6. pueda 7. Dale 8. llévalo 9. tenga 10. saquen 11. examinaré 12. reciba 13. vea 14. ayude 15. ha traído 16. tenga 17. Ponlo 18. querrá 19. Volverá 20. ha visitado 21. sufra 22. ponga 23. Llama 24. He llegado 25. veré 26. sea

LECCIÓN 37

GRAMÁTICA

SECTION 95 *Guidelines for Forming the Past Subjunctive* **estar:** estuvieron → estuviera, estuvieras **ir:** fueron → fuera, fueras **poder:** pudieron → pudiera, pudieras **saber:** supieron → supiera, supieras **tener:** tuvieron → tuviera, tuvieras **venir:** vinieron → viniera, vinieras **Actividad A.** 1. f 2. e 3. c 4. g 5. a **Actividad B.** *Paso 1* 1. P 2. P 3. I 4. P 5. I 6. P 7. I 8. I 9. P 10. I **Actividad C.** 1. mandaron, mandaran 2. se olvidaron, se olvidaran 3. dieron, dieran 4. despertaron, despertaran 5. dijeron, dijeran 6. sirvieron, sirvieran 7. engañaron, engañaran 8. explicaron, explicaran **Actividad D.** *Paso 1* 1. fuera, siguiera 2. tuviera 3. se casara, tuviera 4. se quedara, se fuera 5. ahorrara, gastara

¡A LEER!

ANTES DE LEER **Actividad A.** b **Actividad B.** a, d

LECTURA **Actividad B.** 1. verified 2. allergic 3. to be based *Estrategia* 1. c 2. d 3. b 4. e 5. a

LECCIÓN 38

MÁS ALLÁ DEL EPISODIO

Actividad B. *Paso 1* 1. Gloria tiene problema con las drogas y el alcohol. 2. Gloria no quería tener niños... y ahora no quiere ser responsable de ellos. 3. Todos los problemas de Gloria empezaron cuando la familia mandó a Carlos a Miami.

GRAMÁTICA

SECTION 96 **Actividad A.** 1. a 2. b 3. a 4. b 5. a **Actividad B.** 1. e 2. f 3. b 4. g 5. c 6. a 7. d **Actividad C.** *Paso 1* 1. b 2. a 3. b 4. a 5. b 6. b *Paso 2* *Possible answers:* 1. ...en que Raquel fuera a Madrid a hablar con ella. 2. ...que Arturo la ayudara en la búsqueda de Ángel. 3. ...que pensara más en lo que hacía. 4. ...que los obreros no pudieran rescatar a Roberto (antes de que él muriera). **Actividad D.** 1. aceptara 2. fuera 3. vendiera 4. dirijiera 5. tuviera 6. pusiera 7. empezáramos 8. anduviera 9. abriéramos 10. despidiera

¡A LEER!

ANTES DE LEER **Actividad A.** b **Actividad B.** una actitud optimista

LECTURA **Actividad A.** *True:* México exporta más de lo que importa. *False:* La inflación en México es menos del 10%. **Actividad B.** *True:* En México se produce mucho petróleo. *False:* Muchas empresas mexicanas pertenecen al estado. (Más de 700 han sido privatizadas o cerradas.) **Actividad C.** 1. Gross National Product (**Producto Interno Bruto**) 2. reached 3. partner *Estrategia* el capital = *money, funds;* la capital = *capital city* la tasa = *rate;* la taza = *cup* el banco = *bank (individual business);* la banca = *the institution of commercial banking*

DESPUÉS DE LEER **Actividad A.** *Dos problemas:* la deuda externa de México; la falta (*lack*) de un acuerdo de libre comercio con los Estados Unidos y el Canadá *Dos aspectos positivos:* es la segunda potencia de América Latina en volumen de PIB; es la segunda productora de petróleo en América; la privatización de muchas empresas

LECCIÓN 39

GRAMÁTICA

SECTION 97 **Actividad A.** 1. i 2. d 3. c 4. f 5. b 6. g **Actividad B.** 1. Cierto. 2. Cierto. 3. Falso. 4. Falso. 5. Cierto. 6. Falso. 7. Cierto. **Actividad C.** 1. Buenos Aires 2. un pueblo cerca del sitio de la excavación 3. la Capital 4. Sevilla 5. la carretera de San Germán

Actividad D. 1. llegaran 2. viniera 3. pudiera 4. llegó 5. encontrara 6. interesara 7. gustara 8. decidió 9. hallamos 10. alquilara 11. hablaron 12. compartiera **Actividad E.** *Paso 1* 1. b 2. g 3. f 4. d 5. a 6. e 7. c *Paso 2* a. hiciera b. diera c. ganaran d. tomaran e. pudieran f. llegaran g. creyeran

LECCIÓN 40

MÁS ALLÁ DEL EPISODIO

Actividad B. *Paso 2* *Fuenteovejuna* es una obra de Lope de Vega. Se basa en un acontecimiento histórico. El protagonista principal es todo el pueblo de Fuenteovejuna, en Andalucía. El pueblo entero se levanta contra la tiranía del Comendador. Éste había cometido muchos abusos, incluyendo la violación de una joven la víspera de su boda. El pueblo asesina al tirano. Al final de la obra, los Reyes aprueban la decisión popular. Es un drama rural de gran valor universal.

GRAMÁTICA

SECTION 98 **Actividad B.** *Paso 2* 1. Ángel lo dijo cuando salió de la Argentina, después de la muerte de su padre. 2. Ángela lo dijo cuando revisaba sus cuentas, en el hospital en la habitación de Roberto. 3. Carlos se lo dijo a Gloria antes de que ella saliera. 4. Pati lo prometió cuando salió para Nueva York para resolver los problemas en la producción de su obra. 5. María lo dijo cuando le sugirió a Luis que fuera a México. 6. Titi Olga se lo dijo a Ángela cuando ésta quería ir a México con Raquel. 7. Arturo y Raquel decidieron hacerlo y luego fueron al Rosedal. 8. Raquel se lo dijo a Alfredo, el reportero, en España. 9. José dijo que tendrían que hablar con Héctor cuando Arturo y Raquel lo conocieron en su barco. 10. Raquel y Elena dijeron que se encontrarían en la torre de la Giralda cuando buscaban a Jaime y Osito en el Barrio Santa Cruz. **Actividad C.** 1. tendría 2. llevaría 3. dejaría 4. haría 5. pasaría 6. echaría 7. compraría 8. vendrían 9. llegarías 10. estarían 11. despediría 12. tendría 13. estarían 14. Podría 15. sería

LECCIÓN 41

MÁS ALLÁ DEL EPISODIO

Actividad B. *Paso 1* 1. Es improbable que Gloria busque ayuda para resolver su problema. 2. Gloria diría que ella realmente no tiene ningún problema serio con el juego. 3. El problema de Gloria ha tenido consecuencias económicas, eso sí, pero no ha afectado a sus hijos.

GRAMÁTICA

SECTION 99 **Actividad A.** 1. b 2. e 3. f 4. d 5. a **Actividad B.** 1. a 2. c 3. a 4. b **Actividad C.** *Paso 1* 1. Pati 2. Carlos 3. Arturo 4. Carlos 5. Juan 6. Carlos 7. Arturo *Paso 2* 1. el productor 2. Gloria 3. vender el apartamento 4. el dinero 5. los Estados Unidos (Nueva York) 6. Gloria 7. Raquel **Actividad D.** 1. llegaran 2. tomarían 3. llegarían 4. hicieran 5. Tendrían 6. saliera 7. nos moviéramos 8. llevara 9. llevaría 10. haría 11. perdiéramos 12. corriéramos

LECCIÓN 42

GRAMÁTICA

SECTION 100 **Actividad A.** *Paso 1* 1. Se refiere a la situación de Carlos y Gloria. 2. Se refiere a la situación de Pati y Juan. 3. Se refiere a la situación de don Fernando y Mercedes. 4. Se refiere a la situación de Ángela y Roberto. 5. Se refiere a la situación de Luis y Raquel. 6. Se refiere a la situación de Ángela con respecto a Jorge. 7. Se refiere a la situación de Arturo y Raquel. *Paso 2* 1. Si Carlos tuviera más confianza en su familia, no tendría ahora dificultades económicas y problemas con Gloria. 2. Si Juan no fuera tan egoísta y cabezón, no tendría dificultades con Pati. 3. Si don Fernando tuviera más paciencia con su situación, Mercedes no estaría tan preocupada por él y por su comportamiento. 4. Si Ángela consultara siempre con los demás antes de actuar, Roberto no estaría enojado con ella. 5. Si Luis fuera más sensible, sabría que Raquel no siente ahora por él lo que sentía antes. 6. Si Ángela pudiera ver a Jorge por los ojos de los demás, sabría por qué los demás lo critican. 7. Si no fuera por la distancia y el poco tiempo que se conocen, Arturo y Raquel se casarían en seguida. **Actividad B.** *Paso 1* 1. Trataría de hablar con Manuel y los demás para llegar a un acuerdo. 2. Hablaría sinceramente con Carlos, pidiéndole su ayuda. 3. Estaría muy preocupado, pues Luis es el antiguo novio de Raquel. 4. Tendría miedo de que estuviera con otro hombre. 5. Pensaría en los nietos que no conocía todavía.

¡A LEER!

LECTURA **Actividad B.** 1. made in large quantities, industrial-style 2. high-class (for **señores**, not for commoners) 3. yolk (of an egg) **Actividad C.** *Possible answers: La Serenata de Garibaldi:* (213) 265–2887 / las tortillas, el mole, el pescado a la veracruzana, los camarones al cilantro / preparación casera de muchas salsas, recetas adaptadas de recetas de la alta cocina europea del siglo XIX *Balo's Place:* (213) 255–2878 / la salsa habanera, los huevos motuleños, el pavo relleno / cocina yucateca, ambiente casual *El Emperador Maya:* (818) 288–7265 / la cochinita pipil, el filete San Andrés, la chuleta de cerdo, el flan de banano / cocina yucateca, ambiente más formal, reservaciones copadas con días de anticipación *Estrategia* The Havana sauce is a divine fire (= very hot)

DESPUÉS DE LEER **Actividad A.** a, c, e

LECCIÓN 43

MÁS ALLÁ DEL EPISODIO

Actividad B. *Paso 1* 1. Es probable que Raquel quiera que todo empiece de nuevo con Luis, ya que todavía lo quiere. 2. Raquel ha cambiado tanto que es imposible que tenga con Luis las mismas relaciones que antes. 3. Raquel no ha tomado ninguna decisión todavía, pero está claro que Arturo le interesa mucho más que su antiguo novio.

GRAMÁTICA

SECTION 101 **abrir:** abierto; **decir:** dicho; **descubrir:** descubierto; **escribir:** escrito; **hacer:** hecho; **morir:** muerto; **poner:** puesto; **resolver:** resuelto; **ver:** visto; **volver:** vuelto **Actividad A.** 1. g 2. h, i 3. e 4. d 5. f 6. a 7. b, j 8. c **Actividad B.** *Paso 3* 1. Falso. 2. Falso. 3. Falso. 4. Cierto. 5. Cierto. **Actividad C.** 1. b. habíamos aprendido c. había comenzado d. habían hablado 2. a. me lo habían recomendado b. había leído c. había visto d. había dicho 3. a. había hablado b. había visto c. había tenido 4. a. había aprendido b. habíamos practicado c. había conversado d. habían escrito e. había leído f. habíamos acompañado

¡A LEER!

LECTURA **Actividad B.** 1. raw material 2. courts, playing fields 3. "finds," discoveries **Actividad D.** *The simile:* **Ixtapa** = **como arcilla bruta** *The meaning:* The area in which the Ixtapa resort was built was very wild. It needed to be tamed, brought under control (in the same way that raw clay needs to be worked in order to make pieces of pottery).

DESPUÉS DE LEER **Actividad A.** *Possible answers:* members of a bird-watching society, a retired couple, a family with six children **Actividad B.** An attempt has been made to preserve the natural beauty of the area. An airport (with its landing strips, noise, and pollution) would be a destructive element.

LECCIÓN 44

GRAMÁTICA

SECTION 102 **Actividad A.** 1. b 2. f 3. e 4. c 5. h 6. a, e (¡OJO! Arturo fue la primera persona que pasó por la agencia de viajes. Nadie había estado allí antes que él.) 7. e (¡OJO! Sólo Luis compró los boletos.) 8. d **Actividad D.** 1. confesó, había cambiado 2. gritó, había probado 3. reveló, había visto 4. confirmó, había perdido 5. vio, se había sentado 6. se casó, había vivido 7. explicó, habían subido
SECTION 103 **Actividad A.** 1. perfectamente 2. solamente 3. económicamente 4. precisamente 5. cariñosamente 6. posiblemente 7. injustamente

¡A LEER!

LECTURA **Actividad B.** 1. undertaking 2. equipment 3. gets wet (soaked) **Actividad C.** 1. Le llaman la tablavela. 2. Lo inventaron dos californianos, Jim Drake y Hoyle Schweitzer. 3. Está hecha de distintos tipos de mezcla de poliéster. 4. Porque pesa mucho cuando se moja.
DESPUÉS DE LEER **Actividad B.** El *windsurf* puede ser un deporte olímpico porque es un excelente ejercicio físico.

LECCIÓN 45

GRAMÁTICA

SECTION 104 **Actividad A.** 1. a, c 2. c 3. a, b (Para Raquel, no sería increíble que Luis hubiera llamado a sus padres. Se llevaba muy bien con ellos cuando eran novios.) 4. a, c 5. c 6. b, c **Actividad B.** 1. a 2. c 3. b 4. e 5. f 6. d **Actividad C.** 1. hubiera visto 2. había ido 3. hubiera conocido 4. había visitado 5. hubiera comido 6. había almorzado 7. había hecho 8. hubiera tenido 9. había pensado 10. se hubiera olvidado

LECCIÓN 46

MÁS ALLÁ DEL EPISODIO

Actividad B. *Paso 1* c

GRAMÁTICA

SECTION 106 **Actividad C.** 1. hubiera tomado 2. hubiera conocido 3. habría (hubiera) estudiado 4. hubiera decidido 5. me hubiera graduado 6. me habría (hubiera) casado 7. habría tenido
SECTION 107 he hablado, había escrito, haya vivido, hubiera tenido, habría decidido **Actividad A.** 1. habría (hubiera) mirado 2. He practicado 3. habíamos estudiado 4. hayan oído 5. hubiera sacado 6. he ido 7. habían trabajado 8. se hayan dedicado 9. habría (hubiera) hecho

¡A LEER!

ANTES DE LEER **Actividad A.** los jóvenes adolescentes **Actividad B.** *Readers' Digest, Seventeen*
LECTURA **Actividad B.** 1. to blame me, criticize me 2. solution
DESPUÉS DE LEER **Actividad A.** b **Actividad B.** Debe expresar más sus sentimientos.

LECCIÓN 47

GRAMÁTICA

SECTION 108 **Actividad A.** 1. b, d 2. a, e 3. c, e 4. b, f 5. e 6. b, d

LECCIÓN 48

REPASO GRAMATICAL

Actividad. 1. vivía en Sevilla 2. decidió pasarlo 3. quería tener un perro 4. había animales 5. le gustó inmediatamente 6. se escapó 7. se perdieron 8. estaba hablando con un ciego 9. fue a comprarle a Jaime 10. pagaba los dulces 11. los buscó 12. salió para Madrid 13. era muy persistente 14. trató de contestarlas 15. se dio cuenta 16. estaban allí afuera del hotel 17. salieron en busca del taxi 18. consiguió su cartera 19. Te acuerdas 20. anda dejando olvidada Raquel perdió su cartera otra vez en México. La dejó en casa de Pedro.

LECCIÓN 49

REPASO GRAMATICAL

Actividad. 1. nos encontramos con algo 2. Llegó en busca de 3. era una paciente 4. se sentó a hablar 5. podía saber algo 6. quería ayudarla 7. se lo agradeció mucho 8. reconocían al joven 9. Había tiempo 10. se dedicaba mucho 11. no había ningún hombre 12. por fin le confesó 13. se besaron 14. tenía que coexistir 15. siguió haciendo su trabajo 16. anduvieron en mateo 17. no le iba a servir (no iba a servirle) 18. parecía estar seguro 19. estaba pasando 20. se iba en unos días 21. llegó el momento 22. se iban a extrañar (iban a extrañarse)

LECCIÓN 50

REPASO GRAMATICAL

Actividad. 1. estaba confundida 2. Lo conocí 3. les estaba explicando (estaba explicándoles) 4. se saludaron con cariño 5. lo miraron (lo miraban) 6. iba a hacer a México 7. pude confirmar 8. lo que trataba 9. era un encanto 10. se reunió con nosotras 11. hice unas llamadas telefónicas 12. me dijo en seguida 13. pensaba darle a Jorge 14. sería mejor 15. vino para llevarnos 16. Lo conocí 17. Me gustaría 18. lo podría acompañar (podría acompañarlo) 19. estaría muy agradecido 20. sacaría yo ese dinero 21. vivieron allí 22. no me lo pidió 23. le mostré la copa de bodas 24. podríamos brindar 25. se puso muy seria

LECCIÓN 51

REPASO GRAMATICAL

Actividad. 1. esperaba el ascensor 2. era Luis 3. estaría en México 4. estaba un poco incómoda 5. hablaba mucho de sí mismo 6. lo podría haber dicho (podría haberlo dicho) 7. fuera un pariente perdido 8. se llevó muy bien (se ha llevado) 9. no se hubiera puesto en contacto 10. viniera a México 11. le habría dicho 12. no viniera 13. podría haber sido peor 14. me lo hubiera preguntado 15. estuviera con Luis

Appendix 2: Answers to Self-Tests

LECCIONES 27 y 28

I. **El episodio y los personajes**
1. e   2. d   3. b   4. c   5. f   6. a   7. d   8. c   9. b

II. **El vocabulario**
1. el pelo   2. el ojo   3. la oreja   4. la nariz   5. la boca   6. la mano.

III. **La gramática**
A. 1. Sí, se pondrá... / No, no se pondrá...   2. Sí, podrán... / No, no podrán...   3. Sí, saldrá... / No, no saldrá...   4. Sí, querrá... / No, no querrá...   5. Sí, tendrán... / No, no tendrán...   6. Sí, sabremos... / No, no sabremos...

LECCIÓN 29

I. **El episodio y los personajes**
1. a   2. c   3. d   4. b   5. c   6. b   7. d   8. a

II. **El vocabulario**
a. 3   b. 5   c. 1   d. 6   e. 2   f. 4

III. **La gramática**
A. 1. Ángela quiere que los hombres rescaten a Roberto.   2. Carlitos no quiere que el médico le ponga una inyección.   3. El Padre Rodrigo le dice a ella que no se preocupe.

LECCIÓN 30

I. **El episodio y los personajes**
1. III, b   2. II, d   3. IV, c   4. I, e   5. II, a

II. **El vocabulario**
A. 1. f   2. i   3. a   4. e   5. c   6. d

III. **La gramática**
1. ¡Qué bueno que *haya un lugar donde pueden descansar!*   2. No sorprende que *Arturo vaya a visitar varias tiendas.*   3. ¡Qué bien que *Roberto esté bien!*   4. Arturo se alegra de que *Raquel le deje un mensaje con el recepcionista.*   5. ¡Qué terrible que *nadie sepa qué pasa con Roberto!*

LECCIÓN 31

I. **El episodio y los personajes**
1. Ángela —> Raquel   2. Pati —> Juan   3. Mercedes —> don Fernando

II. **El vocabulario**
A. 1. una librería   2. una carnicería   3. la barbería   4. una pescadería   5. una frutería   6. una farmacia

III. **La gramática**
1. saquen   2. salga   3. tenga   4. pidan   5. oiga   6. sepa

LECCIÓN 32

I. **El episodio y los personajes**
1. b, e, f   2. a, c   3. d   4. g

II. **El vocabulario**
A. 1. e   2. d   3. f   4. b   5. c   6. a

III. **La gramática**
A. 1. Pedro   2. Mercedes   3. Ángela   4. Luis   **B.** 1. b   2. c   3. d   4. a

LECCIÓN 33

I. **El episodio y los personajes**
1. Sí   2. Sí   3. Sí   4. Sí   5. No   6. No

II. **El vocabulario**
A. 1. la periodista/el músico   2. el camarero/la azafata   3. el psiquiatra/la dentista

III. **La gramática**
A. 1. Pati   2. Consuelo   3. el Padre Rodrigo   4. Raquel   **B.** 1. c   2. a   3. d   4. b

LECCIÓN 34

I. **El episodio y los personajes**
1. c or d   2. d   3. a   4. b

II. **El vocabulario**
A. 1. odio   2. divorcio   3. compañero   4. la primera cita   5. tomarle cariño

III. **La gramática**
A. 1. (Manuel) Ha muerto.   2. El médico lo ha examinado.   3. (Pati) Ha hablado con Mercedes.   4. (Pati) Ha tenido mucho éxito.   5. (Luis) Ha decidido ir a México.   6. (Jorge) Se ha quedado en San Juan.   **B.** 1. lo que   2. quien

LECCIÓN 35

I. El episodio y los personajes
A. 1. Carlos, Ofelia   2. Raquel, María   3. Ángela, tío Jaime   **B.** Arturo, Pedro, Ángela
II. El vocabulario
A. Answers will vary. The opening phrases are as follows: **Recomendamos que, Sugieren que, Manda que, Ruego que.** The other verb of the sentence should be as follows: 1. nos quedemos   2. lo internen   3. salgan   4. me permitas
III. La gramática
   1. No es probable que *Carlos haya engañado a la familia.*   2. Es imposible que ellos *estén divorciados.*   3. Dudo que (él) (don Fernando) *haya salido* (del hospital).   4. No hay nadie que lo *haya conocido.*

LECCIÓN 37

I. El episodio y los personajes
   1. María Rodríguez   2. Ramón   3. Raquel   4. don Fernando   5. Juan   6. Ramón   7. Ángela   8. Arturo   9. Roberto   10. Carlos
III. La gramática
   1. llevara   2. trajera   3. llamara   4. viniera   5. fuera

LECCIÓN 38

I. El episodio y los personajes
   1. Pedro dijo que Raquel dejó su cartera en la casa de él.   2. Juan está triste porque Pati se ha ido a Nueva York.   3. Raquel no ha podido decidir qué quiere hacer.   4. Carlos oyó la conversación entre Pedro, Ramón y Mercedes y sabe que ellos saben la verdad.
II. El vocabulario
   1. auditor(a)   2. economizar   3. andar bien   4. empresa   5. empleado/a   6. presupuesto
III. La gramática
B. 1. María se alegraba *de que Luis fuera a México.*   2. Mercedes dudaba *que Carlos sacara dinero de la cuenta de la compañía.*   3. Arturo le pidió *a Raquel que le dijera lo que pensaba.*

LECCIÓN 39

I. El episodio y los personajes
   1. d   2. f   3. a   4. e   5. b   6. c
II. El vocabulario
   1. F   2. C   3. C   4. C   5. F
III. La gramática
B. 1. ...le hicieran una oferta.   2. pudiera.   3. ...estuviera en venta.   4. ...pensara venderla.

LECCIÓN 40

I. El episodio y los personajes
   1. Manuel —> Pati   2. Raquel —> Ángela   3. Ángela —> Raquel   4. la agente de bienes raíces —> Pedro.
II. El vocabulario
   1. cambiar   2. cheques de viajero   3. correo   4. giro   5. ¿A cuánto está el dólar?
III. La gramática
A. 1. esperarían   2. examinaría   3. vendería   4. haría   5. tendría   6. diría

LECCIÓN 41

I. El episodio y los personajes
   Han llevado a don Fernando a Guadalajara. El apartamento de Ángela y Roberto está en San Juan. Ángela quería venderlo pero Roberto no sabía todavía lo que quería. Ella quería darle parte de su dinero a su novio, Jorge. Decidieron esperar y hablar del asunto más tarde.
II. El vocabulario
   1. de viajes   2. de ida y vuelta   3. gira   4. reservaciones   5. pasaportes
III. La gramática
   1. conocería   2. dejaría   3. sería   4. haría   5. tendría   6. podría

LECCIÓN 42

I. El episodio y los personajes
   1. No   2. No   3. No   4. Sí   5. Sí   6. No   7. No   8. No
II. El vocabulario
B. 1. al cliente   2. una taza   3. el postre   4. los cubiertos
III. La gramática
   1. tuviera   2. fuera   3. hubiera   4. quisiera

LECCIÓN 43

I. El episodio y los personajes
   1. Luis   2. Arturo   3. Luis   4. Raquel   5. Ángela   6. Ángela, Roberto
III. La gramática
   1. había buscado   2. había pedido   3. habían descubierto   4. había conocido   5. había traído

LECCIÓN 44

I. El episodio y los personajes
1. g   2. c   3. h   4. f   5. e   6. b   7. a   8. d

II. El vocabulario
B. a. 5   b. 2   c. 1   d. 4   e. 3

III. La gramática
1. había regresado   2. habían comentado   3. se había enojado   4. habían visto

LECCIÓN 45

I. El episodio y los personajes
1. Arturo hizo reservaciones para él, Raquel y sus padres, pero no las ha confirmado antes de consultar con Raquel.   2. Gloria acaba de volver a casa, pero no sabemos dónde había estado.   3. Raquel se enojó con su mamá porque le sugirió a Luis que viniera a México.

II. El vocabulario
B. 1. d   2. a   3. c   4. b   5. e

III. La gramática
The exclamations will vary. Here are the first parts of the sentences: 1. La Sra. López Estrada hubiera dicho...   2. María hubiera pensado...
3. Mercedes hubiera contestado...   4. María hubiera gritado...   5. Raquel hubiera dicho...

LECCIÓN 46

I. El episodio y los personajes
Possible answers: 1. Roberto y Ángela deciden esperar para vender el apartamento de sus padres en San Juan.   2. Arturo comprendió que la mamá de Raquel no sentía mucho afecto hacia él, pero no sabía por qué. Pancho cree que todo saldrá bien.   3. A María no le gustaba Arturo porque creía que Raquel iba a mudarse a la Argentina y dejarlos solos. Raquel le explica que no.

III. La gramática
1. hubiera   2. haya   3. había   4. habría (hubiera)   5. hubieran   6. había

LECCIÓN 47

I. El episodio y los personajes
1. don Fernando, Ángela   2. Carlos, Gloria   3. Arturo, Raquel   4. Ángela, Jorge   5. Ramón, Carlos   6. Roberto, Jorge

III. La gramática
1. para que   2. sin que/a menos que   3. en caso de que   4. a menos que   5. con tal que

APPENDIX 3
VERB CHARTS

A. Regular Verbs: Simple Tenses

INFINITIVE PRESENT PARTICIPLE PAST PARTICIPLE	INDICATIVE					SUBJUNCTIVE		IMPERATIVE
	PRESENT	IMPERFECT	PRETERITE	FUTURE	CONDITIONAL	PRESENT	IMPERFECT	
hablar hablando hablado	hablo hablas habla hablamos habláis hablan	hablaba hablabas hablaba hablábamos hablabais hablaban	hablé hablaste habló hablamos hablasteis hablaron	hablaré hablarás hablará hablaremos hablaréis hablarán	hablaría hablarías hablaría hablaríamos hablaríais hablarían	hable hables hable hablemos habléis hablen	hablara hablaras hablara habláramos hablarais hablaran	habla tú, no hables hable Ud. hablemos hablen
comer comiendo comido	como comes come comemos coméis comen	comía comías comía comíamos comíais comían	comí comiste comió comimos comisteis comieron	comeré comerás comerá comeremos comeréis comerán	comería comerías comería comeríamos comeríais comerían	coma comas coma comamos comáis coman	comiera comieras comiera comiéramos comierais comieran	come tú, no comas coma Ud. comamos coman
vivir viviendo vivido	vivo vives vive vivimos vivís viven	vivía vivías vivía vivíamos vivíais vivían	viví viviste vivió vivimos vivisteis vivieron	viviré vivirás vivirá viviremos viviréis vivirán	viviría vivirías viviría viviríamos viviríais vivirían	viva vivas viva vivamos viváis vivan	viviera vivieras viviera viviéramos vivierais vivieran	vive tú, no vivas viva Ud. vivamos vivan

B. Regular Verbs: Perfect Tenses

INDICATIVE					SUBJUNCTIVE	
PRESENT PERFECT	PAST PERFECT	PRETERITE PERFECT	FUTURE PERFECT	CONDITIONAL PERFECT	PRESENT PERFECT	PAST PERFECT
he has ha hemos habéis han	hablado comido vivido	había habías había habíamos habíais habían	hablado comido vivido	hube hubiste hubo hubimos hubisteis hubieron	hablado comido vivido	habré habrás habrá habremos habréis habrán	hablado comido vivido	habría habrías habría habríamos habríais habrían	hablado comido vivido	haya hayas haya hayamos hayáis hayan	hablado comido vivido	hubiera hubieras hubiera hubiéramos hubierais hubieran	hablado comido vivido

C. Irregular Verbs

INFINITIVE / PRESENT PARTICIPLE / PAST PARTICIPLE	INDICATIVE PRESENT	IMPERFECT	PRETERITE	FUTURE	CONDITIONAL	SUBJUNCTIVE PRESENT	PAST IMPERFECT	IMPERATIVE
andar andando andado	ando andas anda andamos andáis andan	andaba andabas andaba andábamos andabais andaban	anduve anduviste anduvo anduvimos anduvisteis anduvieron	andaré andarás andará andaremos andaréis andarán	andaría andarías andaría andaríamos andaríais andarían	ande andes ande andemos andéis anden	anduviera anduvieras anduviera anduviéramos anduvierais anduvieran	anda tú, no andes ande Ud. andemos anden
caer cayendo caído	caigo caes cae caemos caéis caen	caía caías caía caíamos caíais caían	caí caíste cayó caímos caísteis cayeron	caeré caerás caerá caeremos caeréis caerán	caería caerías caería caeríamos caeríais caerían	caiga caigas caiga caigamos caigáis caigan	cayera cayeras cayera cayéramos cayerais cayeran	cae tú, no caigas caiga Ud. caigamos caigan
dar dando dado	doy das da damos dais dan	daba dabas daba dábamos dabais daban	di diste dio dimos disteis dieron	daré darás dará daremos daréis darán	daría darías daría daríamos daríais darían	dé des dé demos deis den	diera dieras diera diéramos dierais dieran	da tú, no des dé Ud. demos den
decir diciendo dicho	digo dices dice decimos decís dicen	decía decías decía decíamos decíais decían	dije dijiste dijo dijimos dijisteis dijeron	diré dirás dirá diremos diréis dirán	diría dirías diría diríamos diríais dirían	diga digas diga digamos digáis digan	dijera dijeras dijera dijéramos dijerais dijeran	di tú, no digas diga Ud. digamos digan
estar estando estado	estoy estás está estamos estáis están	estaba estabas estaba estábamos estabais estaban	estuve estuviste estuvo estuvimos estuvisteis estuvieron	estaré estarás estará estaremos estaréis estarán	estaría estarías estaría estaríamos estaríais estarían	esté estés esté estemos estéis estén	estuviera estuvieras estuviera estuviéramos estuvierais estuviera	está tú, no estés esté Ud. estemos estén
haber habiendo habido	he has ha hemos habéis han	había habías había habíamos habíais habían	hube hubiste hubo hubimos hubisteis hubieron	habré habrás habrá habremos habréis habrán	habría habrías habría habríamos habríais habrían	haya hayas haya hayamos hayáis hayan	hubiera hubieras hubiera hubiéramos hubierais hubieran	
hacer haciendo hecho	hago haces hace hacemos hacéis hacen	hacía hacías hacía hacíamos hacíais hacían	hice hiciste hizo hicimos hicisteis hicieron	haré harás hará haremos haréis harán	haría harías haría haríamos haríais harían	haga hagas haga hagamos hagáis hagan	hiciera hicieras hiciera hiciéramos hicierais hicieran	haz tú, no hagas haga Ud. hagamos hagan

C. Irregular Verbs (continued)

INFINITIVE PRESENT PARTICIPLE PAST PARTICIPLE	INDICATIVE					SUBJUNCTIVE		IMPERATIVE
	PRESENT	IMPERFECT	PRETERITE	FUTURE	CONDITIONAL	PRESENT	IMPERFECT	
ir yendo ido	voy vas va vamos vais van	iba ibas iba íbamos ibais iban	fui fuiste fue fuimos fuisteis fueron	iré irás irá iremos iréis irán	iría irías iría iríamos iríais irían	vaya vayas vaya vayamos vayáis vayan	fuera fueras fuera fuéramos fuerais fueran	ve tú, no vayas vaya Ud. vayamos vayan
oír oyendo oído	oigo oyes oye oímos oís oyen	oía oías oía oíamos oíais oían	oí oíste oyó oímos oísteis oyeron	oiré oirás oirá oiremos oiréis oirán	oiría oirías oiría oiríamos oiríais oirían	oiga oigas oiga oigamos oigáis oigan	oyera oyeras oyera oyéramos oyerais oyeran	oye tú, no oigas oiga Ud. oigamos oigan
poder pudiendo podido	puedo puedes puede podemos podéis pueden	podía podías podía podíamos podíais podían	pude pudiste pudo pudimos pudisteis pudieron	podré podrás podrá podremos podréis podrán	podría podrías podría podríamos podríais podrían	pueda puedas pueda podamos podáis puedan	pudiera pudieras pudiera pudiéramos pudierais pudieran	
poner poniendo puesto	pongo pones pone ponemos ponéis ponen	ponía ponías ponía poníamos poníais ponían	puse pusiste puso pusimos pusisteis pusieron	pondré pondrás pondrá pondremos pondréis pondrán	pondría pondrías pondría pondríamos pondríais pondrían	ponga pongas ponga pongamos pongáis pongan	pusiera pusieras pusiera pusiéramos pusierais pusieran	pon tú, no pongas ponga Ud. pongamos pongan
querer queriendo querido	quiero quieres quiere queremos queréis quieren	quería querías quería queríamos queríais querían	quise quisiste quiso quisimos quisisteis quisieron	querré querrás querrá querremos querréis querrán	querría querrías querría querríamos querríais querrían	quiera quieras quiera queramos queráis quieran	quisiera quisieras quisiera quisiéramos quisierais quisieran	quiere tú, no quieras quiera Ud. queramos quieran
saber sabiendo sabido	sé sabes sabe sabemos sabéis saben	sabía sabías sabía sabíamos sabíais sabían	supe supiste supo supimos supisteis supieron	sabré sabrás sabrá sabremos sabréis sabrán	sabría sabrías sabría sabríamos sabríais sabrían	sepa sepas sepa sepamos sepáis sepan	supiera supieras supiera supiéramos supierais supieran	sabe tú, no sepas sepa Ud. sepamos sepan
salir saliendo salido	salgo sales sale salimos salís salen	salía salías salía salíamos salíais salían	salí saliste salió salimos salisteis salieron	saldré saldrás saldrá saldremos saldréis saldrán	saldría saldrías saldría saldríamos saldríais saldrían	salga salgas salga salgamos salgáis salgan	saliera salieras saliera saliéramos salierais salieran	sal tú, no salgas salga Ud. salgamos salgan

C. Irregular Verbs (continued)

Infinitive / Present Participle / Past Participle	Present	Imperfect	Preterite	Future	Conditional	Present Subjunctive	Imperfect Subjunctive	Imperative
ser siendo sido	soy eres es somos sois son	era eras era éramos erais eran	fui fuiste fue fuimos fuisteis fueron	seré serás será seremos seréis serán	sería serías sería seríamos seríais serían	sea seas sea seamos seáis sean	fuera fueras fuera fuéramos fuerais fueran	sé tú, no seas sea Ud. seamos sean
tener teniendo tenido	tengo tienes tiene tenemos tenéis tienen	tenía tenías tenía teníamos teníais tenían	tuve tuviste tuvo tuvimos tuvisteis tuvieron	tendré tendrás tendrá tendremos tendréis tendrán	tendría tendrías tendría tendríamos tendríais tendrían	tenga tengas tenga tengamos tengáis tengan	tuviera tuvieras tuviera tuviéramos tuvierais tuvieran	ten tú, no tengas tenga Ud. tengamos tengan
traer trayendo traído	traigo traes trae traemos traéis traen	traía traías traía traíamos traíais traían	traje trajiste trajo trajimos trajisteis trajeron	traeré traerás traerá traeremos traeréis traerán	traería traerías traería traeríamos traeríais traerían	traiga traigas traiga traigamos traigáis traigan	trajera trajeras trajera trajéramos trajerais trajeran	trae tú, no traigas traiga Ud. traigamos traigan
venir viniendo venido	vengo vienes viene venimos venís vienen	venía venías venía veníamos veníais venían	vine viniste vino vinimos vinisteis vinieron	vendré vendrás vendrá vendremos vendréis vendrán	vendría vendrías vendría vendríamos vendríais vendrían	venga vengas venga vengamos vengáis vengan	viniera vinieras viniera viniéramos vinierais vinieran	ven tú, no vengas venga Ud. vengamos vengan
ver viendo visto	veo ves ve vemos veis ven	veía veías veía veíamos veíais veían	vi viste vio vimos visteis vieron	veré verás verá veremos veréis verán	vería verías vería veríamos veríais verían	vea veas vea veamos veáis vean	viera vieras viera viéramos vierais vieran	ve tú, no veas vea Ud. veamos vean

D. Stem-changing and Spelling Change Verbs

Infinitive / Present Participle / Past Participle	INDICATIVE					SUBJUNCTIVE		IMPERATIVE
	PRESENT	IMPERFECT	PRETERITE	FUTURE	CONDITIONAL	PRESENT	IMPERFECT	
construir (y) construyendo construido	construyo construyes construye construimos construís construyen	construía construías construía construíamos construíais construían	construí construiste construyó construimos construisteis construyeron	construiré construirás construirá construiremos construiréis construirán	construiría construirías construiría construiríamos construiríais construirían	construya construyas construya construyamos construyáis construyan	construyera construyeras construyera construyéramos construyerais construyeran	construye tú, no construyas construya Ud. construyamos construyan
dormir (ue, u) durmiendo dormido	duermo duermes duerme dormimos dormís duermen	dormía dormías dormía dormíamos dormíais dormían	dormí dormiste durmió dormimos dormisteis durmieron	dormiré dormirás dormirá dormiremos dormiréis dormirán	dormiría dormirías dormiría dormiríamos dormiríais dormirían	duerma duermas duerma durmamos durmáis duerman	durmiera durmieras durmiera durmiéramos durmierais durmieran	duerme tú, no duermas duerma Ud. durmamos duerman

D. Stem-changing and Spelling Change Verbs (continued)

INFINITIVE PRESENT PARTICIPLE PAST PARTICIPLE	INDICATIVE					SUBJUNCTIVE		IMPERATIVE
	PRESENT	IMPERFECT	PRETERITE	FUTURE	CONDITIONAL	PRESENT	IMPERFECT	
pedir (i, i) pidiendo pedido	pido pides pide pedimos pedís piden	pedía pedías pedía pedíamos pedíais pedían	pedí pediste pidió pedimos pedisteis pidieron	pediré pedirás pedirá pediremos pediréis pedirán	pediría pedirías pediría pediríamos pediríais pedirían	pida pidas pida pidamos pidáis pidan	pidiera pidieras pidiera pidiéramos pidierais pidieran	pide tú, no pidas pida Ud. pidamos pidan
pensar (ie) pensando pensado	pienso piensas piensa pensamos pensáis piensan	pensaba pensabas pensaba pensábamos pensabais pensaban	pensé pensaste pensó pensamos pensasteis pensaron	pensaré pensarás pensará pensaremos pensaréis pensarán	pensaría pensarías pensaría pensaríamos pensaríais pensarían	piense pienses piense pensemos penséis piensen	pensara pensaras pensara pensáramos pensarais pensaran	piensa tú, no pienses piense Ud. pensemos piensen
producir (zc) produciendo producido	produzco produces produce producimos producís producen	producía producías producía producíamos producíais producían	produje produjiste produjo produjimos produjisteis produjeron	produciré producirás producirá produciremos produciréis producirán	produciría producirías produciría produciríamos produciríais producirían	produzca produzcas produzca produzcamos produzcáis produzcan	produjera produjeras produjera produjéramos produjerais produjeran	produce tú, no produzcas produzca Ud. produzcamos produzcan
reír (i, i) riendo reído	río ríes ríe reímos reís ríen	reía reías reía reíamos reíais reían	reí reíste rió reímos reísteis rieron	reiré reirás reirá reiremos reiréis reirán	reiría reirías reiría reiríamos reiríais reirían	ría rías ría riamos riáis rían	riera rieras riera riéramos rierais rieran	ríe tú, no rías ría Ud. riamos rían
seguir (i, i) (ga) siguiendo seguido	sigo sigues sigue seguimos seguís siguen	seguía seguías seguía seguíamos seguíais seguían	seguí seguiste siguió seguimos seguisteis siguieron	seguiré seguirás seguirá seguiremos seguiréis seguirán	seguiría seguirías seguiría seguiríamos seguiríais seguirían	siga sigas siga sigamos sigáis sigan	siguiera siguieras siguiera siguiéramos siguierais siguieran	sigue tú, no sigas siga Ud. sigamos sigan
sentir (ie, i) sintiendo sentido	siento sientes siente sentimos sentís sienten	sentía sentías sentía sentíamos sentíais sentían	sentí sentiste sintió sentimos sentisteis sintieron	sentiré sentirás sentirá sentiremos sentiréis sentirán	sentiría sentirías sentiría sentiríamos sentiríais sentirían	sienta sientas sienta sintamos sintáis sientan	sintiera sintieras sintiera sintiéramos sintierais sintieran	siente tú, no sientas sienta Ud. sintamos sientan
volver (ue) volviendo vuelto	vuelvo vuelves vuelve volvemos volvéis vuelven	volvía volvías volvía volvíamos volvíais volvían	volví volviste volvió volvimos volvisteis volvieron	volveré volverás volverá volveremos volveréis volverán	volvería volverías volvería volveríamos volveríais volverían	vuelva vuelvas vuelva volvamos volváis vuelvan	volviera volvieras volviera volviéramos volvierais volvieran	vuelve tú, no vuelvas vuelva Ud. volvamos vuelvan

INDEX

In this index, **Conversaciones** (functional expressions), **Notas culturales** (both country-specific and general), and vocabulary topics appear as groups; items in those lists are not cross-referenced. Abbreviations in the index are identical to those used in the Textbook end vocabulary. The indication "WB1" precedes page references to *Destinos* Workbook I. The indication "WB2" precedes page references to this *Destinos* Workbook II. Page references without "WB1" or "WB2" before them refer to the *Destinos* Textbook.

Index

Index

Index

About the Authors

Bill VanPatten is Professor of Spanish and Second Language Acquisition & Teacher Education at the University of Illinois at Urbana–Champaign. He has published widely in the fields of second language acquisition and communicative language teaching and is the author of *Input Processing and Grammar Instruction* (1996, Ablex) and co-author of *Making Communicative Language Teaching Happen* (1995, McGraw-Hill). He is also the lead author of the innovative McGraw-Hill college textbook *¿Sabías que... ?* and is the designer and principal author of *Destinos,* a telecourse for PBS television.

Martha Alford Marks received her Ph.D. in Spanish Literature from Northwestern University in 1978. She subsequently served on the faculties of Kalamazoo College and Northwestern University, where she coordinated the first- and second-year Spanish programs, supervised teaching assistants, appeared consistently on the Faculty Honor Roll, and won an Outstanding Teaching Award. Nationally known for her work as an ACTFL Oral Proficiency tester and trainer, Dr. Marks is also the co-author of several other McGraw-Hill Spanish textbooks for the college level, including *¿Qué tal?* and *Al corriente.*

Richard V. Teschner has been a professor of Language and Linguistics at the University of Texas–El Paso since 1976. His 1972 Ph.D. in Spanish Linguistics is from the University of Wisconsin–Madison. He has published over 50 articles and a dozen monographs, most recently *CUBRE: Curso breve de gramática española* (McGraw-Hill College Custom) and *El triple diccionario de la lengua española (TRIDIC),* a CD-ROM (Star-Byte, Inc.). In 1988 he was President of the American Association of Teachers of Spanish and Portuguese and the Linguistic Association of the Southwest.